ビジネス図解

最新版

不動産取引のしくみがわかる本

平田 康人

同文舘出版

まえがき

２０１５年の初版発行以降、多くの読者の方より「不動産取引のしくみが体系的に理解できた」「不動産〝取引〟に焦点をあてた本なので予備知識として役立った」等、また不動産業界に従事する社員の方からは「宅建試験で丸暗記していたことが理解できた」「実務の習得に役立った」等のご感想をいただきました。本書は、不動産取引のしくみを理解することで、取引にかかわる当事者間の不要なトラブルを回避することを目的としていましたので、著者として大変嬉しく思います。

一方で、初版発行から約5年が経過し、その間、２０１７年に都市緑地法等6つの法律を改正した「都市緑地法等の一部を改正する法律」、２０１９年に消費税法改正が施行され、民法では、債権法改正が２０１７年、相続法改正が２０１８年にそれぞれ立法化され、２０２０年4月より全面施行されました。また、本文中で引用した各種統計データについても、最新データに更新され、数値分析から読み取れるニュアンスも、5年前とは少し異なっています。

このたびの改訂版では、本書に関連する内容について、各法改正及び統計資料更新に対応し、加筆修正を行ないました。主な内容は、次の通りです。

第一は、「田園住居地域」の創設です。田園住居地域とは、住宅と農地が混在しながらも、農業の利便促進を図りつつ、これと調和した低層住宅の良好な住居環境を保護する用途地域であり、良好な居住環境と営農環境を形成している地域を、あるべき市街化像として都市計画に位置付けるために、住居系用途地域の一類型として追加されました（２０１８年4月1日施行）。三大都市圏特定市で生産緑地指定されている農地（約1万ヘクタール以上）の約8割が、生産緑地指定後30年を経過する、いわゆる「生産緑地２０２２年問題」を控え、「都市農地は都市にあるべきもの」との考え方に基づくものとなっています。

第二は、「消費税法改正による10％への税率引き上げ」です。土地に消費税は課税されませんが、建物や仲介手数料には従来の8％から2％引き上げとなる「10％」が課税されることになっています。

第三に、約１２０年ぶりの全般的な改正となる民法です。急速に進行する高齢社会に対応すべく、配偶者居住権の創設や遺言書保管法制定等の改正相続関連法が施行される中、債権法改正では「瑕疵担保責任」が「契約不適合責任」へ変更されました。この変更により、「引き渡された目的物が種類、品質又は数量に関して契約の内容に適合しないものであるときは、買主は、売主に対し、目的物の修補、代替物の引渡し又は不足分の引渡しによる履行の追完を請求できる」ことになります。また、瑕疵担保責任は「隠れた瑕疵」に関する責任とされ、「隠れた」とは、買主の善意無過失を意味することから、買主の善意無過失が認められるか否かで画一的に瑕疵担保責任の成否が決定されていましたが、契約不適合責任では、契約の内容によって契約不適合か否かを判断するため、買主の主観的態様を重ねて判断しないこととし、「隠れた」という要件を契約不適合か否かの判断に入れないことになっています。

そして、不動産売買契約書に必ず記載される「危険負担」についても改正がなされ、「債権者主義」を規定する旧民法第５３４条は削除され、特定物（不動産）に関しても「債務者主義」が採用されることになりました。これは、危険負担の実務上の取扱いとして、特約条項等で「債務者主義」とする約定がされることがほとんどであるため、実際の取引実務に合わせる改正が行なわれています。また、賃貸借の存続期間の上限が、「20年」から「50年」に伸長されました。これは、ゴルフ場敷地や太陽光パネル設置等、存続期間を20年以上とする現実的なニーズがあるにもかかわらず、旧民法による規定が障害となって存続期間20年での賃貸借契約を締結し、20年経過後に改めて再契約をするという不安定な契約実務を強いられていることに対する改正となっています。

その他、競売や公売の落札率等に関する数値や、厚生労働省が作成した事故物件に関する数値等についても最新数値に修正しています。

また、本書８章について、土地活用編を住宅ローンの基礎知識に関する内容に全面改訂しています。改訂前は、土地活用を進められる「地主側の立場」で書いた内容であったため、地主の方から「対処法がよくわかった」等の感想もいただいておりましたが、金融機関による超低金利にいよいよ終焉の兆しが見え始めたこと、加えてネットバンクの台頭により、住宅ローン選びがいっそう複雑化していることを踏まえたものとなっています。

今も昔も、大半の方は、人生で一番大きな買い物はマイホームであり、物件選びに多くの時間を割く方は多いのですが、物件が決まった後の「住宅ローン選び」では、不動産会社や銀行の担当者から勧められるままに決めてしまう方が多くいらっしゃいます。大半の人は、マイホームを現金一括で支払うことはなく、住宅ローンを組んで何十年もの間支払い続けることになりますが、住宅ローンの選択を誤ると「せっかく割安でお得な物件を契約したのに支払総額は数百万円損した」となります。国内で住宅ローンを取り扱う金融機関は約１６００社以上、ローン種類は組み合わせによって３万種類以上と言われますが、多くの情報があふれる現在において、しっかりと基礎知識を持ち、自分自身のライフプランを熟考した上で住宅ローンを選択しなければ、思わぬ出費や人生設計の変更を余儀なくされます。

先進国でも例を見ない急速な少子高齢化の影響もあり、不動産を取り巻く環境は、今後大きく変わろうとしています。不動産取引を行なう方や不動産業に従事する方、不動産取引が不慣れな専門家（士業、経営コンサルタント、保険関係者等）の方にとっても、本書が少しでもお役に立てれば嬉しく思います。

最後になりましたが、この度の本書改訂版発行の機会をいただきました同文舘出版株式会社取締役ビジネス書編集部部長の古市達彦様には、心より感謝申し上げます。

平田　康人

最新版【ビジネス図解】不動産取引のしくみがわかる本●もくじ

1章

これだけは知っておきたい！ 「不動産取引のしくみ」を理解するポイント

2章

必ず押さえておきたい！
不動産取引の「基本」と「考え方」とは？

3章

誰も教えてくれない！
不動産の取引価格に影響する要因とは？

4章

知らない人は損をする！ 取引価格を決定づける「売却手法の選び方」とは？

5章

ここだけは見落とせない！ 重要事項説明書（不動産トリセツ）の留意点

6章

トラブル防止の視点で見る！ 「不動産売買契約書」の最重要ポイント

7章

安全な不動産取引を行なうための必須書類とその目的とは？

8章

これが常識！「住宅ローン」で失敗しないための基礎知識！

装丁・DTP　春日井 恵実

1章

これだけは知っておきたい！

「不動産取引のしくみ」を理解するポイント

①不動産業の「分類」と「規制される法律」とは？

②不動産取引業を規制する「宅地建物取引業法」とは？

③「宅地建物取引業免許」の意味とは？

④消費者を保護する「営業保証金」と「保証協会」とは？

⑤不動産業界必須の国家資格「宅地建物取引士」とは？

⑥不動産取引に関連する「その他の資格者」とは？

⑦不動産の用益や取引に関連する「法律・条例」とは？

⑧今後ますます注目される「不動産信託受益権」とは？

⑨意思表示に欠陥がある取引は「取消し」「無効」になる！

⑩不動産特有の法律「借地借家法」とは？

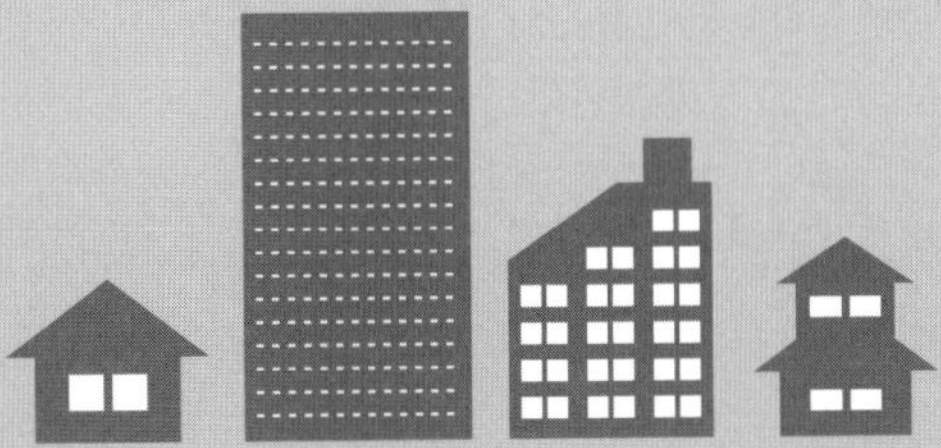

①不動産業の「分類」と「規制される法律」とは？

▼不動産業は「3つの業態」に分類することができる

「不動産」とは、不動（動かない）の資産のことで、土地およびその定着物（建物、立木等）を指します。不動産以外のすべての物は動かせる資産ということで、「動産」に分けられます。

　この不動産を取り扱うのが不動産業であり、不動産業は大きく3つの業態に分類することができます。そして業態ごとに規制される法律が異なってきます。

▼法律の規制で受ける影響も違ってくる

　不動産業の業態の第一は、**「不動産取引業」**です。不動産取引業には土地・建物売買業、不動産代理業・仲介業があります。不動産会社が自ら売主となって宅地分譲や新築分譲を行なう土地・建物売買業や、不動産を「売りたい人・貸したい人」からの依頼に基づいて「買いたい人・借りたい人」に対し、代理や仲介の立場で不動産を斡旋する、いわゆる「街の不動産屋さん」は、**宅地建物取引業法**により規制されることになります。

　第二は、**「不動産賃貸業」**で、不動産賃貸業には不動産賃貸業、貸家業・貸間業、駐車場業があります。個人や一般事業法人が、資産活用や節税対策等を目的として自ら貸主として「不動産賃貸業」を行なっているもので、いわゆる「昔ながらの地主や大家さん」はこれに該当します。この「不動産賃貸業」には規制される法律はありません。

　第三は、**「不動産管理業」**です。不動産管理業は、分譲マンションを管理する管理業と賃貸不動産を管理する管理業に分けられます。建物の清掃やエレベーター等の設備点検を行なって建物の資産価値を維持するという点ではこれらは同じですが、平成12年（2000年）に**「マンションの管理の適正化の推進に関する法律」**が施行され、マンション管理士資格制度やマンション管理業者の登録制度を実施することで、マンション管理の適正化を推進することとなりました。分譲マンションを管理する管理業はこの法律によって規制されます。

　本書では、宅地建物取引業法によって規制される「不動産取引業」を中心に解説を進めていきます。

不動産業の「分類」と関わる法律

不動産取引業

- 分譲マンション会社
- 建売会社
- 街の不動産屋さん

宅地建物取引業法による規制

- 宅地分譲
- 新築戸建て分譲
- 新築マンション分譲等
- 売地斡旋
- 中古住宅(マンション含む)斡旋
- 賃貸住宅斡旋

不動産賃貸業

- 昔ながらの地主、大家さん
- 一般事業法人

法規制なし

- 貸宅地
- 貸農地
- 貸資材置場
- 賃貸アパート・マンション
- 賃貸オフィス・事務所、店舗、下宿
- 月極駐車場、時間貸し駐車場

不動産管理業

- 分譲マンション管理会社
- 賃貸管理会社

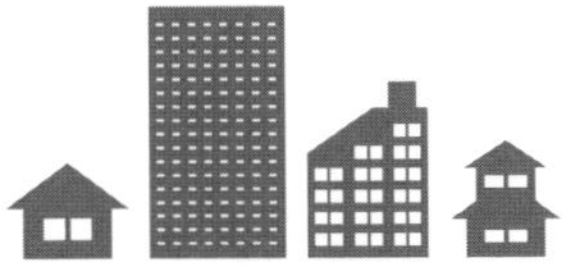

マンションの管理の適正化の推進に関する法律

- 分譲マンション

法規制なし

- 賃貸アパート・マンション
- 賃貸オフィス・事務所、店舗、下宿
- 月極駐車場

②不動産取引業を規制する「宅地建物取引業法」とは？

▼不動産取引を「業」として行なっているか

不動産の取引をする**「宅地建物取引業」**は、次の2つの要件を満たす場合が該当します。

（1）宅地または建物について次の行為を行なうこと

①「売買」または「交換」

②「売買」「交換」または「貸借」の代理

③「売買」「交換」または「貸借」の媒介

（2）これらの行為を業として行なうこと

「業として行なう」とは、不特定多数の者を相手として、反復・継続して行為を行なうことを言い、宅地建物取引業は「宅地建物取引業法」という法律によって規制されます。

▼昭和27年に「宅地建物取引業法」が制定

本来、土地や建物の取引は私法上の行為なので個人の自由に任せるべきものですが、取引が正常に行なわれず、取引の過程において事故や紛争が頻発して、宅地建物の流通が円滑に行なわれないようでは困ります。

そこで、昭和27年（1952年）に「宅地建物取引業法」が制定されました。

「宅地建物取引業法」の第1条（目的）では、「宅地建物取引業を営む者について免許制度を実施し、その事業に対し必要な規制を行うことにより、その業務の適正な運営と宅地及び建物の取引の公正とを確保するとともに、宅地建物取引業の健全な発達を促進し、もって購入者等の利益の保護と宅地及び建物の流通の円滑化とを図ることを目的とする」と定めています。

つまり、誰でも明日から宅地建物取引業を行なうようなことはできず、免許制度によって宅地建物取引業を営もうとする者を規制し、加えて免許更新を5年ごとに行なうことによって、免許権者（免許を与える権限をもつ行政機関）が宅地建物取引業者の資質にチェック機能を働かせているのです。

その他、宅地建物取引業法では、国家資格である「宅地建物取引士の資格制度に関する事項」から、「各事業所における一定数の設置義務」「消費者保護のための営業保証金」「業務全般に係る詳細な規則」「免許権者による監督や罰則規定」まで定めているのです。

不動産取引の円滑化を図る「宅地建物取引業法」とは？

「宅地建物取引業」とは？

（1）宅地または建物について次の行為を行なうこと

①「売買」または「交換」

②「売買」「交換」または「貸借」の代理

③「売買」「交換」または「貸借」の媒介

（2）これらの行為を業として行なうこと

↓

（1）（2）を満たすと「宅地建物取引業」に該当

↓

「宅地建物取引業法（昭和27年〈1952年〉6月制定）」により規制される

〈「宅地建物取引業法」の主な内容〉

- 「免許制度」･･･（第3条～第14条）
- 「宅地建物取引士資格」･･･（第15条～第24条）
- 「営業保証金」･･･（第25条～第30条）
- 「業務」･･･（第31条～第64条）
- 「宅地建物取引業保証協会」･･･（第64条の2 ～第64条の25）
- 「監督」･･･（第65条～第72条）
- 「雑則」･･･（第73条～第78条）
- 「罰則」･･･（第79条～第86条）

③「宅地建物取引業免許」の意味とは？

▼「国土交通大臣免許」と「都道府県知事免許」がある

宅地や建物は、個人にとって貴重な財産であり、その価格は他の財産と比べて高額です。したがって、このような貴重な財産である宅地や建物の取引を業として行なう者は、社会的にも信用があり、宅地建物の取引に関する専門性を持つことが必要です。また取引に関する事故や紛争については、事後的に処罰するよりも、その発生を未然に防止することが効果的と言えます。

そこで宅地建物取引業法では、宅地建物取引業を営むことを「一般的に禁止」し、一定の要件を満たした者についてのみ「禁止を解除」する免許制度を採っています。

宅地建物取引業法第3条では、「宅地建物取引業を営もうとする者は、二以上の都道府県の区域内に事務所を設置する場合にあっては国土交通大臣の免許を、一の都道府県の区域内にのみ事務所を設置する場合にあっては、その事務所の所在地を管轄する都道府県知事の免許を受けなければならない」と定めています。

免許の有効期間は5年間で、引き続き営業を行なう場合は更新手続きが必要となります。更新は、１９９６年以降、「3年ごと」から「5年ごと」になっています。

▼免許番号が「大きい数字」の不動産会社は信用できる？

宅建業免許番号とは、不動産業者が免許を受けたときに与えられる番号で、免許主体によって「国土交通大臣免許（5）第○○号」「東京都知事免許（11）第△△号」等と表示されます。どちらの免許も新規取得時は（1）から始まり、更新を重ねるたびに「2、3……」と数字が大きくなっていきます。

この免許番号については、世間一般では「大きい数字ほど信頼性と実績がある」といった見方がされています。大筋間違ってはいませんが、すべてがそうだとは言えません。

顧客志向で、日々業務革新をしている「若い不動産会社」がある一方で、看板にあぐらをかいて、悪しき慣習を引きずった「古い不動産会社」も多くあります。

こうした見方は参考程度に留めておき、自分自身の目で信頼できる企業や担当者を見極める必要があります。

「宅地建物取引業免許」の内容

「宅地建物取引業免許」の区別

免許権者	2以上の都道府県に事務所を設置し、宅地建物取引業を営もうとする場合		1の都道府県に事務所を設置し、宅地建物取引業を営もうとする場合	
	法人	個人	法人	個人
国土交通大臣	○	○	—	—
都道府県知事	—	—	○	○

免許の有効期間

大臣免許・知事免許とも **有効期間は5年間**

宅建業免許番号

「国土交通大臣免許(5)第○○号」

「東京都知事免許(11)△△号」

- 免許の更新回数を表示
- 大きい数字ほど事業継続年数が長いが、必ずしも「よい不動産会社」であるという意味ではない
- 自分自身の目で確認することが必要！

④消費者を保護する「営業保証金」と「保証協会」とは？

▼消費者保護を目的とした「営業保証金制度」

　不動産取引の安全を確保するためには、宅地建物取引業者の業務に対し強力な規制措置を講じるだけでなく、万一、事故等が生じた場合には、一般消費者の被害を最小限に食い止める必要があります。このような理由に基づいて、昭和32年（１９５７年）に**「営業保証金制度」**が導入されました。

　この制度では、宅地建物取引業者は不動産取引によって生じた債務について、弁済を一定の範囲内で担保するための措置として、業務開始前にあらかじめ供託所（法務局等）に営業保証金（本店：１０００万円、支店ごと：５００万円）を供託し、消費者は取引によって発生した損害相当額の還付を受けることができます（宅建業法第25条1項）。

▼保証協会による「弁済業務保証金」とは？

　営業保証金制度に代わるものとしては、**「弁済業務保証金制度」**があります。

　この制度では、宅地建物取引業者が保証協会に加入し、業務開始前にあらかじめ弁済業務保証金分担金（本店：60万円、支店ごと：30万円）を供託することで、営業保証金と同様に、消費者は取引によって発生した損害相当額の還付を受けることができます（宅建業法第64条の2）。

　保証協会とは、業界団体である全国組織が運営する公益社団法人で、不動産取引に関する苦情解決や保証（弁済業務）を行ないます。保証協会は2種類あり、宅地建物取引業者は、営業保証金を供託しない場合は、いずれかの保証協会に加入しなければなりません。

　ひとつは、**「全国宅地建物取引業保証協会」**です。鳩がロゴマークとなっている「全国宅地建物取引業協会連合会」を運営母体として設立された公益社団法人です。もうひとつは、うさぎがロゴマークとなっている**「不動産保証協会」**で、「全日本不動産協会」を運営母体として設立された公益社団法人です。

　各保証協会には都道府県ごとに支部があり、各支部に設置された「不動産無料相談所」が苦情や相談の窓口となっていますが、苦情解決業務のみに限定せず、不動産取引に関する相談を幅広く受け付けています。

消費者を保護する「営業保証金制度」と「保証協会」

「営業保証金制度」とは？

不動産取引で損害が生じた場合、消費者が供託所に供託された営業保証金から損害相当額の還付を受けられる制度

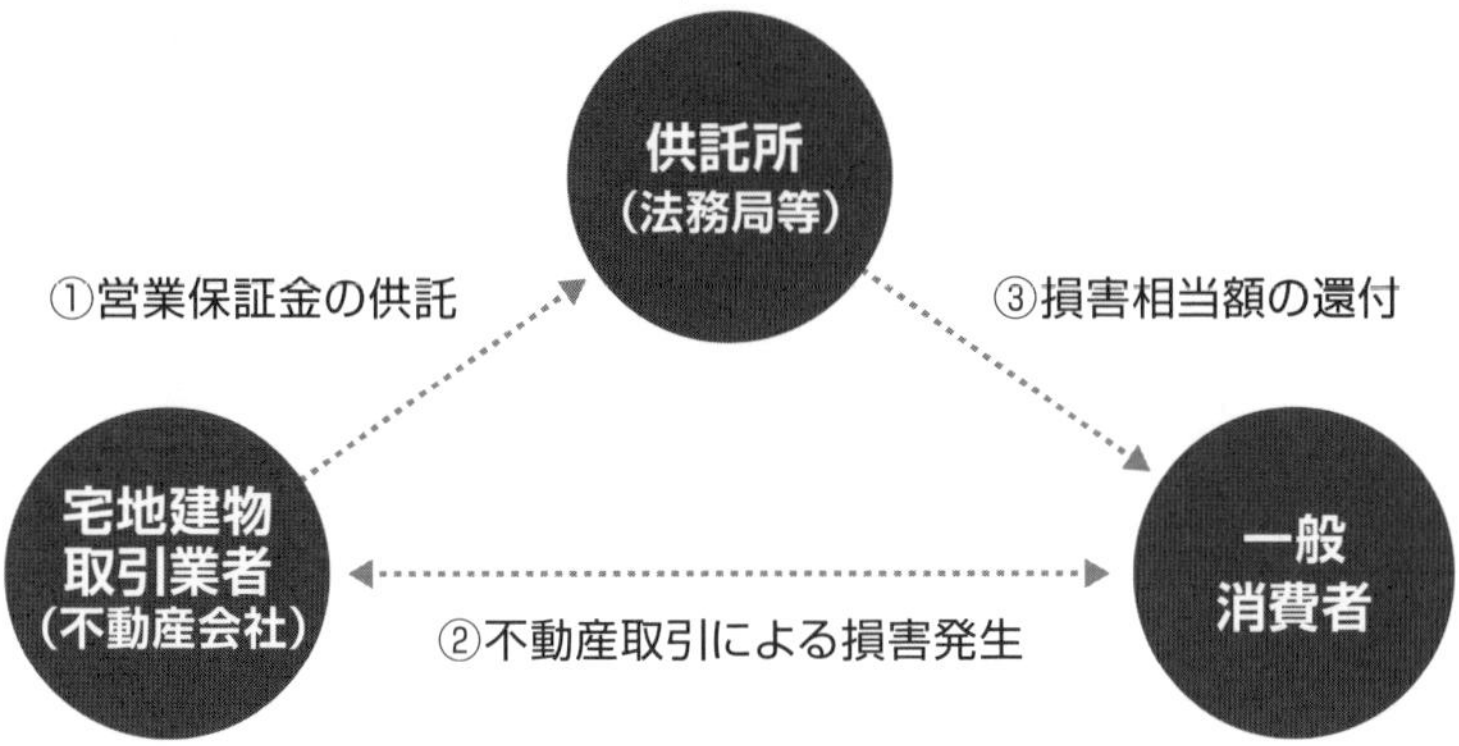

「保証協会」と「弁済業務保証金制度」

苦情解決や保証（弁済業務）を行なう公益社団法人。不動産取引で損害が生じた場合、消費者はあらかじめ供託された弁済業務保証金から損害相当額の還付を受けられる制度。保証協会には、「全国宅地建物取引業保証協会」と「不動産保証協会」の２種類がある

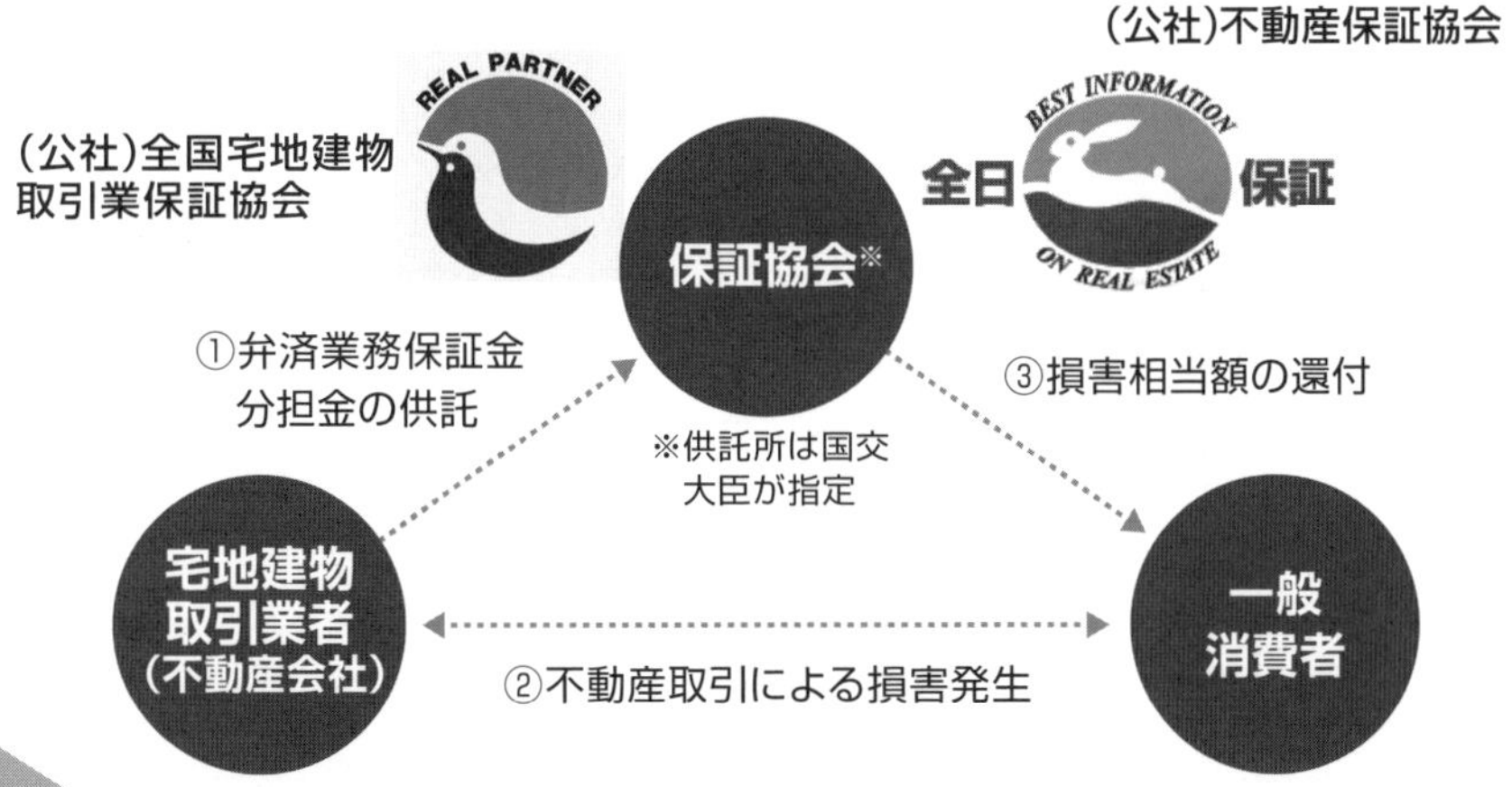

⑤不動産業界必須の国家資格「宅地建物取引士」とは？

▼毎年20万人以上が受験する人気の国家資格

「宅地建物取引士」とは、不動産取引を行なう上で必要とされる「建築・法律・税務・財産評価」等の専門知識を有していることを証する資格で、不動産業界だけでなく、金融業界関連や主婦、学生など、毎年20万人以上が受験している人気の国家資格です。そのうち約3万人が合格しています（合格率：約15％）。２０１４年の通常国会で「宅地建物取引業法の一部を改正する法律」が成立し、２０１５年4月1日、それまでの「宅地建物取引主任者」から「宅地建物取引士」に**資格名称が変更**され、「士（さむらい）業」の仲間入りをしました。

宅地建物取引業法第22条の2では、都道府県知事が行う資格試験に合格し、**資格登録後に宅地建物取引士証の交付**について規定されています。つまり宅地建物取引士試験に合格して、2年以上の実務経験または登録実務講習を修了した者のみができる資格登録を申請し、宅地建物取引士証が交付されてはじめて宅地建物取引士になれるのです。

ある調査では、２０１９年度末の登録者、約１０８万人に対して取引士証交付者数は約52万人（登録者の約48％）、取引士証交付者数に対して就業者数は約33万人（取引士証交付者の約63％）に留まっています。

▼一定数以上の「専任の宅地建物取引士」が必要！

宅地建物取引士の業務は、重要事項の説明、重要事項説明書および不動産売買契約書への記名押印等、不動産取引を成立させる上で重要な役割を担っていると同時に、取引の当事者にとって貴重で高額な財産を取り扱う、非常に責任の重い業務です。

そこで、宅地建物取引業法施工規則第15条の5の3で、事務所においては5人に1人以上の割合、案内所でも1名以上の「専任の取引士」を置かなければならないと定めています。つまり不動産業を営むためには、従業員で、かつ常勤である専任の取引士が常に一定数以上、必要となります。そして、転職や退職、登録抹消によって欠員が生じた場合は、2週間以内に新たな専任の取引士を選任しなければ、業務停止処分や罰金に処せられます。

「宅地建物取引士」の設置義務

人気の国家資格
「宅建取引士」

↓

毎年「約20万人以上」が受験し
約3万人が合格(合格率：15%)

▶

2014年 宅建業法改正
法案が成立

↓

2015年4月1日から
「宅地建物取引士」に名称変更

2019年度末登録者数	取引士証交付者数	就業者数	就業率
約108万人	約52万人	約33万人	約63%

■出所／(財)不動産適正取引推進機構の「宅建業者と取引士の統計概要」

宅地建物取引業法第3条の3（宅地建物取引士の設置）

①宅地建物取引業者は、その事務所その他国土交通省令で定める場所ごとに、事務所等の規模、業務内容等を考慮して国土交通省令で定める数の成年者である専任の宅地建物取引士を置かなければならない。

③宅地建物取引業者は、第一項の規定に抵触する事務所等を開設してはならず、既存の事務所等が同項の規定に抵触するに至ったときは、２週間以内に、同項の規定に適合させるため必要な措置を執らなければならない。

〈事務所〉
5人に1人の割合で
「専任の取引士」を
置かなければならない

⇔

〈案内所〉
1人以上の
「専任の取引士」を
置かなければならない

抵触すると ▼

業務停止処分、罰金あり

⑥不動産取引に関連する「その他の資格者」とは？

▼取引時の現況に応じて「他資格者との連携」が必要

不動産取引を安全、かつ確実に成立させるためには、宅地建物取引士による重要事項説明、契約書および重要事項説明書への記名押印が必要になることは前述しましたが、実際の不動産取引の現場では、多くの資格者と連携しながら取引を進めることが多々あります。なぜなら、不動産は唯一無二のものであり、取引時点において「不動産の状態が一律ではない」からです。では、どんな目的でどんな資格者が関係してくるのでしょうか？

▼不動産取引の現場で活躍する「様々な資格者」

不動産を「売りたい、買いたい、貸したい、借りたい、有効活用したい」というニーズに対して、依頼者が最善の選択や意思決定を行なえるように判断材料を提案するコンサルティングの必要性が高まっています。こうした要望に応えるのが、宅地建物取引士や不動産鑑定士、または一級建築士で5年以上の実務経験を積んだ**「公認不動産コンサルティングマスター」**という資格者です。

次に、建物を建てたり、土地を分合筆して形状を変更すると、表示登記を行なう必要があります。また、建物が存在していないのに滅失登記が未済であったり、土地の境界を確定する必要があったり等、不動産取引を行なう上では様々な準備作業が必要となりますが、これを独占業務として行なっているのが**「土地家屋調査士」**です。

さらに不動産売買では、売買代金授受と引き換えに所有権移転登記をしたり、抵当権等の担保権抹消のために、不動産登記記録の「甲区、乙区」への登記が必要となりますが、これら不動産の権利に関する登記を独占業務としているのが**「司法書士」**です。

また、分譲マンションの購入者で組織する管理組合に対して、建物の維持管理や運営をコンサルティングする**「マンション管理士」**や賃貸不動産（収益物件）の運用収支計画や出口戦略をコンサルティングする**「賃貸不動産経営管理士」**も不動産取引に関連してきます。

その他にも、担保不動産の任意売却の場合は**弁護士**、不動産価格を巡って紛争がある場合の価格算出には**不動産鑑定士**が活躍します。

不動産取引に関連する資格

国家資格一覧

- **宅地建物取引士（宅地建物取引主任者）**･･･重要事項説明、契約書および重説書への記名押印
- **土地家屋調査士**･･･測量および不動産の表示登記、境界特定手続き等
- **司法書士**･･･本人確認、不動産登記、相続財産管理人、不在者財産管理人等
- **建築士**･･･「1級、2級、木造」の3種類。設計、工事監理、申請手続き等
- **不動産鑑定士**･･･不動産の鑑定評価、不動産価格に関する相談業務等
- **弁護士**･･･担保不動産の任意売却手続き等
- **行政書士**･･･契約書作成（個人間取引の場合）、農地転用手続き等
- **マンション管理士**･･･マンションの維持管理および管理組合運営に関するコンサルティング等
- **土地区画整理士**･･･土地区画整理事業の円滑な施行等
- **FP技能士**･･･顧客の資産に応じた貯蓄および投資等のプランの立案、相談等

民間資格一覧

- **公認不動産コンサルティングマスター**（公益財団法人不動産流通推進センター）
- **ビル経営管理士**（一般社団法人日本ビルヂング経営センター）
- **賃貸不動産経営管理士**（財団法人日本賃貸住宅管理協会、社団法人全国宅地建物取引業協会連合会、社団法人全日本不動産協会）
- **区分所有管理士**（一般社団法人マンション管理業協会）
- **不動産証券化協会認定マスター**（社団法人不動産証券化協会）
- **不動産アナリスト**（社団法人全国宅地建物取引業協会連合会）
- **再開発プランナー**（一般社団法人再開発コーディネーター協会）
- **住宅ローンアドバイザー**（財団法人住宅金融普及協会）
- **競売不動産取扱主任者**（一般社団法人不動産競売流通協会）
- **不動産仲介士**（特定非営利活動法人日本レジデンシャル・セールスプランナーズ協会）
- **補償業務管理士**（社団法人日本補償コンサルタント協会）
- **不動産カウンセラー**（特定非営利活動法人日本不動産カウンセラー協会）
- **認定ファシリティマネジャー**（公益社団法人日本ファシリティマネジメント協会）
- **太陽光発電アドバイザー**（特定非営利活動法人日本住宅性能検査協会）
- **シックハウス診断士**（特定非営利活動法人シックハウス診断士協会）
- **地盤品質判定士**（地盤品質判定士協議会）
- **住宅販売士**（一般社団法人全国住宅営業認定協会）
- **不動産知識検定**（一般社団法人不動産相談協会）
- **住宅建築コーディネーター**（財団法人職業技能振興会／一般社団法人住宅建築コーディネーター協会）

⑦不動産の用益や取引に関連する「法律・条例」とは？

▼不動産の使用収益は法律で規制されている

不動産を所有する目的は、それを自ら使用したり、収益を得ることにあります。しかし、いくら私物であっても、地域との調和を無視した使用のしかたを個々が自由に行なえば、地域の魅力が低下し、地域全体の資産価値が下がってしまうことにもなりかねません。

そこで、不動産の使用収益には、様々な制限が規定されています。その中心となるのが、街づくりのルールを定めた**「都市計画法」**と、建築物の敷地・設備・構造・用途について最低基準を定めた**「建築基準法」**です。

その他にも、土地区画整理に関連する**「土地区画整理法」**、農地の転用や取引を規制した**「農地法」**、土壌の汚染対策を規制する**「土壌汚染対策法」**、重要文化財の保護を目的とした**「文化財保護法」**、土地造成時の一定規模以上の切土《きりど》や盛土《もりど》を規制した**「宅地造成等規制法」**等があり、54もの法令に基づく制限が規定されています。

▼地域で定める「条例」の規制も受ける

また、地方自治体も地域の調和や発展を目的として、それぞれの地域事情に応じた条例を定めています。中でも、不動産取引に頻繁に出てくるものに**「景観条例」**があります。景観条例とは、良好な都市景観を形成することを目的として定められるもので、建築物の高さやデザイン規制、屋外広告物の規制が含まれますが、１９６８年に金沢市が制定した「伝統環境保存条例」が最初とされています。しかし、法律の委任に基づかない自主条例は強制力がなく、任意の協力を前提とするものでした。

しかし、２００４年に景観法が公布、２００５年には全面施行されたことで、地方自治体が定める景観条例や地域住民が締結する景観協定に、実効性や法的強制力を持たせることになりました。

その他にも、街づくり条例としては、建物のみならず、昔ながらの狭い道路を拡幅するための「狭あい道路整備」などもあります。これは建物の建て替え時等に権利者に土地の一部を提供してもらうものです。また崖付近に建物を建てる際には、崖が崩れた場合を想定して一定の距離を離す「がけ条例」もあります。

不動産の用益・取引に関連する「法律・条例」

不動産関連の法律

◆都市計画法◆建築基準法◆古都保存法◆都市緑地法◆生産緑地法◆特定空港周辺特別措置法◆大都市地域における住宅及び住宅地の供給の促進に関する特別措置法◆地方拠点都市地域の整備及び産業業務施設の再配置の促進に関する法律◆被災市街地復興特別措置法◆新住宅市街地開発法◆新都市基盤整備法◆旧市街地改造法◆首都圏の近郊整備地帯及び都市開発区域の整備に関する法律◆近畿圏の近郊整備区域及び都市開発区域の整備及び開発に関する法律◆流通業務市街地整備法◆都市再開発法◆沿道整備法◆集落地域整備法◆密集市街地における防災街区の整備の促進に関する法律◆地域における歴史的風致の維持及び向上に関する法律◆港湾法◆住宅地区改良法◆公有地拡大推進法◆農地法◆マンション建替え円滑化法◆宅地造成等規制法◆都市公園法◆自然公園法◆首都圏近郊緑地保全法◆近畿圏の保全区域の整備に関する法律◆都市の低炭素化の促進に関する法律◆河川法◆特定都市河川浸水被害対策法◆海岸法◆津波防災地域づくりに関する法律◆砂防法◆地すべり等防止法◆急傾斜地法◆森林法◆道路法◆全国新幹線鉄道整備法◆土地収用法◆文化財保護法◆航空法◆国土利用計画法◆廃棄物の処理及び清掃に関する法律◆土壌汚染対策法◆都市再生特別措置法◆高齢者、障害者等の移動等の円滑化の促進に関する法律◆東日本大震災復興特別区域法◆大規模災害からの復興に関する法律◆災害対策基本法◆景観法◆土地区画整理法

不動産関連の条例

◆景観条例、がけ条例、各街づくり条例等

⑧今後ますます注目される「不動産信託受益権」とは？

▼「不動産信託受益権」とは何か

不動産取引には、不動産そのもの（実物）を取引するだけでなく、収益不動産を対象とした、**「不動産信託受益権」**という証券化された権利を取引することもあります。

不動産信託受益権の取引とは、所有者が信託銀行等に収益不動産を信託し、その収益不動産から発生する経済的利益（賃料収入等）を受ける権利（信託受益権）を取引するというものです。つまり、不動産信託受益権は不動産と言うより、**金融商品取引法**（以下「金商法」と言う）上の**有価証券**になります。

2007年に金商法が施行され、この不動産信託受益権は、金商法第2条2項有価証券の「みなし有価証券」として位置づけられて、取引においては金商法による規制を受けることになります。

不動産信託受益権を利用する主なメリットは、①実物不動産よりも流通コスト（不動産取得税、登録免許税）が優遇される、②管理の手間が省ける、③倒産隔離機能により財産の独立性が保全される、等があります。

▼「不動産信託受益権取引」の基本的なケースとは？

不動産信託受益権の取引には、主なパターンがいくつかあります。

第一は「売主がすでに設定された信託受益権を売却し、買主も信託を継続する」場合です。これは、買主が信託受益権の取得後にも信託契約を解除することなく、取得した状態で継続するケースです。

第二は「売主がすでに設定された信託受益権を売却し、移転と同時に買主が信託契約を解除し、受託者から実物不動産の返還を受け、以後は実物不動産として保有する」場合です。これは信託受益権取引ですが、信託解除の時点で、買主には実物不動産の所有権移転に係る登録免許税と不動産取得税が課税されます。

第三は「売主が取引前に実物不動産を信託し、その信託受益権を買主に売却する」場合です。逆に、「すでに設定された信託受益権を解除し、受益者または受託者が売主となって実物不動産の所有権を売却する」場合もあります。これは実物不動産の取引と同じことになります。

「実物不動産」と「不動産信託受益権」の取引方法の違いとは？

不動産信託受益権取引のしくみ

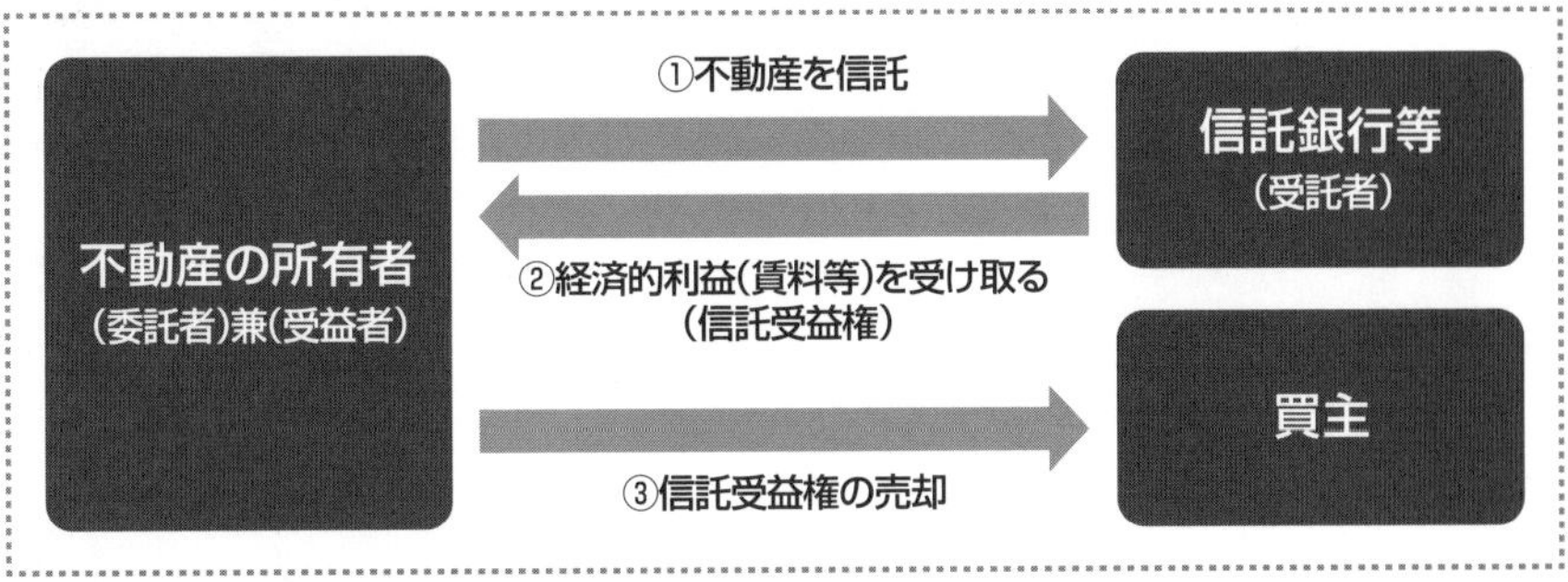

不動産信託受益権取引の基本的なケース

【ケース1】

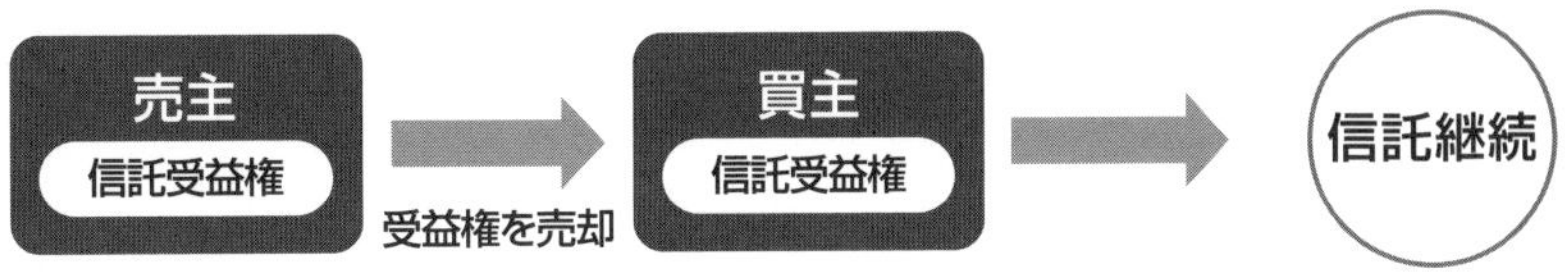

売主がすでに設定されている信託受益権を売却し、買主も信託を継続

【ケース2】

買主は信託受益権の移転時に信託解除、受託者から実物不動産の返却を受け、実物不動産として保有

【ケース3】

取引前に売主が実物不動産を信託し、その信託受益権を買主に売却

⑨意思表示に欠陥がある取引は「取消し」「無効」になる！

▼不動産取引の成否を決定する「意思表示の重要性」

不動産取引は法律行為であり、法律行為とは、一定の法律上の効果を望んで意思表示を行なった場合に、その効果が生じることを法律が認めている行為です。

契約は法律行為の代表的な例で、当事者の意思表示が合致することで成立しますが、法律行為の要素となる意思表示に「欠陥」がある場合は完全な効力が生じません。

また意思表示は完全でも、その目的が不可能や不明確であったり、法律で禁止されている事柄である場合には、法律行為としての効力は認められないことになります。

つまり法律行為が有効かどうかは、当事者の行為能力や意思能力を前提として、①意思表示の完全性、②目的の可能・確定・違法、の両面で検証する必要があります。

▼意思表示の「欠陥」とは？

意思表示の欠陥には、「意思の不存在」と「瑕疵ある意思表示」の2つがあり、**「意思の不存在」**には**「心裡留保、虚偽表示、錯誤」**、**「瑕疵ある意思表示」**には**「強迫による意思表示、詐欺による意思表示」**があります。

「心裡留保」とは、当事者の一方が故意に真意と異なる意思表示をすることで、「冗談で契約した」等があります。この場合の意思表示は原則有効ですが、表示された意思が真意でないことを相手側が知っていたり、注意すれば知ることができたような場合は、表意者は無効を主張できます。**「虚偽表示」**とは、いわゆる架空売買等で当事者が通謀して真意とは異なる意思表示をしたときは、契約は無効とされます。**「錯誤」**とは、表意者に法律行為を左右する「重要な思い違い」があった場合は、その意思表示には「要素に錯誤」があるものとして、表意者は取り消すことができますが、表意者に重大な過失（不注意による失敗）があった場合は、取り消すことはできません。

「強迫による意思表示」とは、表意者が相手方または第三者によって強迫されて意思表示をしたときは、それを取り消すことができます。**「詐欺による意思表示」**とは、表意者が詐欺によって意思表示をしたときは、その意思表示は取り消すことができます。

意思表示に欠陥がある取引とは？

不動産取引が「法律行為」として成立するには

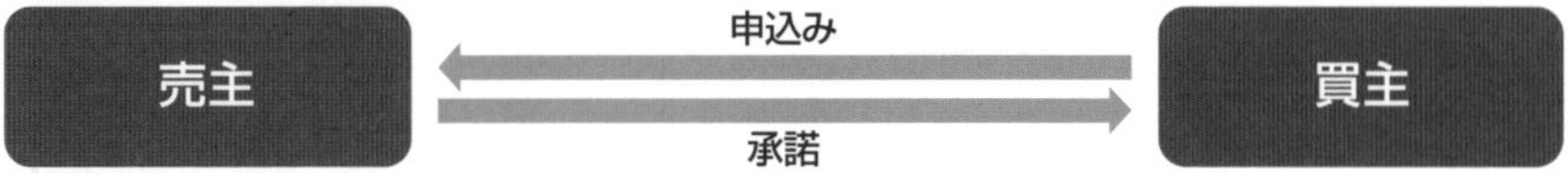

意思表示の欠陥とは？

1. 意思の不存在

(1)心裡留保

例 Aが自己の所有する時価3,000万円の土地を売るつもりがないにもかかわらず、冗談でBに「100万円」で売ってあげる」と約束した場合などがこれに該当。
この場合、Aの意思表示が心裡留保であったとしても、原則として有効となるが、意思表示の相手方であるBが、表意者であるAの真意（冗談であること）を知り、またはこれを知ることができるような事情にあるときは、その意思表示は無効となる。

(2)虚偽表示

例 多額の借金を抱えたAが、債権者Bに財産である土地を取られてしまうのを免れるために、友人であるCと共謀して土地の名義をAからCに書き換えるような場合。
このような行為は当然無効となるが、このことを知らない善意の第三者DがCからその土地を購入した場合には、Dは、A･B･Cに対して、取引は有効であると主張することができる。

(3)錯誤

例 Aという土地を買おう思っていたが、重要な思い違いをしていて、Bという土地を買うと意思表示してしまい、その間違いに気づかずにいたような場合。
表意者側に重大な過失があったときは、表意者側から自己の意思表示を取り消すことはできない。
※新民法（2020年4月施行）より、錯誤の効果を「無効」から「取消し」に改められた。

2. 瑕疵ある意思表示

(1)強迫による意思表示

例 AがBに対して、Bが恐怖を感じるような言動や態度を示して無理やり土地を売却させたような場合、Bはその強迫による意思表示を取り消すことができ、また詐欺による意思表示とは異なり、Aからその土地を譲り受けたCに対しても取消しの効果を対抗することができる。

(2)詐欺による意思表示

例 AがBを騙してBの土地を実際の時価より安く購入したような場合、Bは詐欺による意思表示を取り消すことができるが、Aからその土地を譲り受けたCが善意の第三者である場合には、その土地の返還を請求することはできない。

⑩不動産特有の法律「借地借家法」とは？

▼民法の一般原則より優先される「借地借家法」

「借地借家法」は、平成3年（１９９１年）10月に成立し、平成4年（１９９２年）8月より施行されている法律で、それまでの「建物保護ニ関スル法律、借地法、借家法」が廃止されて、これらに代わるものとして制定されました。

借地借家法は、借地と建物賃貸借を対象とした民法の特別法で、賃貸人に比べ立場も弱く、経済的にも不利がある借家人や借地人を保護するために、民法の一般原則を修正し補った法律です。この2つの法律が重複する場合は、特別法である借地借家法が適用され、借地借家法に定めがない場合には民法が適用されることになります。

借地借家法で定義する借地とは、**建物の所有を目的とする地上権または土地の賃借権**であることが必要であり、たとえば駐車場としての利用を目的とした土地の賃借権は借地権ではなく、借地借家法の適用はありません。

▼「存続期間、対抗要件、更新」での賃借人保護を強化

民法では、賃貸借についての一般原則を定めていますが、特別法である借地借家法では、「存続期間、対抗要件、更新」について、より賃借人保護を強化しています。

まず**「存続期間」**では、「50年を超えることができない」と上限を定める民法に対し、借地借家法では、「借地は一律30年以上、借家は20年以上」と下限のみで、上限を定めていません。

次に**「対抗要件」**では、貸主の承諾を要する賃借権登記を第三者への対抗要件としている民法に対し、借地借家法では賃借権登記がない場合でも、借地上に賃借人が所有する建物があり、賃借人の所有建物の所有権保存登記がある場合は、第三者に対抗できるとしています。

さらに**「更新」**でも、更新期間を50年と上限を定める民法に対し、借地借家法では、最初の更新は20年、２度目以降の更新は10年間を「下限」として、当事者間でもっと長期の更新期間が定められるほか、賃貸人からの更新拒絶には「正当事由」が必要であり、正当事由がない場合には、借地契約は更新されたものと見なされます。

※新民法（２０２０年4月施行）により、更新期間の上限が「20年→50年」に伸張されました。

「借地借家法」に至るまでの変遷

借地借家法が制定されるまで

建物保護ニ関スル法律(建物保護法：明治42年〈1909年〉5月1日制定)

- 借地人による所有建物登記で第三者への対抗要件を規定
- 地代値上げ制限が規定されていなかったため、地主は借地契約を短期で新規契約に切り換え、高額な地代を借地人に要求するようになる
- 借地人は長期の借地期間を求めるようになった

借地法・借家法(大正10年〈1921年〉4月8日制定)

- 借地権の存続期間の長期化
  (堅固な建物／期間定めあり：30年以上、期間定めなし：60年以上)
  (その他建物／期間定めあり：20年以上、期間定めなし：30年以上)
- 契約終了時の造作買取請求を認める保護規定

借地法・借家法(昭和16年〈1941年〉改正)

- 「正当事由制度」、「法定更新制度」を規定
  ※戦時中の統制経済政策の一環として官が中心となり推し進める
  ※「正当事由制度」の存続と「立退料の実務」の自然発生
  終戦後も「正当事由制度」は廃止されず存続し、現在に至っている

借地借家法(平成3年〈1991年〉10月4日制定)

- 借地権の存続期間は一律30年間
- 更新後の期間は初回20年以上、以降10年以上
- 正当事由の要素を明文化し、立退料や代替物件の提供を規定
- いわゆる「自己借地権」を容認、「定期借地権」の創設

借地借家法の一部改正(平成19年〈2007年〉12月21日制定)

- 「事業用借地権」から「事業用定期借地権」に名称変更
- 事業用定期借地権の存続期間が10年以上50年未満に変更

COLUMN 1

農地の取引は「許可や届出」がなければ効力が生じない！

●農地法による「農地の定義」には注意！

「農地」は、他の不動産とは異なり、食糧自給という観点において特別な意味を持つことから、食糧自給のための農地の確保や耕作者の地位の安定を目的として、**「農地法」**という法律により、不動産取引等も厳しく規制されています。

農地法の適用を受ける農地とは、「耕作の目的に供される土地」を言いますが、注意点が３つあります。第一は、**土地登記簿上の地目とは関係なく事実状態で判断される**ということ。仮に地目が「山林」であっても、現況が農地であれば農地となります。第二は、**所有者や使用者の使用目的に関係なく客観的に判断**され、第三は**土地の一時的な状態で判断しない**ということです。

つまり、作物を栽培していなくても（休眠地）、客観的に見ていつでも耕作できそうであれば農地となるし、一時的な家庭菜園等は農地ではないということになります。

また農地と同様に、耕作または養畜事業のための採草、家畜の放牧に供される「採草放牧地」も、農地法の適用を受けることになります。

●農地法には許可制と届出制がある

農地や採草放牧地の所有権を移転したり、物権（地上権等）や債権（賃借権等）を設定または移転する場合は、原則として**農業委員会の許可**（農地法第３条許可）が必要となります。

また、自分が所有する農地を「農地以外のものにする（転用）」場合には、原則として**都道府県知事（4haを超える農地転用は農林水産大臣）の許可**（農地法第４条許可）が必要となります。さらに農地や採草放牧地を農地・採草放牧地以外のものにするために所有権を移転したり、物権（地上権等）や債権（賃借権等）を設定または移転する場合には、原則として**都道府県知事（4haを超える農地転用は農林水産大臣）の許可**（農地法第５条許可）が必要となります。ただし、市街化区域内の一定の農地については、取引前に農業委員会に対して届出をすることで、許可を受けることなく、農地等の転用ができます。

これらの許可や届出を受けない場合には、取引等は無効となり、原状回復のみならず、懲役または罰金に処せられることになります。

2章

必ず押さえておきたい！
不動産取引の「基本」と「考え方」とは？

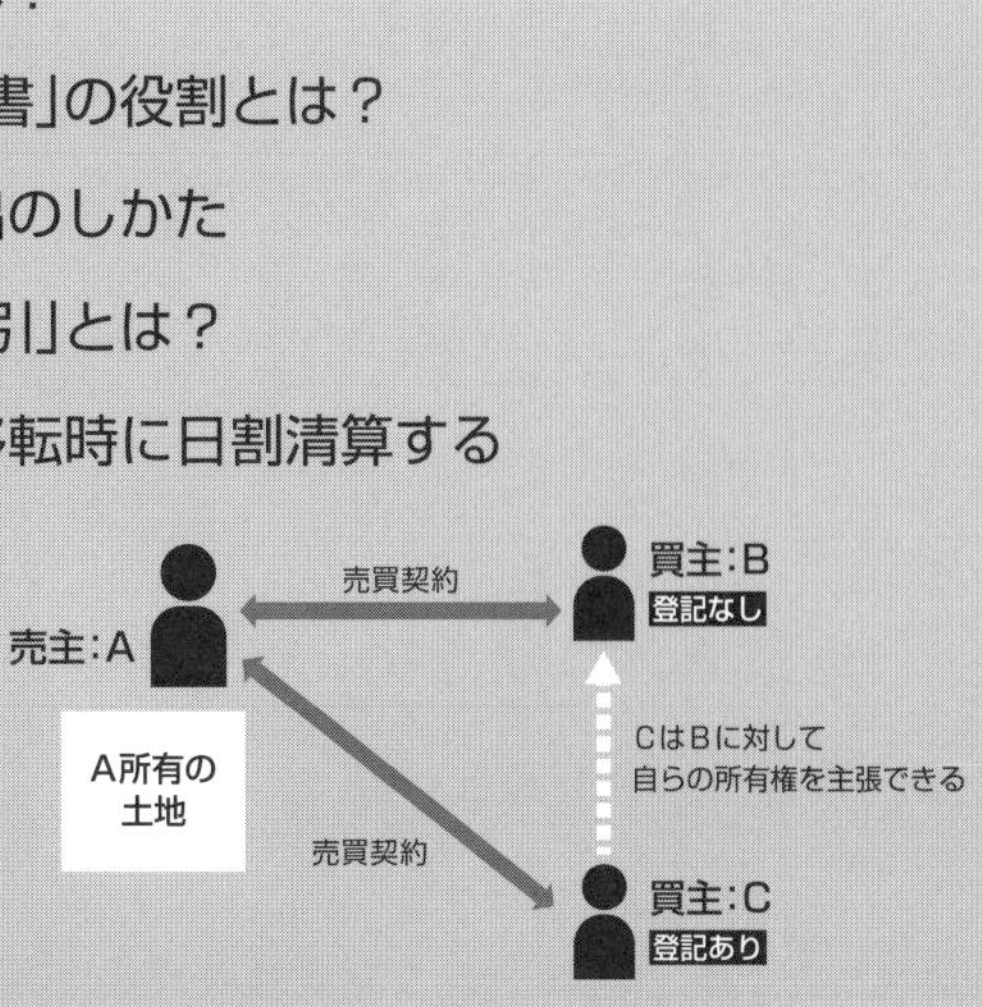

①「当事者および意思・金額・不動産」を特定する

▼「本人確認・意思確認」は不動産取引の根幹

不動産取引は、「当事者およびその意思、取引金額、対象不動産」を特定することから始まります。当然のことのようですが、これらの特定が不十分であることが原因となって、トラブルに発展することも少なくありません。

当事者とは、売主（または貸主）と買主（または借主）です。たとえば売買契約で、売主が単なる個人で、住所・氏名の変更や共有関係もなく、公的な書類（全部事項証明書や住民票等）に記載された事項と事実内容が同一であれば何も問題はありません。しかし、登記名義が被相続人（亡くなった人）のままであれば、遺産分割協議による真の所有者が誰であるかを確認する必要がありますし、売主が法人である場合は、代表権や権限制約の有無に加えて、その範囲についても確認を要します。

意思の確認は、本人確認と併せて行なう必要があります。本人確認は、一般的には身分証明書（運転免許証、パスポート等）で行ない、本人であることを確認の上、売却意思を直接確認します。本人からの委任を受けた代理人が取引当事者となる場合は、委任状に署名・押印（実印）と印鑑証明書の添付があっても、本人自らが委任内容について間違いなく理解し、実印を押して印鑑証明書を添付したことを**本人に直接確認する**必要があります。

▼対象不動産の特定は「現地との整合性」をチェック

取引金額は、売買契約の前段階で**不動産購入申込書**（買主が交付）と**売渡承諾書**（売主が交付）を取り交わして、金額を含めた取引条件や日時の意思表示を行なうことで、調整し特定します。**対象不動産**は、登記されている地番や家屋番号である程度は特定できますが、広大な土地（山林等）で地番が百筆（土地の単位は「筆（ひつ）」と表示）以上になると、登記記録と図面が合致しない場合もあります。その場合は、閉鎖謄本や公図から過去の分筆や合筆経緯を整理し、現地との整合性を確認して不動産を特定する必要があります。

これらは通常、不動産会社が行なう内容なので、一般消費者は契約締結前に契約書類等でこれらのことがきちんとできているか否かをチェックします。

「当事者および意思・金額・不動産」を特定する

①
当事者・意思

②
取引金額

③
対象不動産

不動産取引の基本中の基本はこの３つを特定すること！

当事者・意思の確認

本人確認 ←→ **意思確認**（一対となる）

本人確認
※本人であることの確認
- 運転免許証
- 住基カード(写真付)
- パスポート
- 健康保険証

意思確認
※売却意思の確認
- 制限行為能力者ではないか?
- 正常な意思表示が可能か?
- 酩酊状態ではないか?
- 医師の診断、立会は不要か?

取引金額の確認

不動産購入
申込書
（買主）

←→ 相互に交付 ←→

売渡承諾書
（売主）

- 金額
- 取引条件
- 取引日時

を特定する

対象不動産の確認

・マンション
・一戸建て等
→ 地番、家屋番号等である程度特定できる

広大な
土地など
→ 過去から現在までの登記情報、現地との整合性を詳細に確認し、特定する

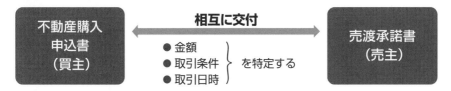

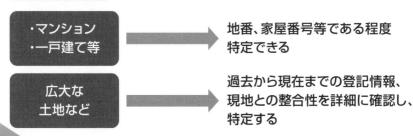

②不動産取引の原理原則は「完全所有権」の移転

▼所有権は「民法上の物権」に規定される

民法では、物を直接に支配する排他的権利として、10種類の物権（占有権、所有権、地上権、永小作権、地役権、入会権、留置権、先取特権、質権、抵当権）を定めています。そして**不動産取引（売買）の対象となる物権が所有権**です。

所有権とは、物権の構成上、本権（占有を法律上正当づける実質的な権利）に区分され、民法第206条では「所有者は、法令の制限内において、自由にその所有物の使用、収益及び処分をする権利を有する」と規定されています。したがって売主が売買代金全額と引換えに引き渡す不動産は、「完全所有権」でなくてはなりません。そして所有権が完全であるためには、「所有不動産の使用や収益および処分を自由に行なう」権利が、第三者に阻害されないことが要求されるのです。

▼「完全所有権の阻害要因」とは？

完全所有権の阻害要因の例と、その対処法を挙げます。

まず登記される事項では、**「差押え」**や**「抵当権」**があります。これらは、税金など公的に支払義務がある金銭納付の滞納があったり、金銭消費貸借による借入がある場合や返済の滞りがあった場合に、債権者が行なう登記です。売主は、不動産取引の際、これらの登記事項を取引前に抹消したり、買主から支払われる売買代金により登記抹消手続きをすると同時に所有権を移転します。

不動産が所在する現地にも、完全所有権を阻害する要因は潜んでいます。たとえば**越境問題**です。越境とは、隣地建物（庇、雨樋等）や構造物（塀等）の一部が、当方所有地の境界線を越えていることです。しかし、隣地所有者にただちに撤去を求めると紛争になる可能性があるので、売主は現状の確認と将来の建て替え時に撤去する旨の覚書を締結して、買主に引き継ぐことになります。

その他、隣地が無道路地で、隣地所有者が当方所有地を通行する通行地役権が発生していることがあります。当事者間で通行地役権に関する設定契約がない場合は、売主は地役権設定契約を隣地所有者と締結して、当該契約書を買主に引き継ぐことになります。

民法の定める「物権」

1.本権（占有を法律上正当づける実質的な権利）

（1）所有権・・・物を全面的に支配（使用・収益・処分）する権利（民法206条）

（2）制限物権・・・物の使用・収益・処分という支配的機能に一定の制限が加えられている物権

①用益物権・・・物の使用価値の一部を支配することを内容とする物権

1）地上権・・・他人の土地において工作物または竹木を所有するため、その土地を使用する権利（民法265条）

2）永小作権・・・小作料を支払って、他人の土地において耕作または牧畜をする権利（民法270条）

3）地役権・・・他人の土地を自己の土地の便益に供する権利（民法280条）

4）入《いり》会《あい》権・・・入会地を利用する権利（民法262条、294条）

②担保物権・・・物の交換価値の全部あるいは一部を支配することを内容とする物権

1）法定担保物権

（イ）留置権・・・その物に関して生じた債権を有するときに、その債権の弁済を受けるまで、その物を留置することができる権利（民法295条）

（ロ）先取特権・・・債務者の財産について、他の債権者に先立って自己の債権の弁済を受ける権利（民法303条）

2）約定担保物権

（イ）質権・・・債権の担保として債務者または第三者から受け取った物を占有し、かつ、その物について他の債権者に先立って自己の債権の弁済を受ける権利（民法342条）

（ロ）抵当権・・・債務者または第三者が占有を移転しないで債務の担保に供した不動産について、他の債権者に先立って自己の債権の弁済を受ける権利（民法369条）

2.占有権・・・物に対する事実上支配状態（占有）の保護を目的とする権利（民法180条）

③不動産取引における「第三者への対抗要件」とは？

▼不動産は登記をすることで「対抗力」が生じる

「第三者への対抗要件」とは、すでに当事者間で成立した法律関係や権利関係を、当事者以外の第三者に対して対抗（主張）するための法律要件を言います。そして民法では、不動産物権の変動については**「不動産登記」**を「対抗要件」としています。

つまり不動産取引では、不動産登記を備えることで所有権や抵当権等の権利を第三者に対して、法的に主張できることになります。たとえば、「Aが所有する土地をBとCに二重譲渡した場合、この土地は誰のものになるか？」。結果は、先に所有権移転登記をした者が所有権を原則主張できることになります。BもCも、Aを信用して取引をしたのであって、BもCもAに対する請求権を持っていますが、不動産はひとつしかありません。「AとBの関係」は取引当事者であり、「AとCの関係」も取引当事者ですが、「BとCの関係」はお互いに「第三者同士の関係」です。この場合、BとCの第三者同士の関係では、先に所有権移転登記を済ませた者が他方に対して、自らの所有権を主張できるのです。

▼不動産登記には公信力がない！

不動産の登記記録は、登記情報に記載されていれば事実と違っていても、その権利を主張することができてしまい、記載が事実かどうかまでは保証されていないのです。これを「不動産登記には公信力がない」と言います。

たとえばAが、ある建物の所有者がBであることを登記記録で確認して購入した場合でも、実際にはBが不正な手段で登記内容を変更していて、本当の所有者が別に存在する場合は、Aは所有権を取得することはできず、本当の所有者の権利が保護されることになります。つまり不動産登記とは、物権変動が生じるための要件ではなく、すでに発生した**物権変動を第三者に対して主張するための要件（対抗要件）**ということになります。

結論として不動産取引の買主は「登記がある」というだけでは公信力がないので売主を信じてはいけません。そして、購入したらすぐに登記をすることで対抗力が備わり、第三者に対して所有権を主張できるのです。

「第三者への対抗要件」とは？

A が土地を二重譲渡した場合

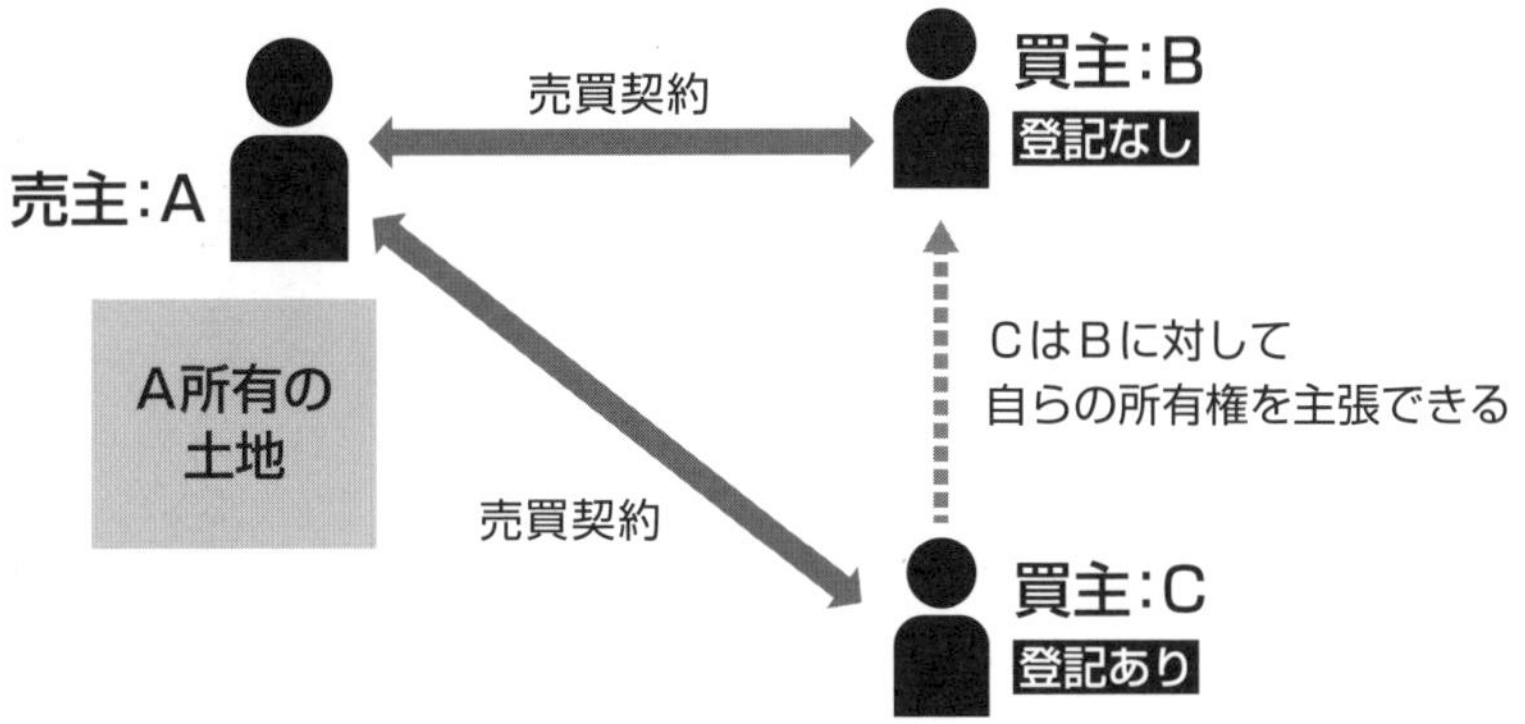

不動産は登記をすることで対抗力が備わり、第三者に対して所有権を主張できる！

真の所有者を知らずに購入した場合

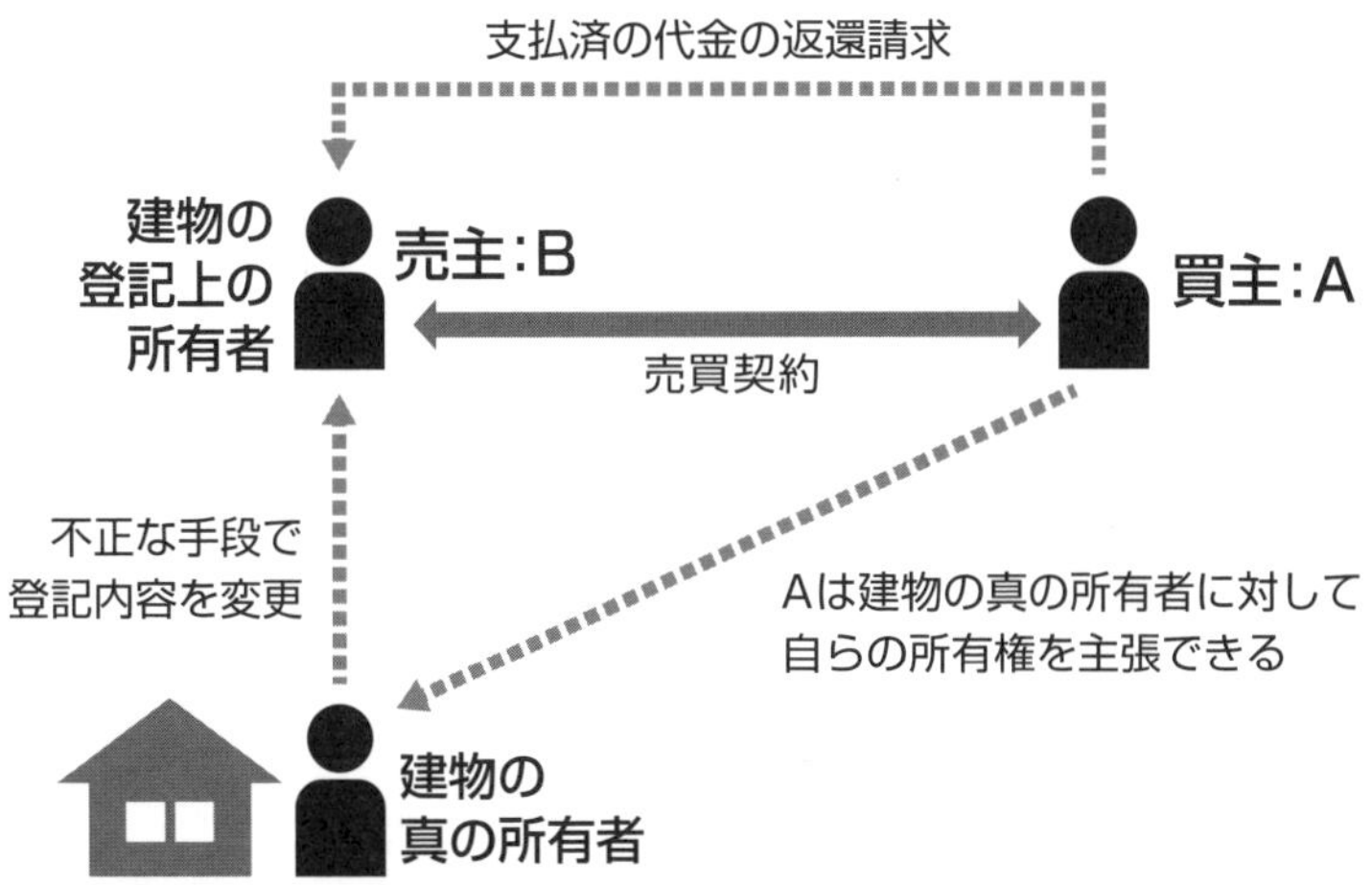

「登記名義人」と「真の所有者」は異なることがある！

④新不動産登記法での「登記識別情報」とは？

▼新不動産登記法で「登記識別情報」制度導入

登記識別情報とは、新不動産登記法（２００５年3月施行）によって、従来の権利証（登記済証）に代わって発行されることになったもので、数字とアルファベットの組み合わせの12文字で作成され、将来、登記をするときに必要となるパスワードのようなものです（7章4項参照）。

注意点としては、従来は権利証そのものを大事に保管していれば他人に悪用される可能性は低かったものが、登記識別情報はこれを知っている人が不動産の権利者と見られ、悪用される危険性があることです。キャッシュカードの暗証番号と同様に、他人には「見せない、教えない、渡さない」を徹底することです。また、従来の権利証が使えなくなるわけではありません。登記申請時に必要になるので、大事に保管しておく必要があります。

▼権利証を紛失した場合の救済策

権利証（登記識別情報）は、所有権移転や抵当権設定登記等を登記所で行なう際に必要になります。もし、これらの書類がないと、登記所側では「申請人＝本人」であることが確認できず、登記を受け付けてくれません。

しかし、権利証は紙なので盗難や消失、あるいは紛失ということもあり得ます。そこで、権利証を紛失した場合の救済策として、「事前通知制度」と「資格者代理人による本人確認情報の提供制度」というものがあります。

「事前通知制度」とは、登記の申請後に、登記所が売主等の登記義務者に対して、郵送で「登記申請があった旨」の通知を行なう制度です。この通知は「本人限定受取郵便」で送られ、これによって本人確認が行なわれます。通知を受け取った不動産登記名義人がこれに署名押印（実印）して、通知された登記申請が真実であることを登記所に申し出ることで登記が実行されます。

「資格者代理人による本人確認情報の提供制度」とは、申請代理人である資格者（司法書士等）が本人と面談して運転免許証等で本人確認を行ない、資格者がその責任において本人確認をしたことを明らかにした上で、その内容を本人確認情報として登記所に提供するというもので、事前通知を省略して登記が実行されます。

「登記識別情報（権利証）」とは？

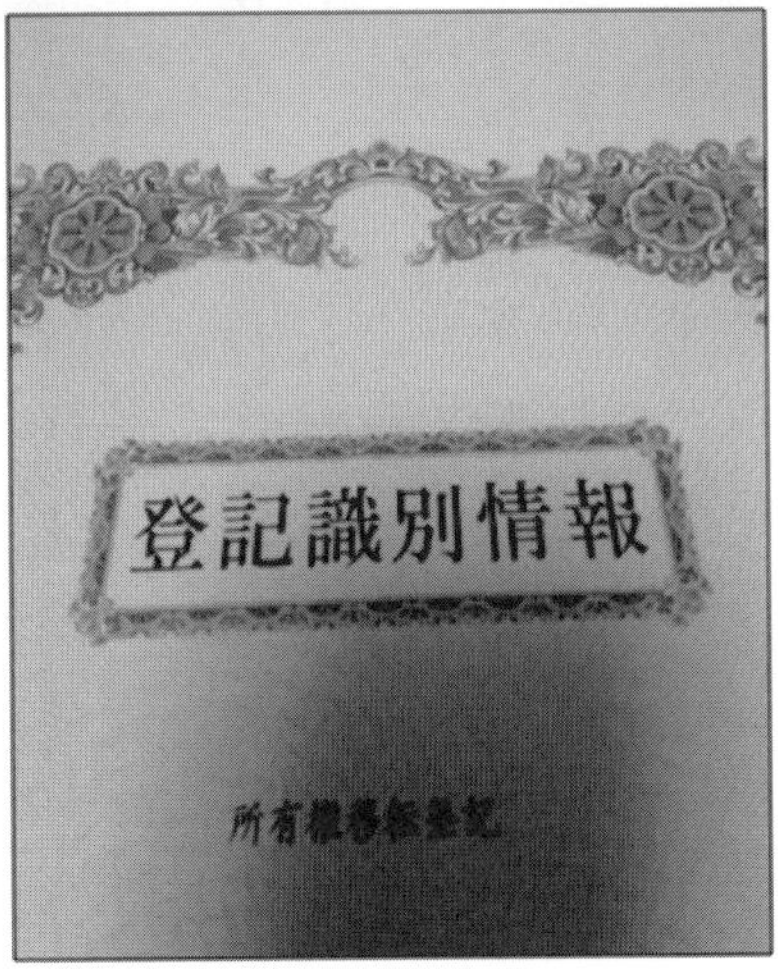

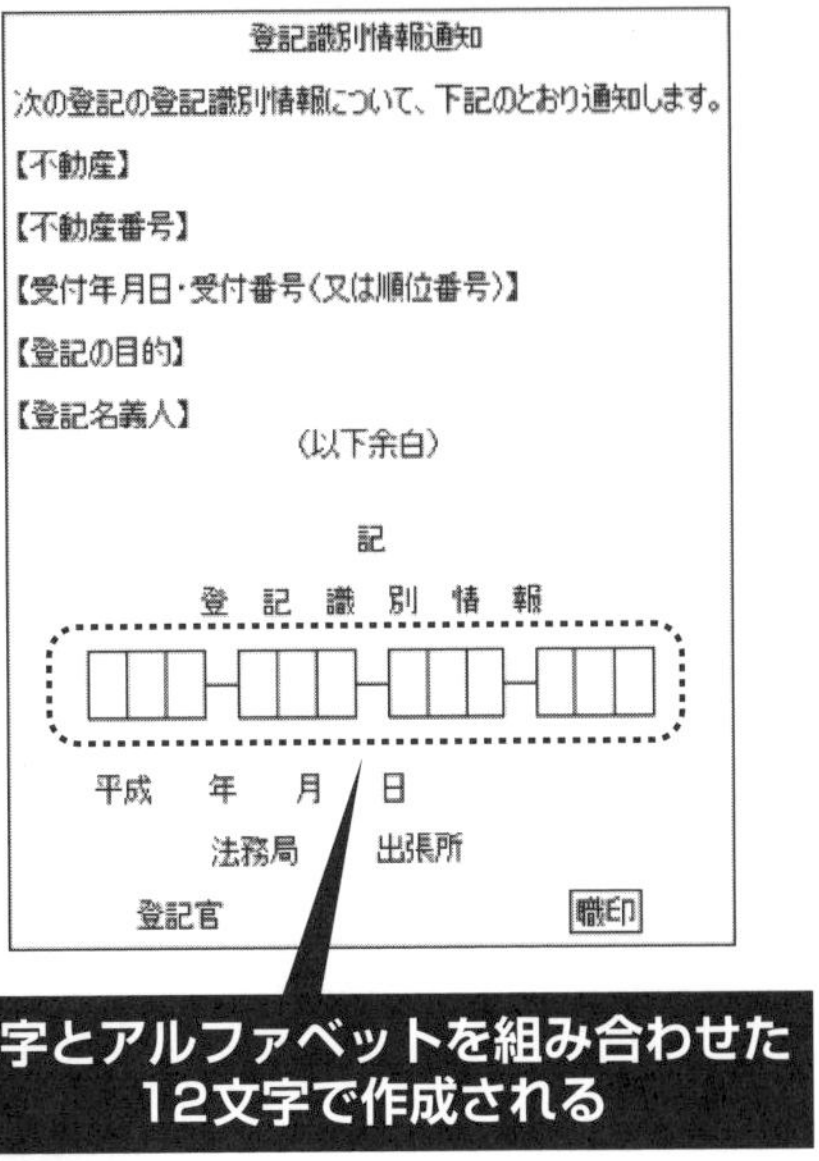

登記識別情報通知

次の登記の登記識別情報について、下記のとおり通知します。

【不動産】

【不動産番号】

【受付年月日・受付番号（又は順位番号）】

【登記の目的】

【登記名義人】

（以下余白）

記

登 記 識 別 情 報

□□□-□□□-□□□-□□□

平成　年　月　日

法務局　出張所

登記官　職印

権利証を紛失した場合の「事前通知制度」

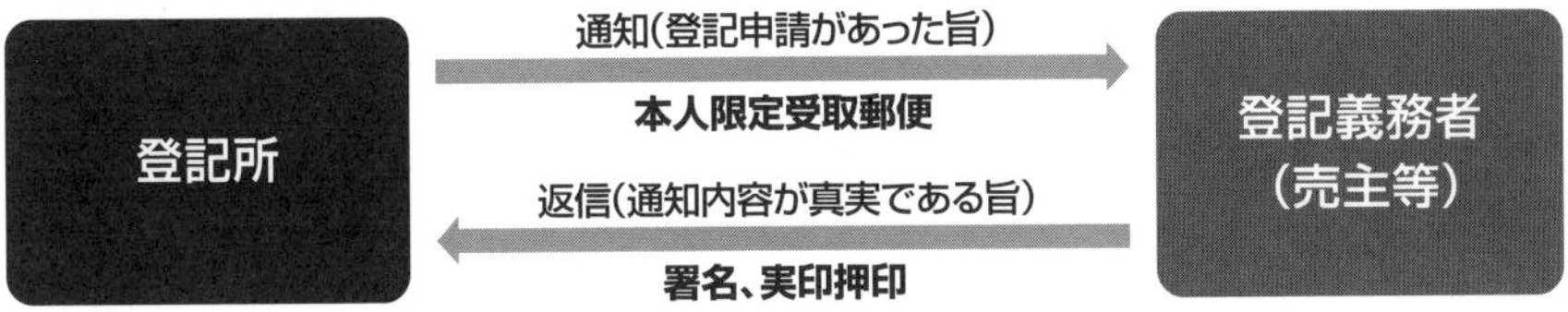

資格者代理人による本人確認情報の提供制度

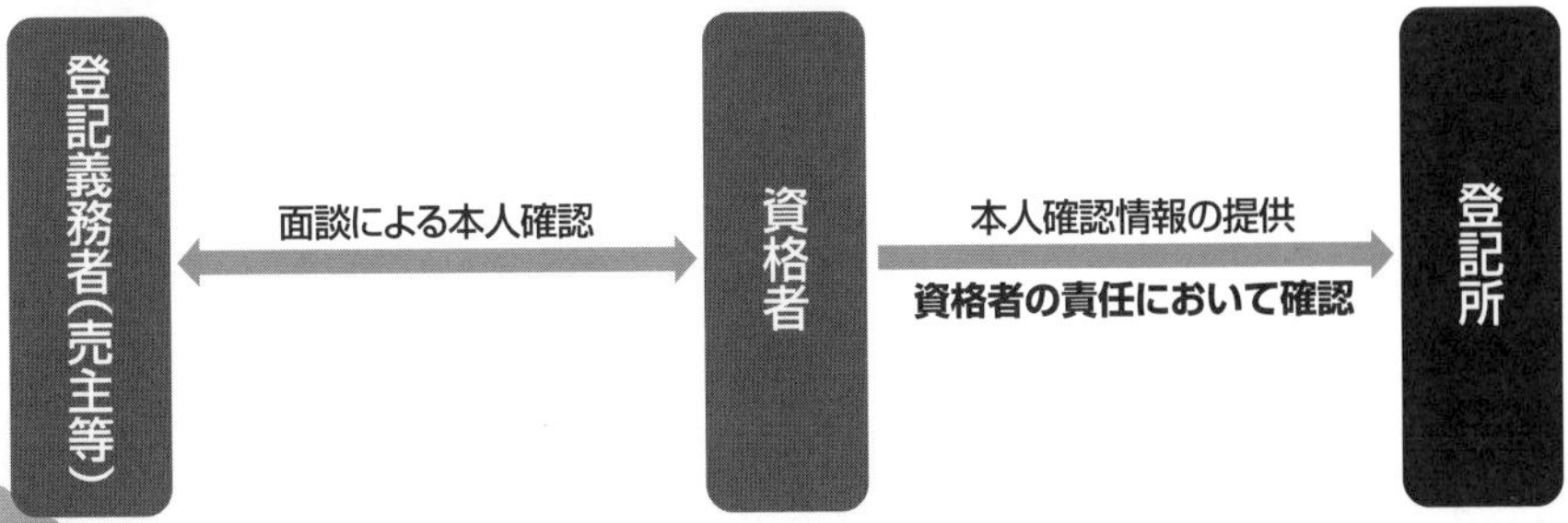

⑤不動産の取引態様は3種類ある

▼チラシ広告の「取引態様」欄は必ず確認する！

不動産チラシやインターネット広告を見ていると、物件概要に「取引態様」という欄があることに気づきます。そして、そこには**「売主・貸主、代理、媒介」**のいずれかの用語が記載されています。これは不動産取引における不動産会社の「立ち位置」を明記したもので、法律により明示することが義務づけられています。

宅地建物取引業法では、「宅地または建物の売買、交換または貸借に関する広告をするときは、自己が契約の当事者となって売買または交換を成立させるか、代理人として売買、交換または貸借を成立させるか、媒介して売買、交換または貸借を成立させるかの別（「取引態様の別」と言う）を明示しなければならない」と規定しています。その理由は、取引態様（立ち位置）によって不動産会社が持つ法律上の権限や効果が異なることと受け取る報酬額が違ってくるからです。

▼仲介手数料が「必要な場合」と「不要な場合」

取引態様は、「売主・貸主、代理、媒介」の3種類に分けられます。

まず**「売主・貸主」**は、不動産会社が自社が所有する土地や建物を売ったり貸したりする場合で、「売主直売、貸主直貸し」となることから、仲介手数料は発生しません。次に**「代理」**は、不動産会社が売主や貸主の代理人となるという意味です。売主や貸主の代わりを務めるので、売主や貸主には仲介手数料が必要ですが、買主や借主は不要なのが一般的です。最後に**「媒介」**は、仲介と同じ意味で、「売主と買主」または「貸主と借主」との間に立って取引を行ないます。媒介（仲介）の場合は、必ず仲介手数料が発生します。

広告等を見る際には、普段からこの取引態様を必ず見る癖をつけておくべきです。たとえば気に入った物件が、扱っている不動産会社の所有だと思って購入したら、実は直物件ではなく売主からの依頼を受けた媒介物件で、仲介手数料を請求されるということが起こります。仲介手数料は結構大きな金額になるので、この費用が必要か否かは資金計画に大きく影響します。

不動産取引の３種類の取引態様

取引態様の違い

売主・貸主

● 不動産会社が自ら所有する土地や建物を売ったり貸したりする場合

「売主直売・貸主直貸し」なので仲介手数料は発生しない

代理

● 不動産会社が「売主・貸主」の代理人であるという意味

「売主・貸主」の代わりをしつつ仲立ちをするので、売主・貸主には仲介手数料が必要だが、「買主・借主」は不要なことが多い

媒介(仲介)

● 「売主と買主」または「貸主と借主」の間に立って取引を行なう場合

媒介と仲介は同じ意味で、媒介の場合は必ず仲介手数料が発生する

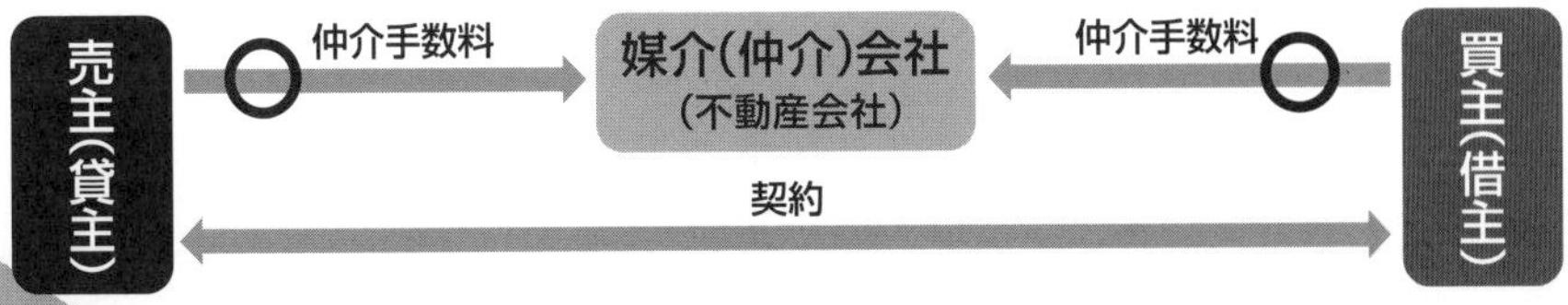

⑥不動産会社と結ぶ「媒介契約」とは？

▼「専属専任・専任・一般」の3種類がある！

不動産会社に不動産の売却や購入の媒介（仲介）を依頼する場合は、必ず媒介契約を締結します。媒介契約は、依頼者との間のトラブルをなくし、不動産流通市場の整備を図ることを目的として、昭和55年（1980年）の法改正で規定が設けられました。媒介契約の形態は「専属専任媒介契約」「専任媒介契約」「一般媒介契約」の3種類があり、契約形態によって、不動産会社や依頼者（売主）のそれぞれの権利や義務が変わってきます。

▼媒介契約の形態による依頼者の「権利」「義務」

専属専任媒介契約とは、特定の不動産会社に媒介を依頼し、他の不動産会社に重ねて依頼できない契約です。不動産会社は、依頼者に対して1週間に1回以上の頻度で活動状況を報告したり、媒介契約締結の翌日から5日以内に媒介する不動産情報を流通機構（国交大臣指定）に登録する義務があります。依頼者は、自ら買主を見つけることはできません。

専任媒介契約も、専属専任媒介契約と同様に特定の不動産会社に媒介を依頼し、他の不動産会社に重ねて依頼できない契約です。不動産会社は、依頼者に対して2週間に1回以上の頻度での活動状況報告、媒介契約締結の翌日から7日以内に媒介する不動産情報を流通機構に登録する義務があります。しかし専任媒介契約では、依頼者は自ら買主を見つけることができます。

一般媒介契約は、複数の不動産会社に重ねて媒介を依頼できる契約です。不動産会社には、活動状況報告の義務や流通機構への登録義務もありません。依頼者は、自ら買主を見つけることもできます。

標準媒介契約約款による有効期間は、いずれの形態も3ヶ月以内です。また依頼者が注意すべき点は、買主を自己発見した場合や依頼先以外の不動産会社と取引した場合、さらには媒介契約満了後2年以内に依頼した不動産会社から紹介を受けた買主と直接取引をした場合は、約定報酬額に相当する金額や契約履行に要した費用、取引成立の寄与割合に応じた相当額等を不動産会社から請求されることです。

不動産会社の3 種類の媒介契約

区分		専属専任媒介契約	専任媒介契約	一般媒介契約
売主の義務	他の不動産業者への依頼	重ねて依頼することができない	重ねて依頼することができない	重ねて依頼することができる
	自己発見取引	認められない	認められる 通知義務あり	認められる 通知義務あり
標準媒介契約約款による有効期間		３ヶ月以内	３ヶ月以内	３ヶ月以内
不動産業者の義務	成約への積極的努力義務	指定流通機構へ物件登録義務あり（契約締結の翌日から5日以内）	指定流通機構へ物件登録義務あり（契約締結の翌日から7日以内）	—
	登録証明書の交付	遅滞なく、指定流通機構発行の登録証明書を依頼者に交付	遅滞なく、指定流通機構発行の登録証明書を依頼者に交付	—
	業務処理状況の報告義務	1週間に1回以上 文書または電子メールによる報告	2週間に1回以上 文書または電子メールによる報告	—
	成約したときの通知義務	遅滞なく、指定流通機構へ通知	遅滞なく、指定流通機構へ通知	—
直接取引		契約の有効期間の満了後２年以内に依頼者が依頼を受けた業者を排除して、業者から紹介を受けた相手方と直接取引した場合には、業者は依頼者に対して、業者が取引成立に寄与した割合に応じた相当額の報酬を請求できる	契約の有効期間の満了後２年以内に依頼者が依頼を受けた業者を排除して、業者から紹介を受けた相手方と直接取引した場合には、業者は依頼者に対して、業者が取引成立に寄与した割合に応じた相当額の報酬を請求できる	契約の有効期間の満了後２年以内に依頼者が依頼を受けた業者を排除して、業者から紹介を受けた相手方と直接取引した場合には、業者は依頼者に対して、業者が取引成立に寄与した割合に応じた相当額の報酬を請求できる
他の不動産業者によって成約した場合		契約の有効期間内に依頼者が他の業者の媒介によって取引を成立させたときは、約定報酬額に相当する金額を請求できる	契約の有効期間内に依頼者が他の業者の媒介によって取引を成立させたときは、約定報酬額に相当する金額を請求できる	契約の有効期間内に依頼者が明示していない業者の媒介により取引を成立させたときは、履行に要した費用の償還を請求できる
自己発見取引を行なった場合		契約の有効期間内に自ら発見した相手方と取引を成立させたときは、業者は約定報酬額に相当する金額を請求できる	契約の有効期間内に自ら発見した相手方と取引を成立させたときは、業者は契約履行に要した費用の償還（実費）を請求できる	—
売主による媒介契約の解除（業者無責の場合）		契約の有効期間内に業者の責めに帰すことのできない事由によって契約が解除されたときは、業者は契約の履行のために要した費用の償還（実費）を請求できる	契約の有効期間内に業者の責めに帰すことのできない事由によって契約が解除されたときは、業者は契約の履行のために要した費用の償還（実費）を請求できる	—

⑦「不動産購入申込書」と「売渡承諾書」の役割とは？

▼「当事者間の意思表示」によって不動産取引は始まる

契約は、当事者間の意思表示が合致することによって成立します。不動産取引（売買）では、買主が「不動産購入申込書（買付証明書）」で売主に申し入れ、売主が申込内容を承諾する場合には、「売渡承諾書」を買主に交付することによって、当事者間の意思表示を明確にすることになります。**不動産購入申込書**とは、買主が希望する購入金額や手付金額、契約締結や決済の日程、支払方法やその他購入条件等について、自らの意思を記載した書面です。**売渡承諾書**とは、売主が不動産の売渡しを承諾するための売却条件等を記載した書面で、買主からの購入条件に対して変更を加えたりする場合もあります。

そして、当事者の意思表示が合致したら、契約締結に向けての準備が始まることになるのです。

▼「意思表示」を取り消すとペナルティは発生するか？

ここで問題となってくるのが、当事者間の意思表示が書面によって合致したにもかかわらず、売買契約締結までの間に、いずれか一方が、「やはり契約するのはやめる」となった場合です。意思表示の合致が契約成立の要件であれば、ペナルティを請求されてもおかしくないと思ってしまいます。しかし、購入申込書や売渡承諾書が取り交わされたとしても、特別な合意のない限り、売買は成立していないとするのが判例の見解です。

書面の内容や取り交わしの経緯によっては、総合的に判断して「売買契約の予約が成立した」と認められる可能性がないわけではありませんが、仮にペナルティが認められたとしても「お互いに相手方に不測の損害を与えないという信義則上の義務に反した」ということで、信頼利益（有効な契約成立を信じて被った損害）程度しか認められない可能性が高いのです。

これは**賃貸借の場合も同様**で、借主から貸主に「入居申込書」を差し入れてから入居者審査を経て契約へと進みますが、契約締結前の段階では、一般的には当事者は意思表示を撤回することは可能で、ペナルティもありません。ただ、不要な紛争に巻き込まれないためにも、意思表示は慎重に行なう必要があります。

売買契約までの流れと「意思表示」の効力

申込みから契約までの流れ

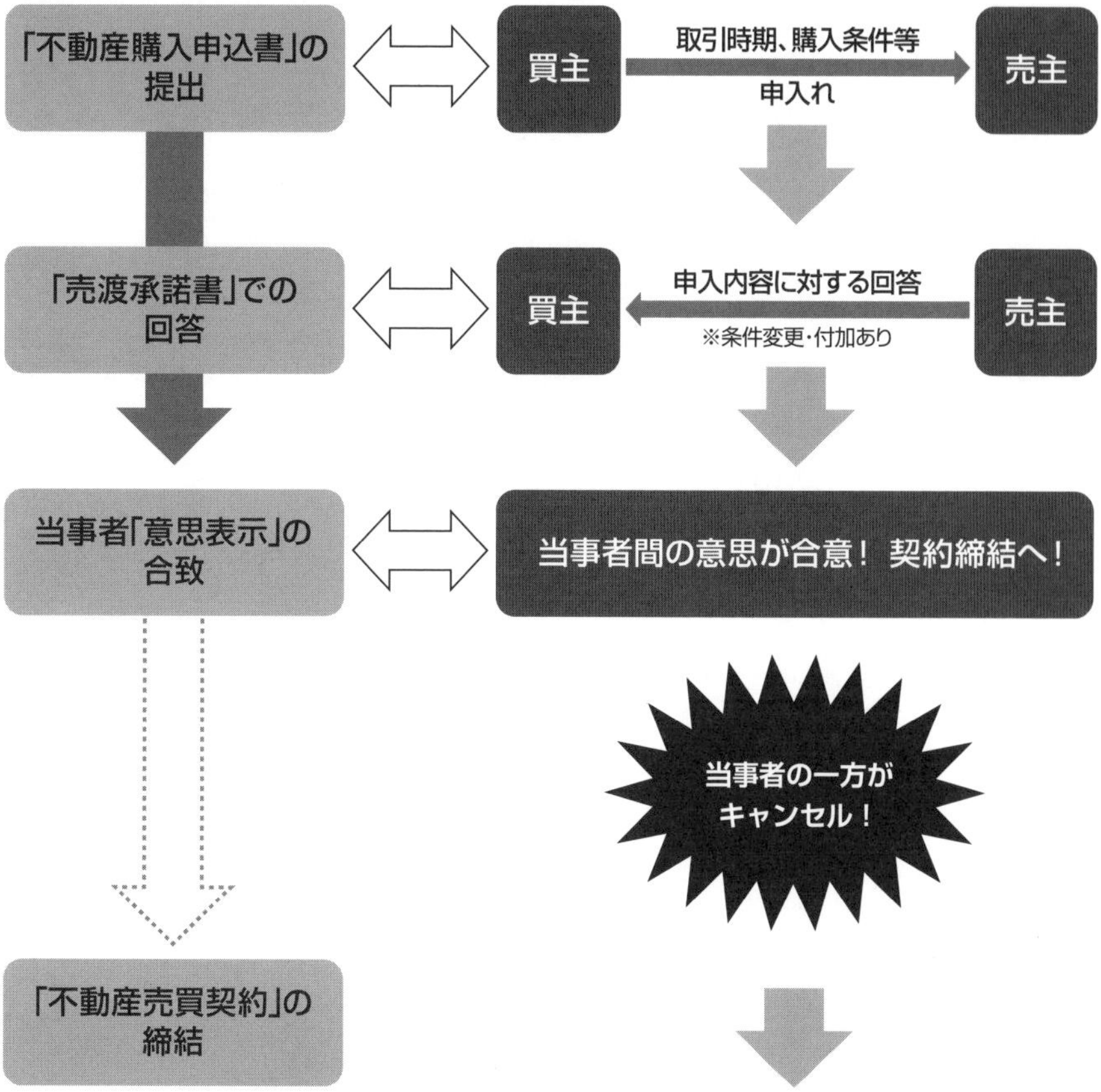

- **判例の見解は、一般的には「ペナルティ」は発生しない**
- **賃貸借の場合も同様に、一般的には「ペナルティ」は発生しない**
- **仮に認められたとしても「信頼利益」程度**

※「信頼利益」とは有効な契約成立を信じたことによって受けた損害で、無駄になってしまった支出費用等

当事者による「安易な意思表示（申込み、承諾等）」は禁物！

⑧「不動産仲介手数料」の役割と算出のしかた

▼不動産仲介手数料は「上限金額」が定められている

不動産取引では、依頼者は依頼先の不動産会社に、成功報酬として仲介手数料を支払います。仲介手数料は、宅地建物取引業法第46条および国土交通省告示第１７２号によって、受領できる上限額が定められています。

「売買または交換」の媒介では、簡易式で**「成約価格×３％＋６万円＋消費税等」**、「貸借」の媒介では、**「借賃の１ヶ月分＋消費税等」**を超えて受領できないことになっています。

では、そもそも仲介手数料を支払う理由とは何なのでしょうか？ それは、**不動産取引を安全、かつ確実に行なうための必要費用**だからです。不動産取引の準備調査（専門調査等）や取引適正金額の算出（査定）、相手方を広く募って取引条件を交渉調整（営業活動）し、宅地建物取引士が取引を完結させるまでの費用なのです。

▼仲介手数料が高いかどうかは依頼者が決めること

しかし、仲介手数料の規定が上限額となっていることから、「仲介手数料の金額は高いのではないか？」という意見があります。

結論としては、「高いか妥当かは依頼者が決めることだ」ということです。不動産取引の当事者は、取引が安全に確実に行なわれることに加えて、売主は「少しでも高く売りたい」と考え、買主は「少しでも安く買いたい」と考えます。言い換えれば、不動産取引に対する「透明性」や「納得感」を要望しています。つまり、これらの要望に応えることができれば、「約３％の仲介手数料は高い」という議論にはなりません。仲介手数料が仮に半額になったとしても、それ以上に安く売られたり、高く買わされたりしては、元も子もないからです。

私の会社では、不動産取引を主に不動産オークション（競争入札）で行ない、売買価格の決定は、需要と供給のバランスによる「市場原理」に委ねています。その結果、「取引金額」と「取引の相手」は買主間の競争原理によって決まるため、大半の不動産会社で採用している相対取引と比べて、売主や買主から見た取引に対する「透明性」や「納得感」が高くなるしくみになっています。

「成功報酬の不動産仲介手数料」は高いのか？　妥当なのか？

売買または交換の媒介に関する報酬の額

売買金額（税抜）	仲介料率
400万円超の金額	3%＋（3%×消費税率）
200万円超400万円以下の金額	4%＋（4%×消費税率）
200万円以下の金額	5%＋（5%×消費税率）

※昭和45年建設省告示第1552号　最終改正：平成26年2月28日　国土交通省告示第172号
※消費税率「10%」で試算。以後、税率変更の場合は「10%→変更後消費税率」で計算要

例）売買価格：1,000万円（税抜）の家屋の売買の場合

1,000万円

- 400万円を超える金額 → 600万円 × [3%+(3%×10%)] ＝198,000円…③
- 200万円を超え400万円以下の金額 → 200万円 × [4%+(4%×10%)] ＝88,000円…②
- 200万円以下の金額 → 200万円× [5%+(5%×10%)] ＝110,000円…①

したがって、①+②+③=396,000円となる
これを簡易式（売買価格×3%+6万円+消費税）で計算すると、
（1,000万円×3%+6万円）×1.10=396,000円　※①②③の合計額と同じになる

賃借の媒介に関する報酬の額

※消費税率10%の場合。税率変更時は売買と同様

- **土地または建物の「借賃：1ヶ月分」の1.10倍に相当する金額以内とする**

※ただし、居住用建物の賃貸借の媒介に関して、依頼者の一方から受領できる報酬の額は承諾を得ている場合を除き、「借賃：1ヶ月分」の0.55倍に相当する金額以内とする

取引の“安全・確実”は大前提

不動産オークション（競争入札）制度とは

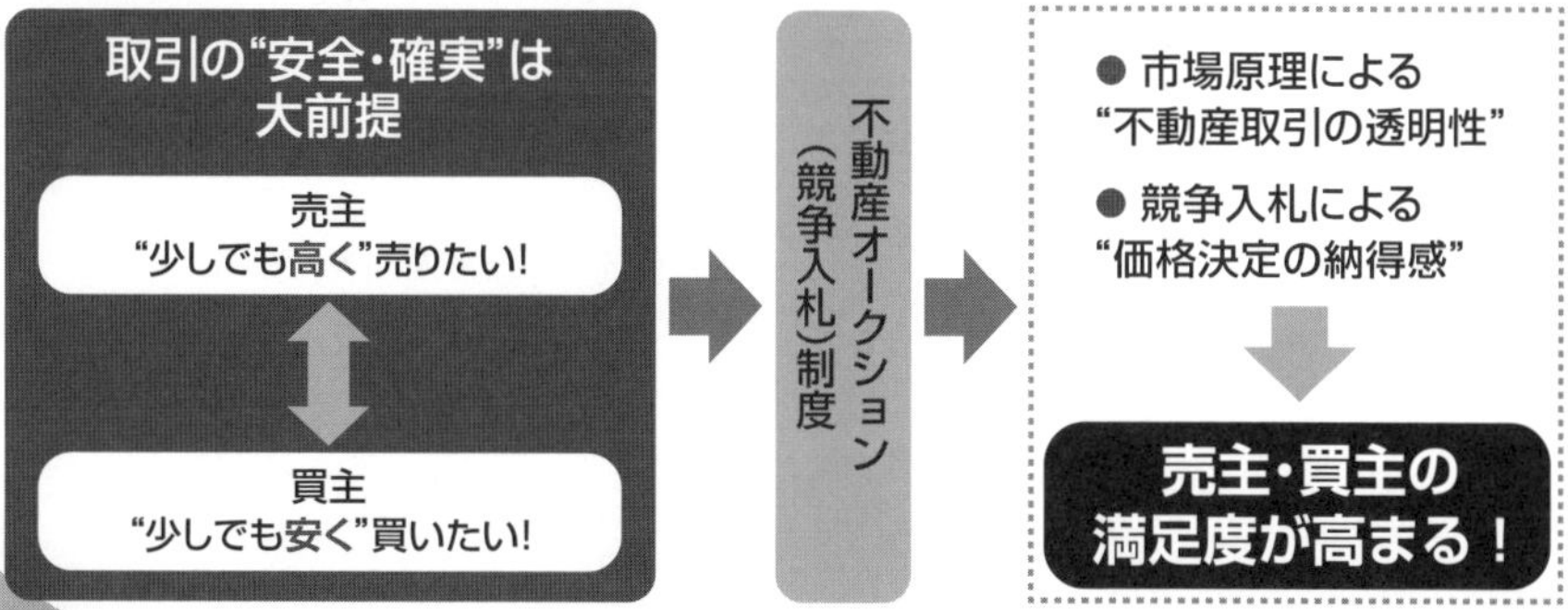

● 競争入札による“価格決定の納得感”
売主・買主の満足度が高まる！

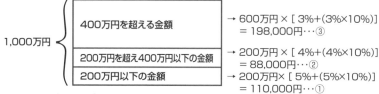

⑨仲介手数料のいらない「個人間取引」とは？

▼個人間取引のメリット・デメリット

不動産仲介手数料を節約するためには、「個人間取引」という方法もあります。**個人間取引**とは、不動産仲介会社を介さずに、売主と買主が直接取引を行なうことを言います。個人間取引は、多くは親族間や友人間などで行なわれますが、最大のメリットは、やはり仲介手数料が不要になることです。取引金額にもよりますが、数十万円から数百万円も節約することができます。

その反面、デメリットも多くあります。不動産仲介会社のような調整役や専門家が存在しないことから、契約書の作成でも、売主と買主の力関係で一方が不利になってしまったり、将来起こり得る事態の予測が不十分で、本来取り決めるべき事項を盛り込まなかったり、不動産調査自体に漏れがあったりすることで、トラブルとなることも多くあります。

▼トラブルが発生しても当事者間で解決するしかない

個人間取引のデメリットを補うためには、各専門家に分離発注する方法もありますが、合計すると結構な金額になったり、責任の所在が不明確になるなど万全ではありません。法律の専門家に契約書の作成を依頼した場合でも、彼らは法律上不備のない契約書を作るプロであっても、不動産のプロではありません。資料や現地を見て当事者が気づいていない点を指摘して、「こういう点も契約書に入れたほうがいいですよ」とは言ってくれません。

また、不動産会社でも個人間取引のサポート業務を行なっているところもありますが、通常の仲介業務とは異なり、契約書類に「仲介者の印鑑」を押さない場合がほとんどです。理由は、「書類は作成しましたが責任は当事者間で負ってください。うちが責任を持つ（仲介印を押す）のであれば別料金です」ということです。

こうしたメリットとデメリットを比較すると、個人間取引を選択するか否かの判断はむずかしいところです。

もっとも、個人間取引が通常の手段で何の問題も生じないのであれば、そもそも不動産仲介会社はとっくの昔に潰れていて、「不動産仲介業」という業種そのものが存在していないということになります。

「個人間取引」のメリット・デメリット

「通常の不動産取引」の場合

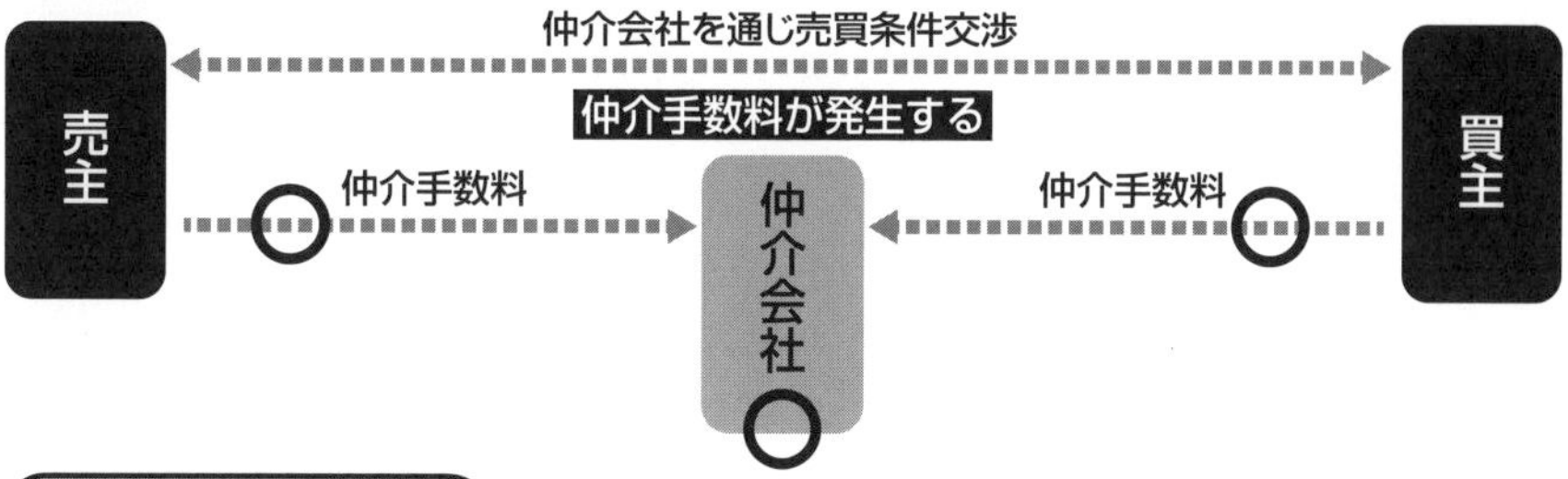

「個人間取引」の場合

「個人間取引」のメリット・デメリット

〈メリット〉
- 不動産仲介手数料が一切不要となる

〈デメリット〉
（契約書類作成上の懸念）
- 当事者間の主張がぶつかって調整が困難になり、結果、一方が不利になることもある
- 取り決めるべき事項が漏れ、紛争の火種を後世に残すことになる

（専門的な不動産調査の限界）
- 将来の使用収益や処分に影響することを見誤る可能性がある
- 土壌汚染や地中埋設物に対するリスクヘッジが不十分となる可能性がある
- 建物等の性能や瑕疵（害虫被害等）を見逃す可能性がある

（責任の所在が不明確）
- 通常取引のような「不動産会社の仲介責任」がないので、すべて当事者間で責任を負う

当事者の専門知識、物件難易度等、取引環境を総合判断して検証すること！

⑩「収益・負担金・税金」は所有権移転時に日割清算する

▼売買代金以外にも「清算すべき収益と費用」がある

不動産には、様々な「収益、負担金、税金」がかかってきます。たとえば不動産から生じる主な収益としては、不動産を賃貸することで発生する地代や家賃があります。敷地の空きスペースに自動販売機を設置していれば売上に応じた収入がありますし、建物の屋上に広告看板を設置していれば広告収入があります。

また不動産を保有していると、固定資産税や都市計画税がかかってきます。**固定資産税**とは、毎年1月1日現在に所在する固定資産に対して、その所在地の市町村により課される地方税です。固定資産税の税額は、固定資産課税台帳に登録された価格に標準税率「１００分の１・４」を乗じて算出されます。

都市計画税とは、市町村が都市計画事業や土地区画整理事業に要する費用に当てるための目的税です。市町村が条例によって都市計画区域として指定した区域のうち、市街化区域内に所在する土地や家屋に対して課税されます。都市計画税の税額は、課税標準額に「１００分の０・３」を乗じて算出されます。

その他に負担するものとして、賃貸不動産の賃貸管理や分譲マンションの管理を外部に委託した場合は、委託先への管理費の支払いが生じ、分譲マンションの区分所有権であれば、修繕積立金等の積立費用が必要です。

▼「収入と支出」は不動産取引完了時に清算する

不動産取引では、これらの不動産に帰属する「収益・負担金・税金」は、所有権移転日を境とした日割り計算で、所有権の譲渡人（売主）と譲受人（買主）との間で清算することになります。たとえば、10月18日が所有権移転日（代金全額受取、引渡し）であれば、10月1日から17日までが売主の収益および負担、18日から31日までが買主の収益および負担となります。

固定資産税と都市計画税は、1月1日または4月1日を起算日として清算します。起算日が4月1日、所有権移転日が10月18日であれば、4月1日から10月17日までの２００日分が売主負担、10月18日から翌年3月31日までの１６５日分が買主負担となります。

不動産に帰属する「収益・負担金・税金」の清算のしかた

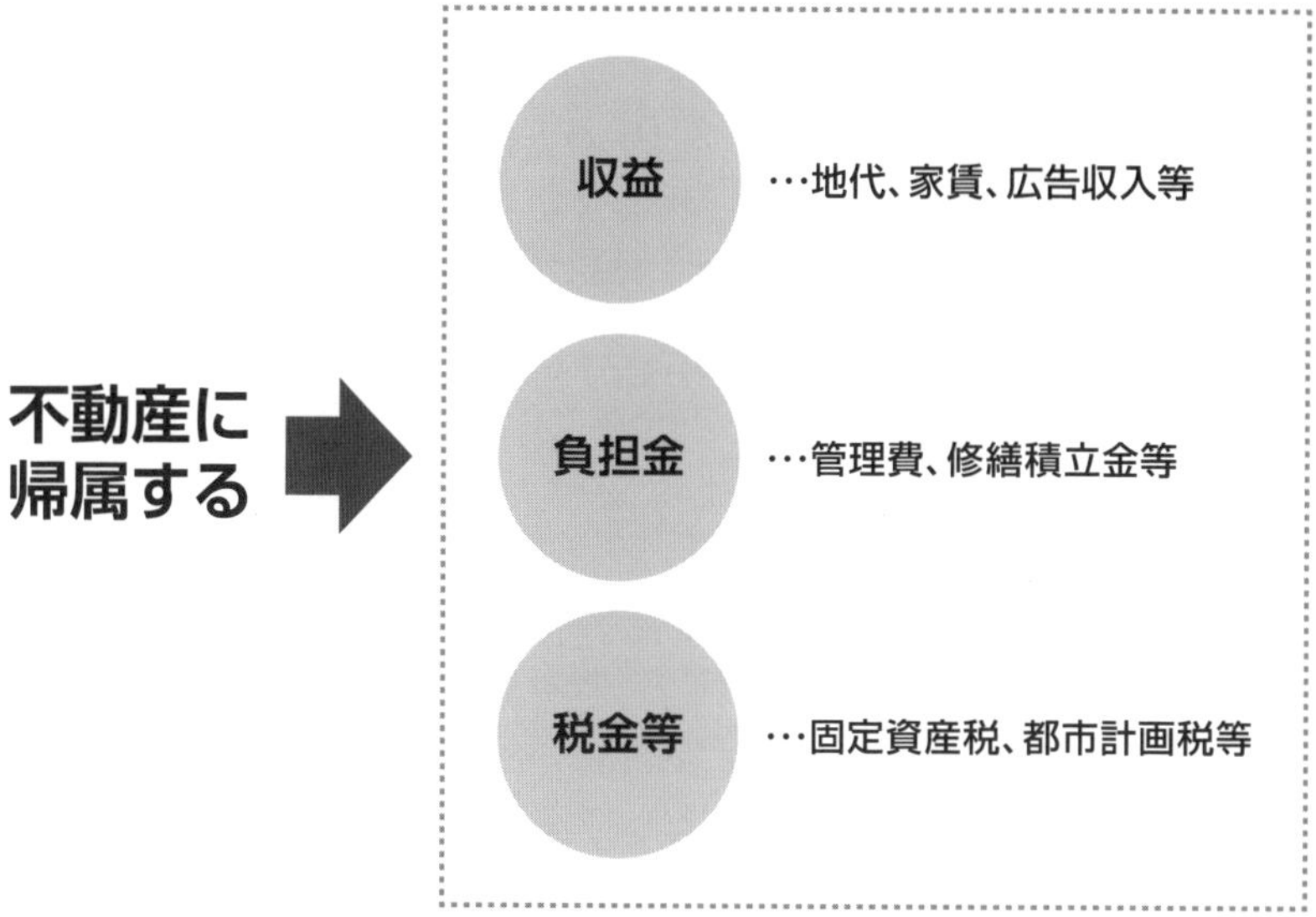

「収益・負担金」の日割清算

例）10月18日に所有権移転、毎月発生する収益や負担金等がある場合

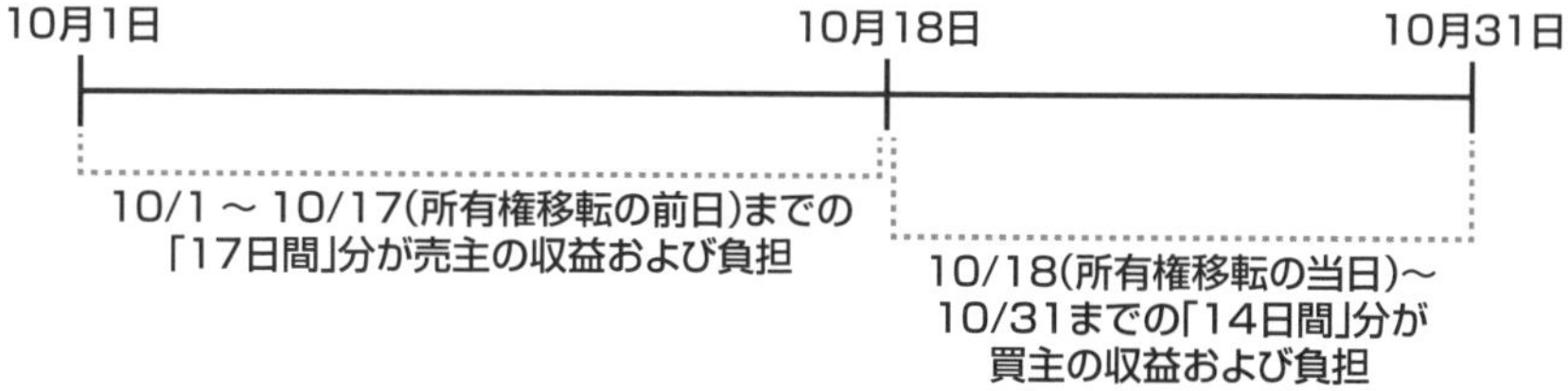

「固定資産税、都市計画税」の日割清算

例）起算日が4月1日、所有権移転が10月18日の場合

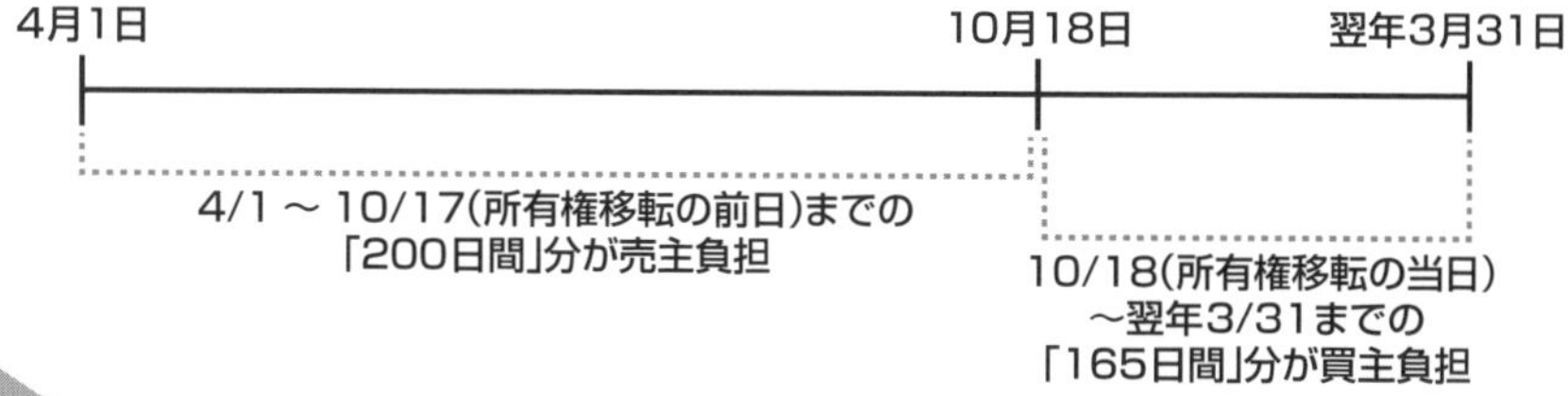

COLUMN 2

任意売却物件の取引は「利害関係人の同意」が必要となる！

●競売による「担保不動産の処分」は誰も得をしない？

不動産を担保に金融機関からお金を借りる場合、金融機関はその金額に応じた抵当権や根抵当権を設定します。その後、債務者（不動産を担保にお金を借りた人）が何らかの理由によって返済を続けられなくなった場合、債権者（お金を貸した金融機関）は担保にとった不動産を処分して債権（貸付金等）を回収することになります。

債権者が債権回収のために、管轄の裁判所に対して競売を申し立て、競売開始決定がなされると不動産は差し押さえられ、競売手続きは進んでいくことになります。しかし、競売によって債権回収をする場合、債権者は法律にしたがった手続きをして、競売申立時には登録免許税や予納金を準備しなければなりません。また回収に要する期間も、競売申立てから落札まで最低6ヶ月程度、長くなると1～2年かかることもあります。さらに競売で売却できる価格は、市場価格の6～7割程度になることも多く、より多く回収したい債権者としてはうまみがあるとは言えません。

債務者にしても、返済に当てられる金額が少ないということは、競売後の残債務が多く残ってしまうということになり、再起へのハードルが高くなってしまいます。

●利害関係人との事前交渉が「任意売却」成功の成否を決める！

一方、債務者と債権者との合意によって、競売の入札開始前に担保不動産を売却することを**任意売却**と言います。任意売却は競売とは異なり、市場価格に近い金額での売却が可能となるため、債務者や債権者にとってもメリットが大きくなります。また早期の現金化が可能になり、債務者は近所の住民に知られずに売却できたり、残債務についても債権者が柔軟に対応してくれる可能性があります。注意点としては、任意売却を行なうためには、事前に利害関係人の同意を得ておく必要があることです。利害関係人とは、担保不動産に対し抵当権等を有する抵当権者（後順位の抵当権者を含む）や税金滞納等で差押えをしている行政機関等です。利害関係人には、抵当権や差押えを抹消するために解除料をいくらにするか等を調整する必要があるのです。

3章

誰も教えてくれない！

不動産の取引価格に影響する要因とは？

①不動産の「最終取引価格」は一般消費者にはわからない

②不動産会社が行なう「価格査定」とは？

③「土地／戸建住宅」の価格を決める要因とは？

④「区分所有建物／収益不動産」の価格を決める要因とは？

⑤「建蔽率・容積率」の緩和と制限とは？

⑥暴落や破談を引き起こす「事実の不告知・不実告知」とは？

⑦売却情報の不必要な露出・拡散は物件価値を引き下げる

⑧「無許可で施工した擁壁」は取引価格を大きく引き下げる

⑨農地転用への「開発許可の技術基準」が価格を引き下げる

⑩「心理的契約不適合物件」は取引価格が減額される

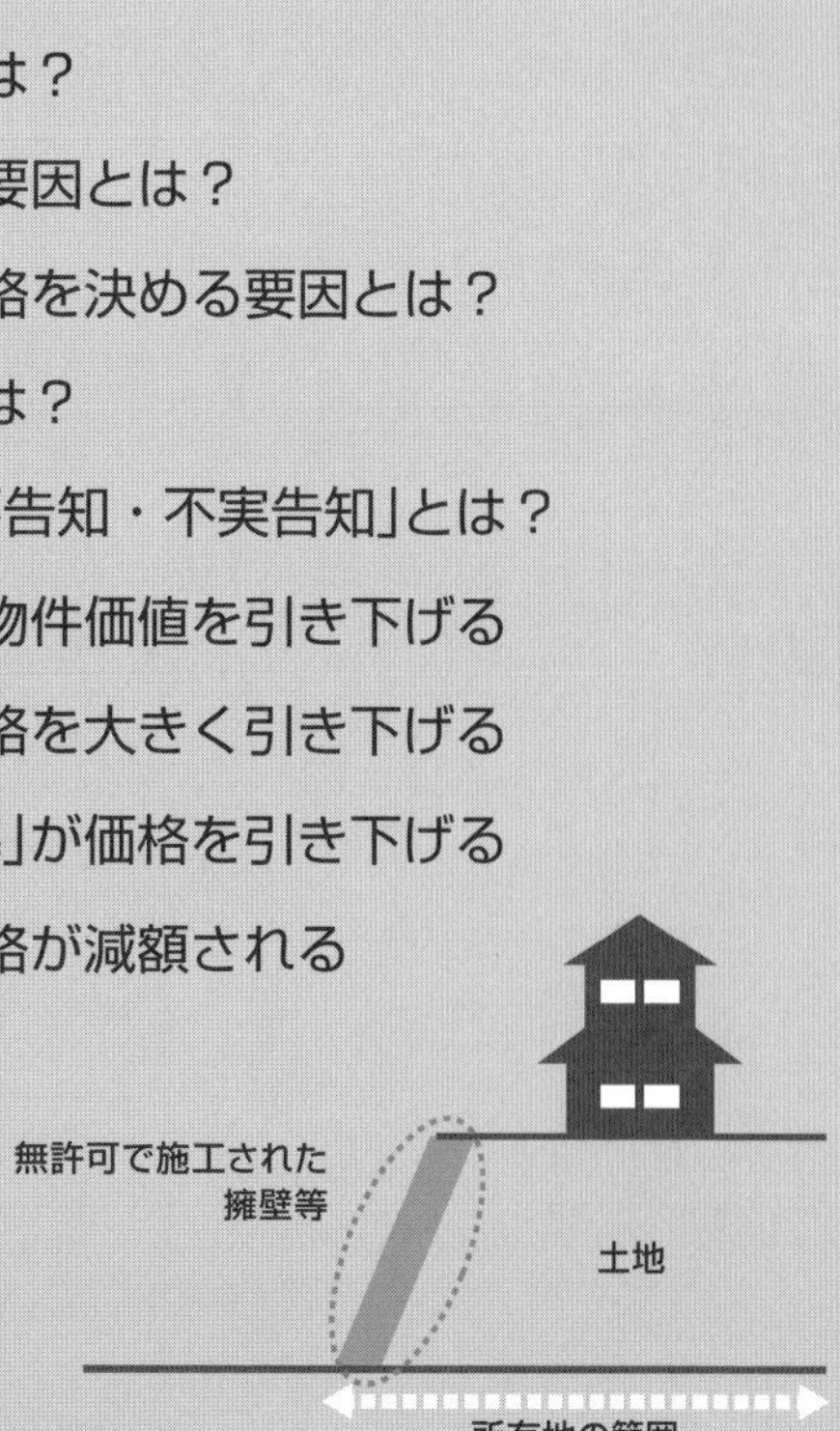

①不動産の「最終取引価格」は一般消費者にはわからない

▼「不動産の個別取引データ」は公開されていない！

不動産の取引価格は、売主（貸主）と買主（借主）との間で、「申込み」と「承諾」が繰り返し行なわれることによって決定します。この当事者間のやり取りは、不動産会社が仲介の立場で介入することによって調整が図られ、当事者双方が納得すれば合意となり、契約締結へと進んでいくことになります。

しかし、この最終決定した取引価格は、一般消費者の目に触れることはありません。最終取引価格を知っているのは、不動産取引の当事者と仲介した不動産会社、そして**不動産流通機構の標準情報システム（通称レインズ）**で取引事例を閲覧できる不動産会社のみとなります。

不動産流通機構とは、不動産取引の適正化と円滑化を目的として、国土交通大臣が指定した4つの公益法人（東日本、中部圏、近畿圏、西日本）によって運営されている不動産物件情報システムです。このシステムに登録された物件情報は、物件が特定されているため、法的に守秘義務を負う宅地建物取引業者である会員のみが利用可能であり、一般には公開されていないのです。

▼「地域の相場」は一般公開されている！

では、一般消費者が不動産の取引相場を知るためには、どうすればいいのでしょうか？

チラシやネット広告の物件情報は、現在売り出し中の価格で、最終取引価格と一致するとは限りません。そこで、「**不動産取引情報提供サイト**（レインズ・マーケット・インフォメーション）」というサイトが役立ちます。

全国の不動産流通機構で集約された個別取引の取引価格情報が、物件が特定できないように加工されて一般に公開されているものです。地域別に検索すると、直近1年の「㎡単価、沿線・最寄駅、築年、間取り」等の情報が閲覧できるので、地域の相場を把握することができます。

対象エリアは全国ですが、対象不動産は「居住用のマンション、一戸建て」のみで、土地は対象外となります。このサイトに掲載がなかったり、もっと具体的に調べるには、飛込みで数軒の不動産会社と面談して統計を取るか、親しい不動産会社で聞かなければなりません。

不動産取引の情報を知るシステム

不動産流通機構の標準情報システム（通称レインズ）とは？

宅地建物取引業法に基づき国土交通大臣に指定された公益法人で、宅地・建物の取引の適正の確保および流通の円滑化を目的として、全国に4組織がある

公益財団法人東日本不動産流通機構（東日本レインズ）
北海道、東北、関東、新潟県、山梨県、長野県

公益社団法人中部圏不動産流通機構（中部レインズ）
東海（岐阜県、静岡県、愛知県、三重県）、北陸（富山県、石川県、福井県）

公益社団法人近畿圏不動産流通機構（近畿レインズ）
近畿（滋賀県、京都府、大阪府、兵庫県、奈良県、和歌山県）

公益社団法人西日本不動産流通機構（西日本レインズ）
中国、四国、九州、沖縄圏

**レインズは、法的に守秘義務を負っている
宅地建物取引業者である会員のみが利用可能。
一般には公開されていない**

不動産取引情報提供サイト（レインズ・マーケット・インフォメーション）とは？

一般消費者が不動産価格の相場を把握して、安心して取引が行なえる環境整備を推進することを目的として、2007年4月1日より本格運用を開始した

- 東日本不動産流通機構
- 中部圏不動産流通機構
- 近畿圏不動産流通機構
- 西日本不動産流通機構

→ 構成 → 全国指定流通機構連絡協議会 → 保有 → 不動産取引情報提供サイト（レインズ・マーケット・インフォメーション）

- 地域を選択するとその地域に含まれる行政区域の「㎡単価、沿線・最寄駅、築年、間取り等」が表示される
- 取引情報が直近1年に100件に満たない場合は表示できない
- 対象種別は「マンション」と「一戸建て」で、「土地」は対象外

②不動産会社が行なう「価格査定」とは？

▼不動産の「用途」が違えば「査定方法」も異なる

不動産の所有者が売却を考える際、不動産会社に査定を依頼します。不動産の査定とは、その不動産を「現時点で売却したら、いくらで売却できるか？」という売却可能価格を算出する作業です。不動産は用途によって、種別や査定方法が大きく4つに分けられます。

①居住用（マイホーム等の持ち家）**取引事例比較法**
②事業用（店舗・事務所や倉庫等）**取引事例比較法、原価法**
③投資用（賃貸住宅や賃貸ビル等）**収益還元法**
④開発用（分譲住宅や商業ビル用地等）**開発法**

収益還元法の「実質賃料」や開発法の「再販価格」の算出にも取引事例比較法が使われます。

▼「価格査定」と「不動産仲介会社」の本質を見極める

不動産の査定が完了すると、不動産会社から査定結果に関する報告書が提示されます。

査定による価格は、取引事例を参考に、概ね「売れる可能性が高い金額」が算出されます。

しかし、売主にも売却希望金額があるので、希望額と査定額の間をとったり、ひとまず売主の希望額で売り出して反響を見るということになります。しかし、中にはわざと高めの査定額を提示して希望を持たせ、確実に競合他社を排除してから、じわじわ値下げを迫るという不動産会社もあるので見極める必要があります。

また、念頭に置いておきたいことは、不動産仲介会社は「取引をまとめることが仕事であって、必ずしも高く売ることが仕事ではない」ということです。取引金額が高くなれば、仲介手数料もその分高くなることは事実ですが、不動産仲介手数料は成功報酬なので、取引が成立しない限り、どれだけ動いても報酬はゼロです。そのため時間をかけて高く売るよりも、早く成約することを優先します。買主から、売主の売却希望金額を下回る金額の買付証明書が入っても、別の買主を探す労力より、目の前の売主を説得することを選びます。なぜなら、他業者から横やりが入ったり、売主の心変わりで売り止めになると、それまでが「タダ働き」になるからです。

「価格査定」と「販売価格」

査定手法の種類

取引事例比較法

市場において発生した取引事例をもとに事情補正、時点修正を行ない、地域要因や個別要因を比較分析することで価格を求める手法。居住用不動産全般、事業用の店舗や事務所が対象

原価法

価格時点（価格判定の基準日）で算出した「再調達原価」から「減価修正」することで試算価格を求める手法。再調達原価とは、現時点で行なう同等の建物建設または造成を想定して見積る「適正な原価の総額」を言う。事業用の店舗や事務所が対象

収益還元法

投資家が不動産の「収益性」に着目して、その不動産から得られるべき価値を現在価値に割引して求める手法。直接還元法とDCF法に分けられる。投資用の住宅やビルが対象

開発法

不動産開発会社（デベロッパー）が「投資採算性」に着目して土地の価格を求める手法。分譲住宅や商業ビル用地が対象

販売価格の決め方

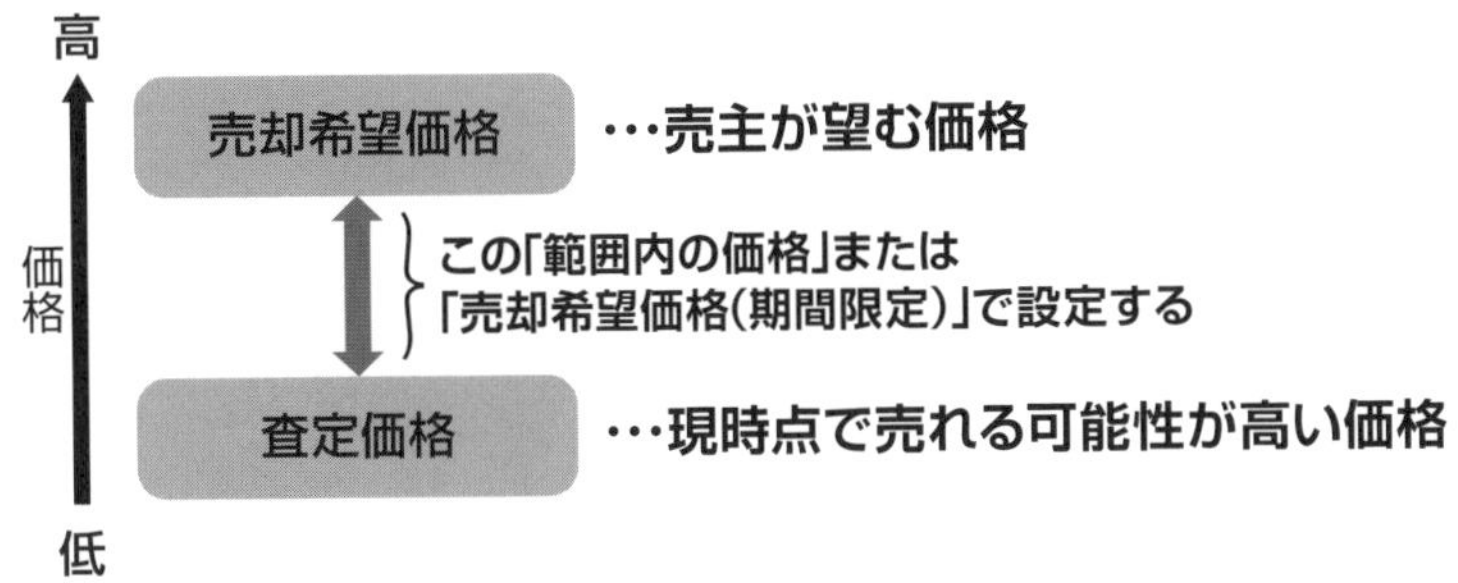

一般的な不動産仲介会社は、取引を成立させることが仕事であり、必ずしも高値で売却することが仕事ではない！ ということを念頭に置いておく

③「土地／戸建住宅」の価格を決める要因とは？

▼「最終消費者価格」と「産業消費者価格」とは？

土地価格には、「最終消費者価格」と「産業消費者価格」があります。**最終消費者価格**とは、宅地分譲やマンション分譲等、最終消費者（エンドユーザー）が購入する価格のことで、一般的に「エンド価格」と言います。**産業消費者価格**とは、最終消費者への販売を目的に、事業用地として不動産開発事業者が仕入れる価格のことで「業者価格」と言います。

ある土地が「エンド価格なのか、業者価格なのか」によって、その土地価格は大きく異なることになりますが、その判断基準となるのが「規模」と「買主属性」です。

たとえば、敷地30坪前後の住宅が立ち並ぶ住宅街に「180坪の更地」が存在する場合、この更地は「業者価格」になります。つまり、敷地30坪が標準の住宅街で、180坪の一軒家を買う人を想定するのは現実的ではないため、「敷地30坪×6区画」に分割して、最終消費者へ分譲する不動産開発業者が最適な買主となります。そして、「エンド価格」が坪当たり50万円である場合、分譲するために仕入れる「業者価格」は、利益や諸経費等を差し引き、坪当たり40万円程度となります。

また、敷地内に開発道路を敷設する必要がある場合では、この道路に供する部分は非分譲となるため、道路面積が敷地全体に占める割合が減価されます。さらに土地が斜面地である場合では、宅地造成工事が必要になったり、古家が残存し解体撤去が必要となる場合もあります。そうした場合も、宅地造成工事費用や解体撤去費用が、業者価格を引き下げることになるのです。

▼建物の価格は「法定耐用年数の残存期間」で決まる

一戸建住宅の建物価格は、木造や鉄骨造等の構造にもよりますが、新築の場合では延床面積30坪で、「1500万〜1800万円程度」が一般的な価格になります。中古の場合では、この新築価格から経過年数に応じた減価部分を差し引き、残存価格を算出します。たとえば、木造（法定耐用年数：22年）で築10年であれば、1500万円のうち、残存期間12年分の価値があるものとして、約820万円と計算します。

「土地／戸建住宅」の取引価格はどう決まる？

土地の価格

最終消費者価格とは？

最終消費者(エンドユーザー)が購入する価格。エンド価格。路線価を目安としつつ、取引事例比較法で算出される

産業消費者価格とは？

最終消費者への販売を目的に、事業用地として不動産開発会社が仕入れる価格。業者価格

180坪を6区画に区割りする場合

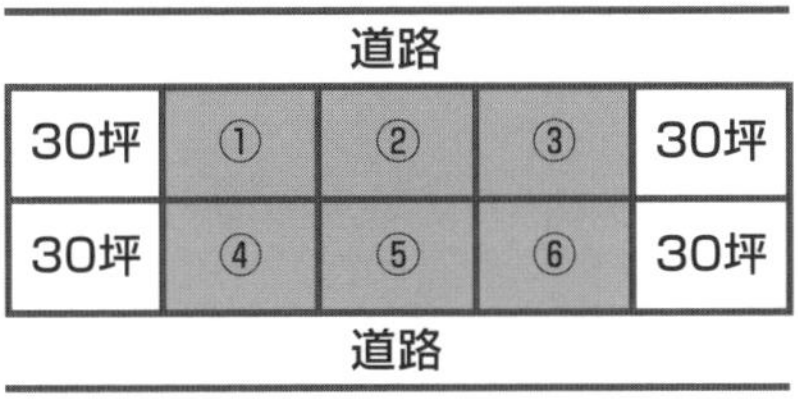

敷地内に開発道路を敷設する場合

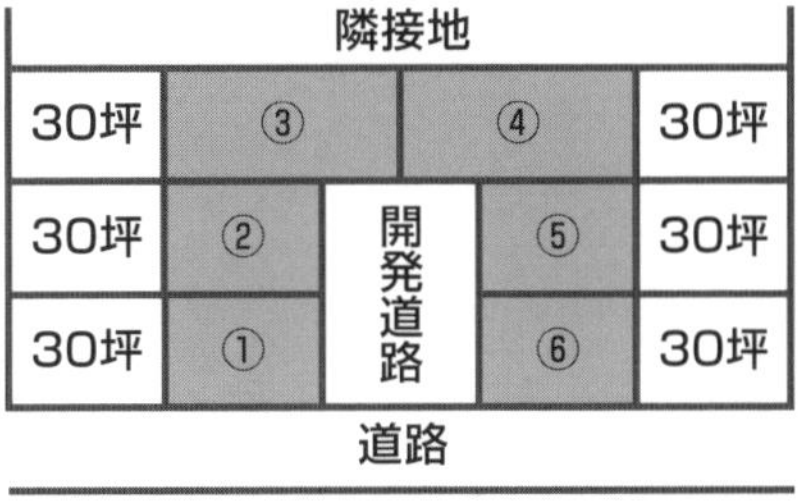

その他、斜面地等では宅地造成費、古家つきでは解体撤去費が、業者価格を引き下げる！

建物の価格

「新築一戸建て」の場合

※延床面積:30坪前後　木造　1,500万～1,800万円程度が目安

「中古一戸建て」の場合

※延床面積:30坪前後　木造(法定耐用年数:22年)　築10年……820万円程度
⇒1,500万円 ×(22年－10年)／ 22年 ＝ 8,181,818円 ≒ 8,200,000円

④「区分所有建物／収益不動産」の価格を決める要因とは？

▼分譲マンションでは階数部分と価格は比例する

区分所有建物とは、分譲マンションの住戸です。一般的な区分所有建物の取引価格を形成する要因は、「住戸が何階部分であるか?」ということです。最近急増しているタワーマンションでは、一定の階数部分より上階になると、急激に取引価格が高くなることがよくあります。

たとえば、ある地域の20階建分譲マンション計画で取引相場が「坪当たり１８０万円」であれば、10階部分を基準階として坪当たり１８０万円で設定し、基準階から上階になるほど少しずつ加算し、逆に下階になるほど少しずつ減算することでバランスをとります。

また高級住宅地にある低層分譲マンション等では、高さよりも住環境が重視されるので、方位や眺望さらには共用部分や専用使用部分（ルーフバルコニー等）の充実が価格を形成する要因となります。

▼収益不動産は「収入・構造・建物遵法性」をチェック

収益不動産とは、収益を得ることを目的として第三者に賃貸するもので、賃貸住宅（一棟アパート・マンション等）や賃貸ビル（事務所・店舗等）、賃借権付底地（コンビニ用地等）があります。収益不動産の取引価格を形成する要因は、主に3つあります。

第一は**「収益性」**です。賃料等の「年間収益がいくらあるか?」ということです。この年間収益を期待利回りで割り戻すことで、価格が算出されます。たとえば、年間収益２０００万円、期待利回り10%であれば、収益不動産価格は2億円となります。第二は**「建物の構造」**です。建物は、その構造ごとに法定耐用年数が規定されています。住宅用であれば、鉄筋コンクリートで47年、重量鉄骨造で34年です。耐用年数は、残存期間による減価償却費や融資借入期間、修繕費等、キャッシュフローにおいて重要な意味を持ちます。第三は**「建物の遵法性」**です。

建物の遵法性は、「検査済証の有無」によって確認できます。検査済証とは、建物完成後に行政が完了検査を行ない、建築基準関連規定に適合していることが確認できた場合に発行される証明書で、買主の資金調達に影響し、取引価格を大きく左右することになります。

「区分所有建物／収益不動産」の取引価格はどう決まる？

「区分所有建物」の価格

高層マンション20階建の場合

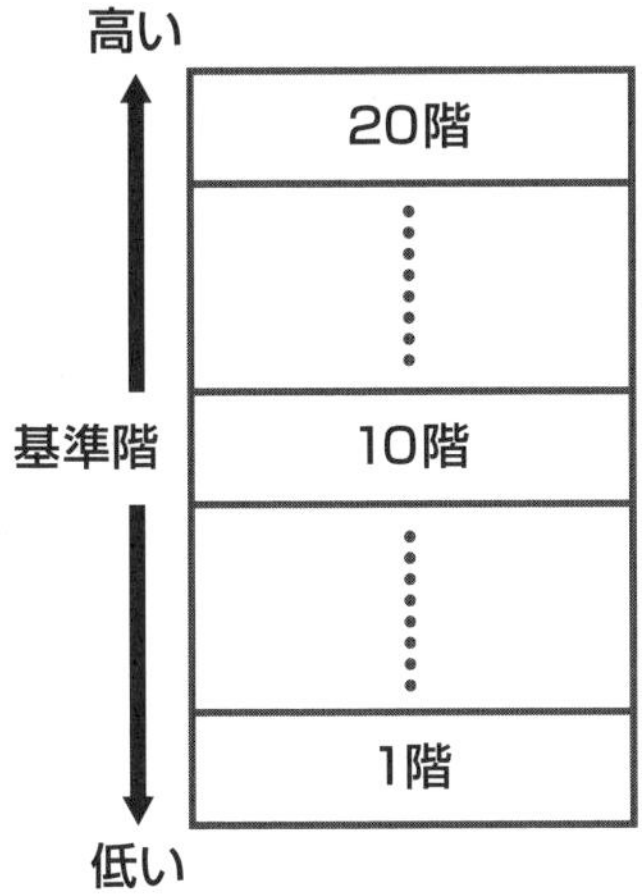

- 市場で認識される取引相場は、基準階付近の価格を示している
- 一般的には、基準階より上階になるほど基準階価格より高くなり、下階になるほど基準階価格より低くなる
- 最上階の角部屋は、マンション内で最も価格が高くなる
- その他、ルーフバルコニー、専用庭、方位、眺望等も価格形成の要因となる

「収益不動産」の価格

（1）「収益性」・・・どれくらいの年間収益を生んでいるか？

例）年間収益：2,000万円、期待利回り：10%　の場合

⇒　2,000万円÷10%＝2億円（収益不動産価格）

※原則、現況（空室分は除く）の収益状況で判断する

※諸費用等を差し引いた後の実質収益（実質利回り）で判断する場合もある

（2）「建物の構造」・・・どんな構造で、法定耐用年数の残存年数は何年残っているか？

〈法定耐用年数〉

- 鉄筋コンクリート：39年（店舗用）、47年（住宅用）、50年（事務所用）
- 金属造（骨格材肉厚4mm超）：34年（店舗用、住宅用）、38年（事務所用）
- 木造：22年（住宅用、店舗用）、24年（事務所用）

（3）「建物の遵法性」・・・建築基準関連規定に適合しているか？

- 違法建築、欠陥建物ではないか？
- 完了検査を受けて**「検査済証」を取得しているか？**
- 建物が「既存不適格」ではないか？

⑤「建蔽率・容積率」の緩和と制限とは？

▼「建築可能な建物規模」はあらかじめ決められている

不動産とは、それを使用収益することで価値が生じ、その価値に対する対価が取引価格となりますが、不動産の使用収益を制限するものとして、「建蔽率」と「容積率」があります。**建蔽率**とは建築面積の敷地面積に対する割合のことで、**容積率**とは延床面積の敷地面積に対する割合です。これらは都市計画区域や準都市計画区域内において、防火上・衛生上等の見地から建築物の規模を規制したり、敷地の中に一定割合以上の空地を確保することを目的として、建築基準法で定められています。

▼建蔽率と容積率には「緩和」と「制限」がある

建築基準法では、用途地域の種別によって建蔽率と容積率の最高限度を定めていますが、地域一律ではなく、不動産の現況に応じて「緩和」と「制限」をしています。建蔽率では、防火対策を講じる地区として指定されている防火地域内で、鉄筋コンクリート等の耐火建築物を建てたり、角地等の基準を満たした場合は、延焼を防ぐことが期待されることから、建築面積を最高限度の割合に10～20％を加えた割合まで緩和して建築できることになります。容積率では、①都市計画において定められる容積率の最高限度、②敷地の前面道路の幅員によって定まる容積率の最高限度、この2つに適合することを建築基準法が定めていることから、結果的には①と②の最高限度のいずれか厳しい（容積率が小さい）ほうの容積率が採用され、制限を受けることになります。

取引価格への影響として注意したいのは、容積率の制限です。たとえば、都市計画で指定された容積率が「４００％」で、幅員6mの道路に面する第一種住居地域内の敷地の場合は、前面道路の幅員の数値に「10分の4」を乗じた数値が「10分の24＝２４０％」となることから、指定された容積率よりも小さくなります。この敷地の容積率は厳しいほう（小さいほう）が採用され、「４００％」ではなく「２４０％」になります。つまり、建築可能な延床面積は「敷地面積の4倍」だと思っていたら、道路幅員によって「敷地面積の2・4倍」まで制限を受けることになるのです。

「建蔽率・容積率」には緩和と規制がある

「建蔽率・容積率」一覧

	用途地域	容積率（%）	建蔽率（%）
住居系（※1）	第一種低層住居専用地域	50,60,80,100,150,200 のうち、都市計画で定める割合	30,40,50,60 のうち、都市計画で定める割合
	第二種低層住居専用地域		
	第一種中高層住居専用地域	100,150,200,300,400,500 のうち、都市計画で定める割合	
	第二種中高層住居専用地域		
	第一種住居地域	100,150,200,300,400,500 のうち 都市計画で定める割合	50,60,80 のうち、都市計画で定める割合
	第二種住居地域		
	準住居地域		
	田園住居地域※3	50,60,80,100,150,200 のうち都市計画で定める割合	30,40,50,60 のうち都市計画で定める割合
商業系	近隣商業地域	100,150,200,300,400,500 のうち都市計画で定める割合	60,80 のうち、都市計画で定める割合
	商業地域	200,300,400,500,600,700,800,900,1000, 1100,1200,1300 のうち、都市計画で定める割合	
工業系	準工業地域	100,150,200,300,400 のうち、都市計画で定める割合	50,60 のうち、都市計画で定める割合
	工業地域		
	工業専用地域		30,40,50,60 のうち、都市計画で定める割合
他	用途地域の指定のない区域	50,80,100,200,300,400 のうち、特定行政庁が都市計画審議会の議を経て定める割合	30,40,50,60,70 のうち、特定行政庁が都市計画審議会の議を経て定める割合

※３「都市緑地法等の一部改正に関する法律」（2018 年４月１日施行）により新設されました

建蔽率(けんぺいりつ)とは？ ⇒敷地面積に対する建築面積の割合

建蔽率＝建築面積／敷地面積

よくある緩和 ⇒

①防火地域内にある耐火建築物

②角地にある建築物等

①または②であって特定行政庁が指定する基準に該当する建築物の建蔽率は10～20%が緩和される

容積率(ようせきりつ)とは？ ⇒敷地面積に対する延床面積の割合

容積率＝延床面積／敷地面積

よくある制限 ⇒

①都市計画で定める最高限度

②前面道路幅員で決まる最高限度（※2）

（厳しいほうを採用する）

（※2）…前面道路幅員が12m未満の場合、幅員のmの数値に以下の数値を乗じたものが最高限度

- 住居系用途地域内の建築物（※1）・・・10分の4
- その他の建築物・・・10分の6

⑥暴落や破談を引き起こす「事実の不告知・不実告知」とは？

▼「事実の不告知・不実告知」は信頼関係を壊す！

不動産取引では、当事者間で申込みと承諾が行なわれることで合意が成立し、合意内容に基づいて正式な契約締結へと進んでいきます。しかしその過程で、せっかく成立した合意内容の根幹が揺らいでしまうことがあります。その原因となるのは、不動産取引のネックになる事実に関する不告知や不実告知です。

たとえば、建物に深刻な雨漏りや柱の腐食等の瑕疵があったり、広大な土地で敷地内に古い井戸があるような場合、建物の修繕や井戸の撤去には多額の費用がかかります。また隣地境界に関してトラブルがある場合、将来、紛争に発展すると、土地面積が減少する可能性もあります。さらに通行地役権や引水地役権、あるいは送電線地役権等の用益に関する契約関係が第三者との間にある場合、不動産の完全所有権の行使を妨げられる可能性があります。これらの事実は合意形成の時点で明確にして、その程度を考慮した上で取引条件を決める必要があります。

売主の故意または過失の有無にかかわらず、買主にとって不利になるような不告知や不実告知が契約締結までの間にあった場合、いったん成立した合意を白紙に戻して取引条件を再調整するか、もしくは信頼関係が損なわれたとして破談となります。

また、すでに売買契約締結後に発覚したような場合には、買主から損害賠償を請求されたり、買主が契約の目的を達成できない場合には契約解除となってしまいます。

▼「価格下落分」を取り戻せることもある！

不動産の瑕疵や欠陥は、取引条件への悪影響から、積極的に開示したがらない売主も少なからずいますが、結果的にその責めは、売主が負うことになります。しかし、これを逆手に取る方法もあります。それは、売り方を変えるのです。瑕疵や欠陥をすべて公開して競争入札で売却すると、まったく違う結果になることがあります。相対取引では、「1対1」で合意形成を図ろうとするため「瑕疵・欠陥=減点対象」となりますが、「1対多数」の競争入札の環境では、「許容の程度」も様々で、瑕疵や欠陥をまったく気にしない買手が現われることもあるのです。

不動産の瑕疵や欠陥を逆手に取る方法

不動産取引上の「瑕疵・欠陥」

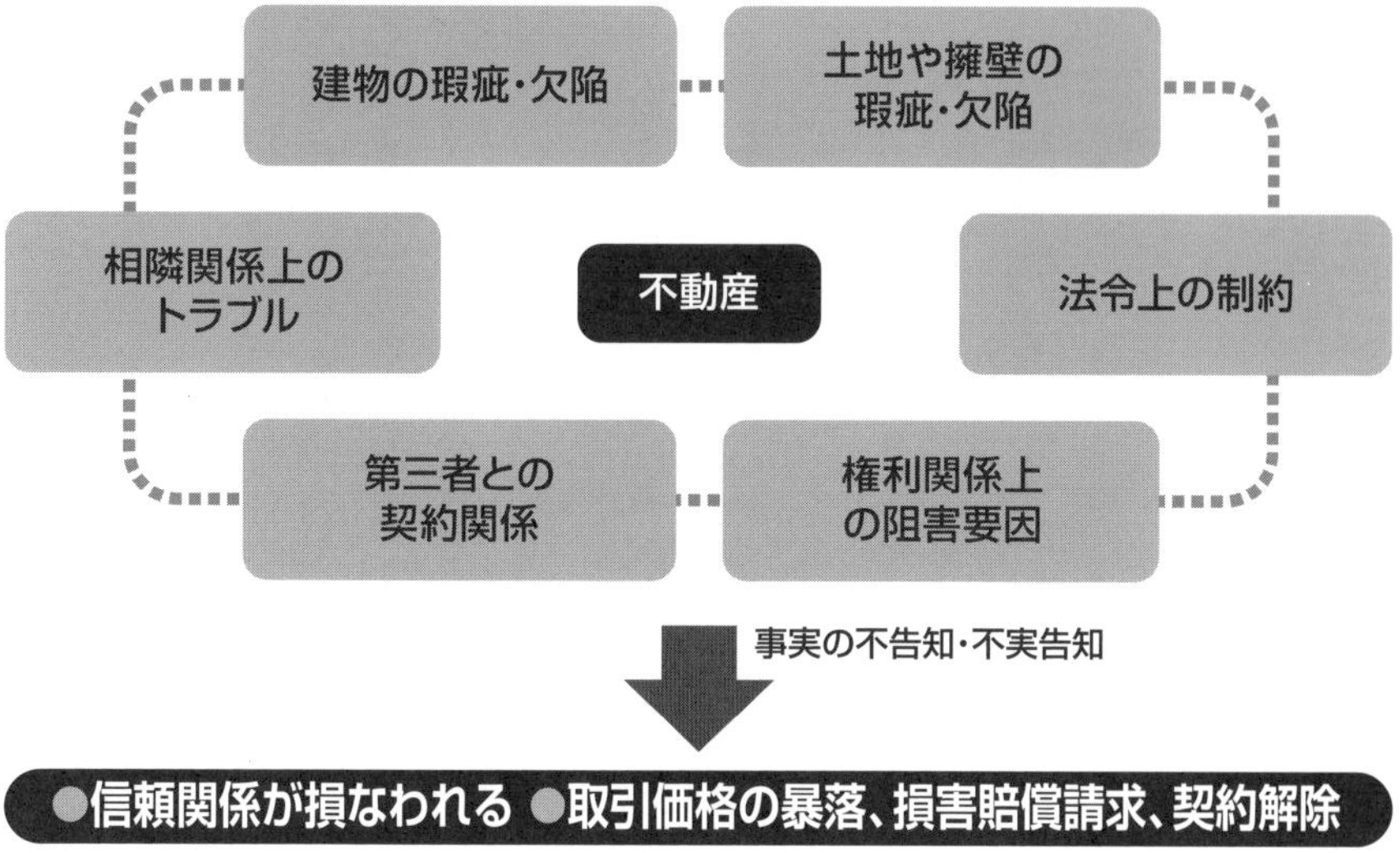

競争入札で売却すると・・・

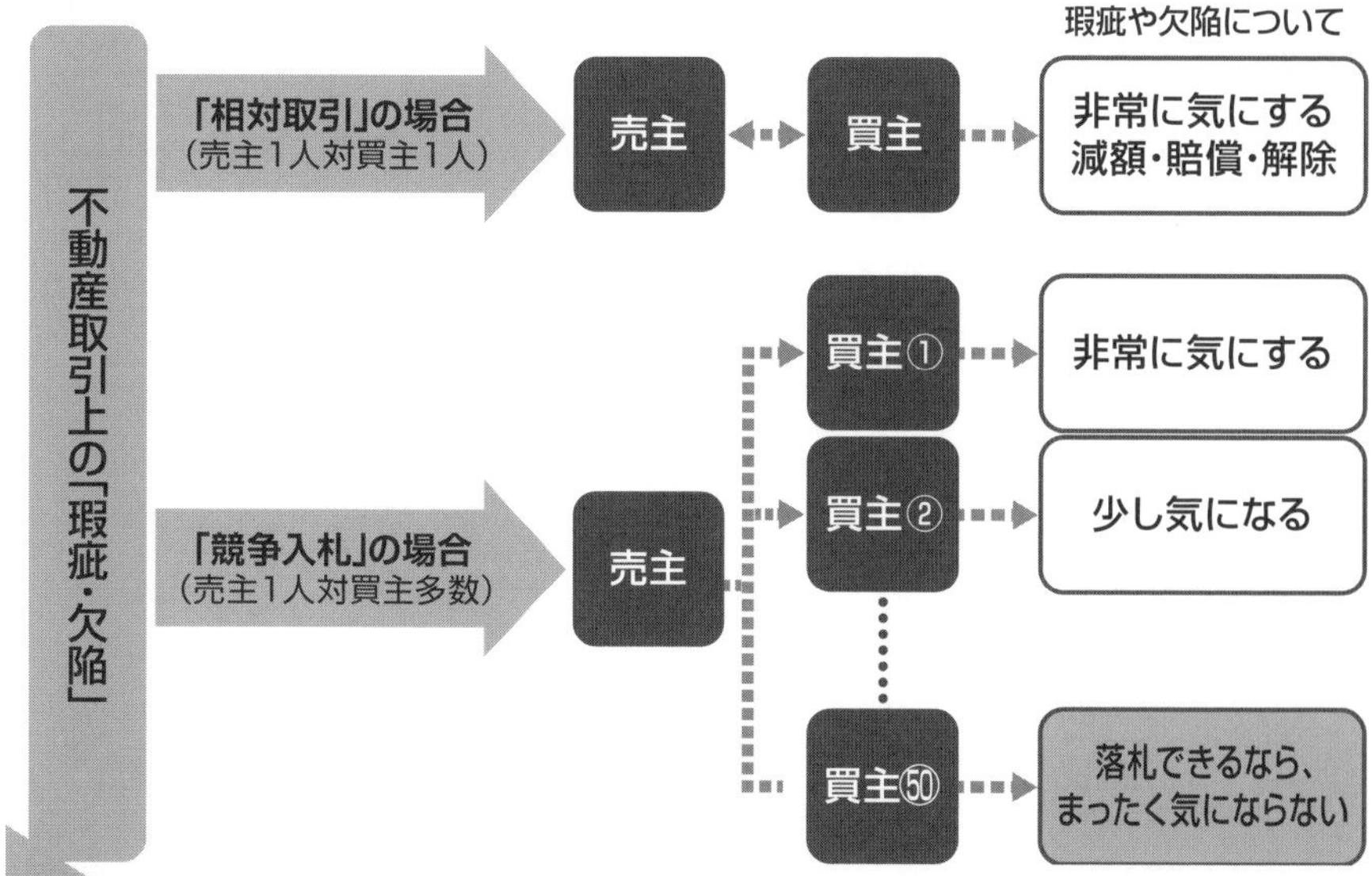

⑦売却情報の不必要な露出・拡散は物件価値を引き下げる

▼不動産の広告は「広く、多く」すれば高く売れるのか？

不動産を売却する場合、不動産会社は広域に広告活動を行なうことで買手を募ります。新築分譲マンションや中古住宅、収益不動産など、チラシや新聞広告、インターネット広告等では不動産売却情報が毎日あふれています。

不動産売却情報が広く発信される理由として、①売主は少しでも高値で売却したい、②高値売却の確率を高めるには、数多くの買手候補を見つけることが必要である、③優良な買手は特定できないため、不特定多数に対する広域な広告媒体で発掘するしかない、等があります。

確率で考えれば理にかなっていますが、一方で様々な事情で広告はもちろんのこと、広く人目にさらされることを嫌う売主も数多くいます。たとえば相続不動産や任意売却不動産です。相続した実家や先祖代々の土地等を売却する場合やローン支払いが滞って任意売却する場合は、世間体もあり、こっそり売却したい人は多くいます。

▼売却情報は「周知され過ぎる」と価値が下がる？

不動産広告のしかたに関しては、賛否が分かれるのも事実です。たとえば、私の会社のお客様で不動産の購入を検討する方の多くが「水面下の情報」を希望します。逆に、広告でよく見かける物件情報を見るとさえない表情をします。これは、何を意味しているのでしょうか？

不動産業には、情報産業としての側面があります。不動産会社は、収集した物件概要や取引条件等の情報を消費者に発信し、消費者はこれらの情報をもとに購入するか否かを検討します。そして、情報発信の手段である不動産広告は、あまり露出や拡散が行き過ぎると、見る側が情報自体に慣れてしまい新鮮味が薄れてきます。そして消費者の心理としては、「頻繁に目にする＝売れ残っている」と思い、「周囲が手を出さないということは、自分が気づかないだけで何か問題があるのか？」と疑問を持ち始めます。とくに横並び意識が強いわが国では、「周囲が買わないもの＝価値が低いもの」となって、ますます売れにくくなり、手垢のついた物件の価格はどんどん下がってしまいます。不動産情報の露出や拡散のさじ加減は、物件価値を左右するのです。

不動産広告の効果と影響

広く知らせたい広告と知らせたくない広告

通常の不動産広告

少しでも高値で売却したい
→
高値で売却するには多くの見込客が必要
※確率的には分母を最大化する必要あり
→
広域の広告媒体で優良な買手を広く発掘
※買手の住所や氏名は特定できないため

特殊事情がある不動産広告

世間に知られることなく“こっそり”売りたい

※相続不動産、任意売却等

不動産の売却情報に対する「買手の心理」

「広く出回っている」不動産情報

「あれ? まだ売れていない」

「価格が相場より高いのかな?」

「何か、問題でもあるのかな?」

「誰も買わないって、おかしいな」

「少し待ったら、まだ下がるかも」

「水面下」の不動産情報

「手垢がついていないのがいい」

「掘り出しモノかもしれない」

「冷やかし等が現われる前に買いたい」

「早く真剣に検討しよう」

「情報が出回ったらこの価格では買えないかも」

⑧「無許可で施工した擁壁」は取引価格を大きく引き下げる

▼「行政が指定する技術基準」を満たさない擁壁とは？

土地の売却依頼で現地確認に行ったとき、ため息をついてしまうことがあります。ため息の原因は、行政の許可なしに、無断で施工した擁壁が存在する場合です。

通常、一定の規模を超える宅地造成工事を行なうには、行政による許可を受けなければなりません。行政としては、宅地造成で造られた擁壁が強度不足等で簡単に崩壊するようでは困るので、鉄筋コンクリート造等の頑丈な構造にするよう、各種専門家による緻密な計算によって技術基準を設けています。

しかし、宅地造成区域外であったり、一定の規模以下であったり、農地である場合は許可を受ける必要はなく、所有者は当面のコストだけを考えて、必要最低限の強度の「簡易なもの」を造ることがよくあります。

そして、見かけることが多いのがブロック擁壁です。一部ブロック擁壁で残りが鉄筋コンクリート造のものもあれば、全体の3分の2ほどがブロック擁壁になっているものもあります。法律に違反しているわけではないので、将来ずっと保有し続けるのであればいいのですが、売却するとなってくると事情は変わってきます。

▼「擁壁の再施工費用」は取引価格を引き下げる！

買主はその土地を使用収益するために購入します。購入目的が、青空駐車場や資材置き場であれば問題は少ないかもしれませんが、多くの場合は建物等の構造物を建築します。そうなると開発許可や宅地造成許可を取得する必要があります。しかし、無許可で施工された擁壁は、新たに建築する建物を想定したものではないので、原則として「造り直し」となる可能性が高くなります。

取引価格を算出する際には、この「造り直し」に要する宅地造成費用が重くのしかかり、価格自体を大きく引き下げることになるのです。また、その土地が一定規模以下で開発許可の対象外であったり、宅地造成規制区域外である場合でも、新たに建築する建物の建築確認申請では、建物の敷地となる「地盤の安全性」が確保されていなければ許可されない可能性が高く、やはり造り直しを余儀なくされることになります。

「無許可で施工した擁壁」の影響とは？

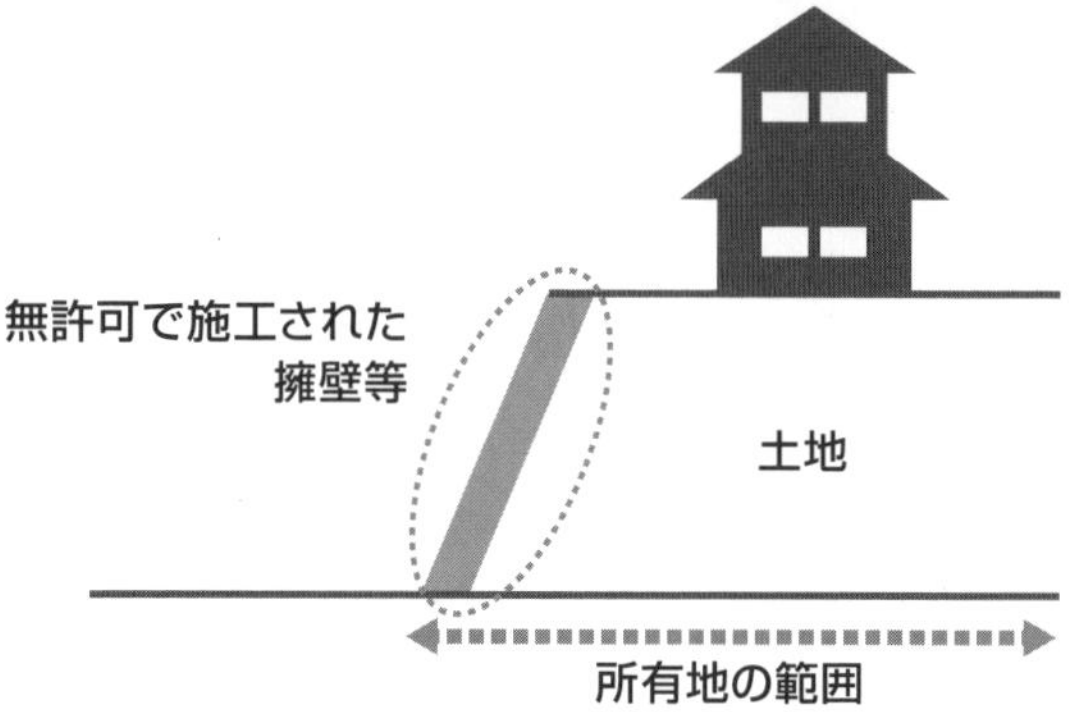

※擁壁(ようへき) 斜面の崩壊を防ぐための構造物

無許可で施工した擁壁は強度や耐久性に問題あり ※ブロック擁壁等(一部のものも含む)
既存建物を建て替えるときには、建築確認申請時に「地盤の安全性」が問われるため、許可されない可能性が高い

土地を売却する場合

〈取引価格への影響〉

- 擁壁取壊し、再施工費用が土地取得原価となり、買取価格を大きく引き下げる

⬇

「不動産価格が相対的に低い地域」で、かつ「再施工が広範囲におよぶ」場合、擁壁の再施工に要する費用を、買主側で土地取得原価として吸収できず、取引が成立しない(売主と買主で取引価格が折り合わない)場合もある

⑨農地転用への「開発許可の技術基準」が価格を引き下げる

▼農地転用は「開発行為」となることが多い

農地を売却するには、農地法に基づく許可や届出が必要となり、これを経ないで不動産取引を行なっても効力が生じないことになります。全国の市町村に置かれた農業委員会では、農地等の利用関係に関する事務を行なっていますが、農地の売却では様々な規制があります。たとえば、農地を転用目的で不動産開発業者に売却する場合は、農地法第5条により、許可または届出が必要になり、これらの手続きは原則として開発行為を伴います。

開発行為とは、「主として建築物の建築等の目的で土地の区画形質を変更する」ことで、**「区画の変更」**とは、敷地内に道路を築造して建築区画の分割を行なうような場合を言います。**「形質の変更」**とは、土地の形状や性質を変更することで、切土や盛土等によって宅地の高さを変更したり、宅地以外の土地（農地等）を宅地に変更する場合を言います。つまり、田畑として使用している農地が住宅用地となる場合には、「区画形質の変更」となることから開発行為に該当し、開発行為を行なうには都市計画法第29条に基づき、事前に都道府県知事の許可（開発許可）を受けなければならないとされています。

▼「宅地有効率」という指標で価格を考える

開発許可の技術基準は、環境保全や防災の観点から適用されるため、地域全体の価値は上がりますが、売却対象である農地の取引価格は下がることになります。たとえば開発許可基準により、全体敷地面積の約3～4割部分が敷地内道路や転回広場等に当てられ、最終的には管理者となる市町村へ移管されることもあります。そうなると、買主（不動産開発業者）が再販分譲できるのは、道路や転回広場を除く全体敷地面積の6～7割（宅地有効率60～70％）となり、開発許可基準が適用されない場合と比較して、単純に農地価格は3～4割減になります。

その他にも、開発許可基準に基づく給排水施設の整備や周辺利害関係者の同意に関連して、周辺施設の整備が必要となれば、整備費用は仕入原価となり、農地価格を引き下げることになります。結果的には、価格の下落分は公共施設への寄付となるので地域への貢献となります。

農地転用に伴う「開発許可の技術基準」とは？

「開発行為」とは？

主として建築物の建築等の目的で、土地の区画形質を変更する行為のこと

「区画の変更」とは？

敷地内に道路を築造して建築区画の分割を行なうような場合

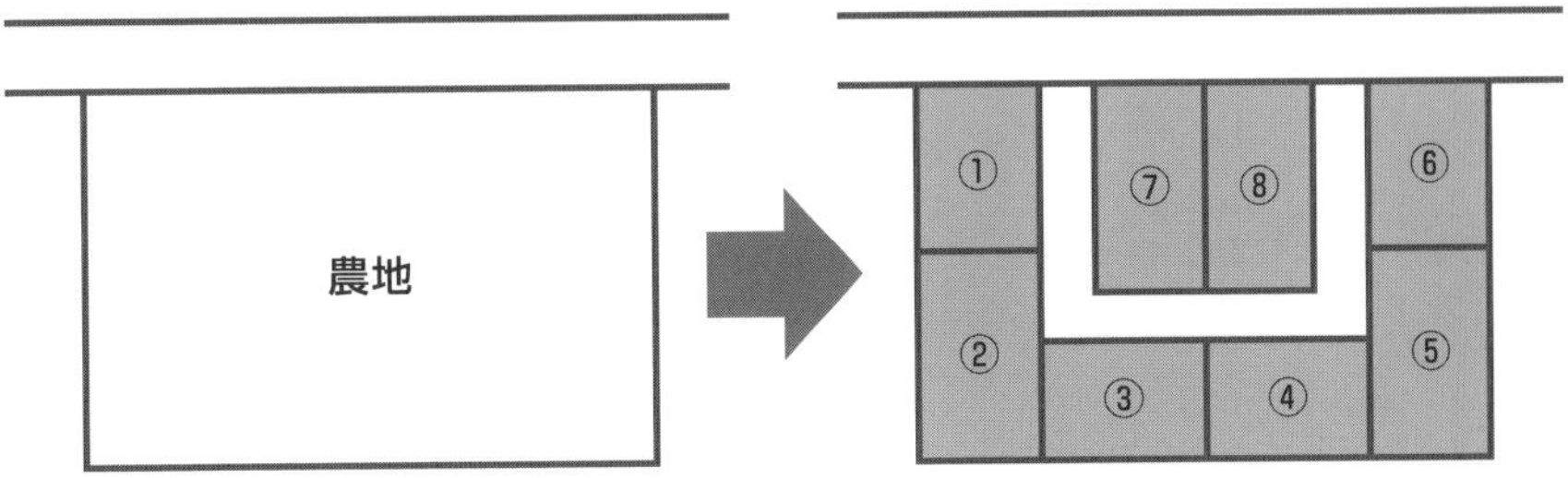

※①～⑧号地の分譲宅地
※□は敷地内道路

「形質の変更」とは？

切土・盛土等で宅地の高さを変更したり、農地等を宅地に変更するような場合

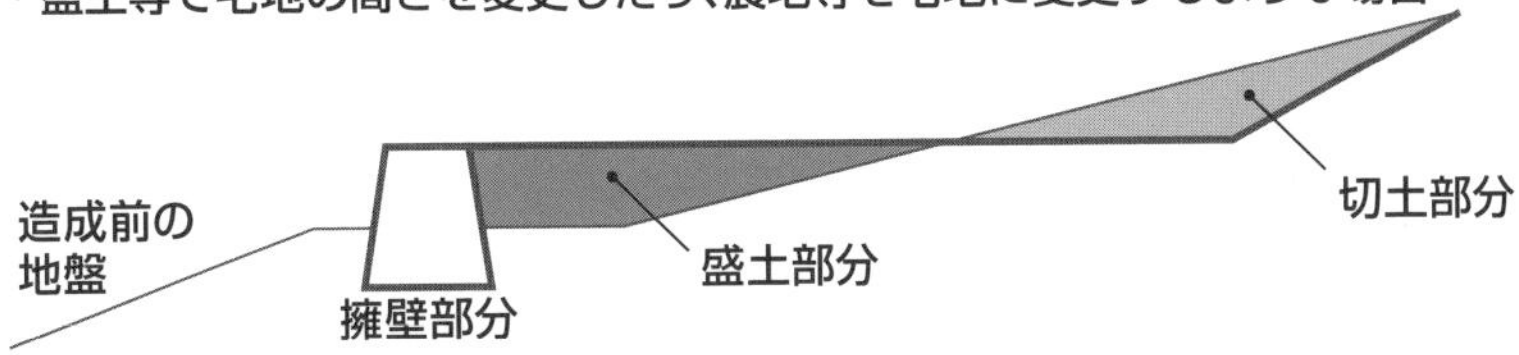

「宅地有効率」とは？

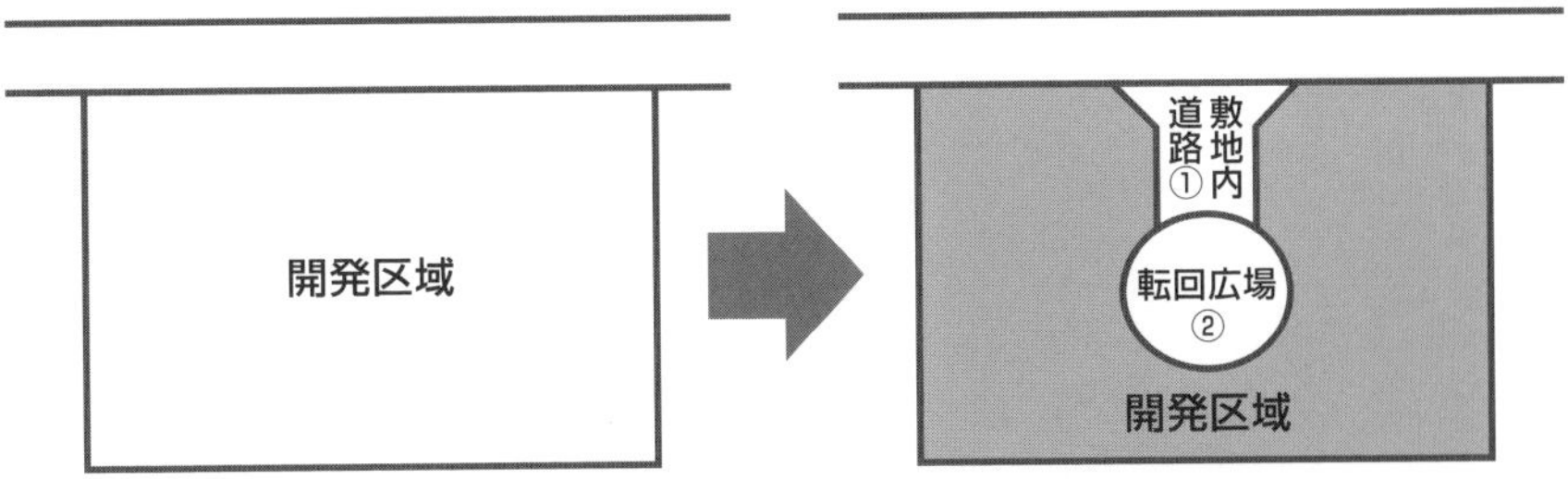

$$\text{宅地有効率} = \frac{\text{開発区域}-(①+②)}{\text{開発区域}}$$

⑩「心理的契約不適合物件」は取引価格が減額される

▼「心理的契約不適合」が原因となる契約不適合責任とは？

心理的契約不適合物件とは、その物件内で事件（殺人、自殺等）や事故（焼死等）、孤独死（孤立死含む）等が発生したことで、「目的物にまつわる嫌悪すべき歴史的背景により、建物が通常有すべき住み心地のよさを欠くもの」で、いわゆる「事故物件」として取り扱われます。そして、2020年施行の新民法でも、事故物件は「引き渡された目的物が種類、品質又は数量に関して契約の内容に適合しないもの」に該当します。

心理的契約不適合の有無は、不動産取引の買主（借主）の契約判断に重要な影響を与えるため、売主（貸主）や仲介業者は**事実を告知説明する義務**がありますが、説明義務違反があれば「契約不適合責任」となり、心理的契約不適合の存在を知らず、かつ事実を告げられなかった買主は、売主に対して債務不履行責任または不法行為責任に基づく損害賠償請求ができ、さらに契約不適合の程度が軽微ではなく、契約の目的が達成できない場合には解除できることになります。

▼価格減価率は「最大で80％減」という事例もある！

心理的契約不適合の存在が告知されると、通常の条件では不動産取引は成立せず、賃貸の場合では、半年から1年間は再募集を控えたり、家賃も1～3年間は通常の半額以下に割引し、その後、新たに募集する場合は通常家賃にし、心理的契約不適合の存在も告知しないケースが多くなります。売買の場合では、一時的に居住する賃貸とは異なり、心理的契約不適合が取引に強く影響します。価格の減価率も、市場価格に対して「20～80％減」となり、その多くは半額以下というのが実情です。また、「嫌悪すべき心理的欠陥の対象は具体的な建物の中の一部の空間」という考え方から、建物が取り壊されて更地で売り出されることも多いのですが、殺人等事件性が高かったり、地域が繁華街ではなく、人の入れ替えが少ない閑静な住宅街である場合には、更地にしたり、価格を下げても買い手がつかないケースが多くなります。契約しようとする物件が、事故物件か否かについては、買主（借主）側が、自ら積極的に確認する必要があります。

「心理的契約不適合物件（事件・事故・孤独死等）」の取引の実体は？

「心理的契約不適合」とは？

自殺、殺人、事故（焼死、一酸化炭素中毒等）、孤立死・孤独死、暴力団事務所の所在等によるもの

「孤独死」と「孤立死」との違いとは？

1）「孤独死」とは？　･･･自殺、事故死など、死因不明は「異状死」であり、異状死のうち、一人暮らしの自宅での死亡を「孤独死」と言う

2）「孤立死」とは？　･･･社会から孤立した結果、死後、長期間放置された事例を言う

「心理的契約不適合物件」が発生すると

〈賃貸の場合〉

- 再募集までの空室期間…半年～1年間
- 家　賃…通常の半額以下（1～3年間程度）
- その後…初回契約の期間終了後も入居を継続する場合は通常家賃に戻す。また、新たに再募集し、新賃借人が入居するときは通常家賃とし、心理的契約不適合の説明もしないことが多い

〈売買の場合〉

- 価格の減価率…市場価格に対して「20～80％減」、多くは半額以下

※「嫌悪すべき心理的欠陥の対象は具体的な建物の中の一部の空間」という考え方から、建物が取り壊されて更地で売り出されることも多い

※殺人など事件性が高かったり、繁華街ではなく住民の入れ替えが少ない閑静な住宅街である場合には、更地にしても価格を下げても買い手がつかないケースは多い

心理的契約不適合を重要な告知事項と考えていない売主（貸主）や仲介業者も少なからず存在するため、自ら積極的に確認する必要あり！

COLUMN 3

「少子高齢化」と「熟年離婚増加」により孤独死が増える？

●熟年離婚数は「30年余りで約5.7倍」に増加！

日本では急速な少子高齢化が進み、2060年には人口が現在より3割以上も少なくなる一方で、高齢者人口は2042年をピークに増え続け、2060年には65歳以上の高齢者が全体の約40%を占めると推計されています。

また熟年離婚は、厚生労働省による平成21年度「離婚に関する統計」では、同居期間が20年以上の夫婦の離婚件数が年々増加していて、昭和50年は「6810件」だったものが、平成20年には「3万8920件」にもなっています。予備軍も含めると、今後、ますます増加傾向にあると言えます。

●孤立死・孤独死は1日に73人、自宅での自殺者は20.5人

ある民間調査によると、2009年に「自宅で死亡し、死後発見まで一定期間経過している65歳以上の人」は、2万6821人おり、全国で「孤立死・孤独死」が増加傾向にあります。つまり、1日に73人、1時間に3人の高齢者が孤立死・孤独死していることになります。

また、警察庁「自殺統計」より厚生労働省自殺対策推進室が作成した資料によると、令和1年における自殺者数は2万169人で、年齢別に見ると60歳以上の割合が35.4%と約4割を占めています。加えて、自宅での自殺が全年齢平均で58.8%、60歳以上では69.2%（6141人）となっています。これは、1日に16.8人の60歳以上の高齢者が「自宅で自殺」していることになります。

これらの数字から見えてくることは、高齢者や熟年離婚が増え続け、これに核家族化の進行を重ねて考えると、今後はますます一人暮らしの高齢者が増えて、健康面や精神面に加え、経済的な理由から孤立死や自殺者数が増加する可能性が高くなることです。

社会の構造としては大きな問題ではありますが、不動産取引に焦点を当ててみると、今後は心理的契約不適合物件（事故物件）の増加は、避けて通れないということになります。

4章

知らない人は損をする！

取引価格を決定づける「売却手法の選び方」とは？

①不動産の「相場価格（時価）」とは？

②競売や公売に見る「競争原理」とは？

③売主を悩ませる「様々な売却手法」が登場！

④「相対取引」と「不動産オークション取引」の特徴とは？

⑤様々な売却手法による「高値売却」とは？

⑥「不動産オークション取引」の２種類の形態とは？

⑦「競り上がり方式」と「ポスティング方式」の違いとは？

⑧「競り上がり方式」は最終的に買主が得をする！

⑨オークション取引は１番手と２番手の価格差が重要

⑩「ポスティング方式」は「三方よし」の取引手法

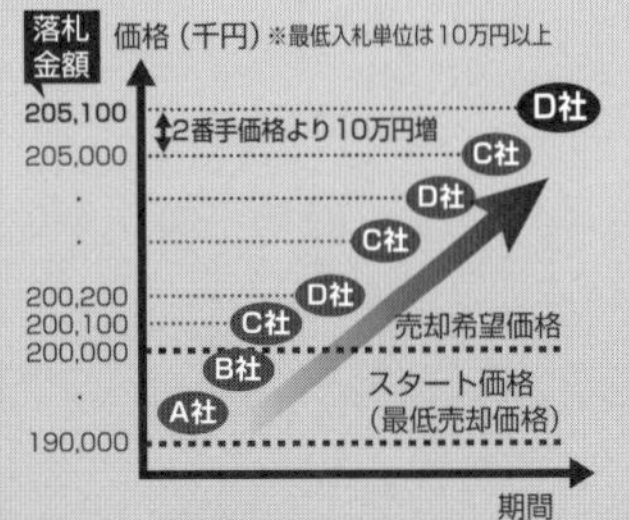

①不動産の「相場価格（時価）」とは？

▼「特定価格（点）」でなく「特定範囲（線）」を指す

不動産の相場とは、何を指すのでしょうか？　辞書を引いてみると、相場とは「市場で競争売買によって決まる商品の値段・価格」とあります。つまり需要と供給が折り合う時点の価格ということですが、需要と供給は常に変動するので、折り合う価格も一定の範囲内で変動します。この変動幅が「相場または相場価格帯」なのです。ですから相場は、「特定の価格」ではなく「特定範囲の価格帯」であり、〝点〟ではなく、〝線〟で表わされるものであるということです。

たとえばマイホーム等の居住用不動産の相場では、「近くの土地が坪50万円前後で売れたから、この土地も坪48万～52万円だと推測される」となり、過去の取引事例から推測される「売主（供給）と買主（需要）が折り合いそうな価格帯」を相場とすることが一般的です。

一方で、開発用地や収益不動産等の事業用不動産では、相場の見方が居住用不動産とは異なり、過去の取引事例に「将来得られる収益」を加味して相場を算出します。

たとえば、稀少性が高い人気の住宅地や賃料収入の増加が見込める収益不動産では、根強い需要を背景として強気な売価設定が可能となり、相場価格帯そのものを押し上げる効果が見込めます。

▼不動産は「相場の○割増し」で本当に売れるのか？

不動産を「相場の○割増」で売る等と表現する不動産会社もありますが、これは「相場の定義」に対する見解の違いです。たとえば、５０００万円なら10人の買手全員が買える土地があったとして、５３００万円なら内8人が、５５００万円なら内5人が、６０００万円なら内１人が買えるとすれば、相場価格帯は５０００万～６０００万円となり、６０００万円は「市場相場の上限価格」となります。しかし、全員が買える５０００万円を相場と固定すれば、６０００万円は「相場の2割増」になります。つまり、相場の定義を「線（一定範囲）」ではなく「点（特定価格）」とすると、「相場の○割増」という、まるで相場価格より相当割高で売れる「魔法の杖」が存在するかのような錯覚に陥ってしまうのです。

不動産の「相場価格」の意味

「相場の定義」とは？

「売手と買手」の双方が
折り合う価格の特定範囲

需要（買手） ⟷ 供給（売手）

- 相場とは、「特定の価格（点）」ではなく、「特定範囲の価格帯（線）」で表示される
- **事業用不動産の相場は、「過去の取引事例」のみならず、「将来得られる収益」を加味する**

（例）ある土地の購入を10人の買手に打診した場合

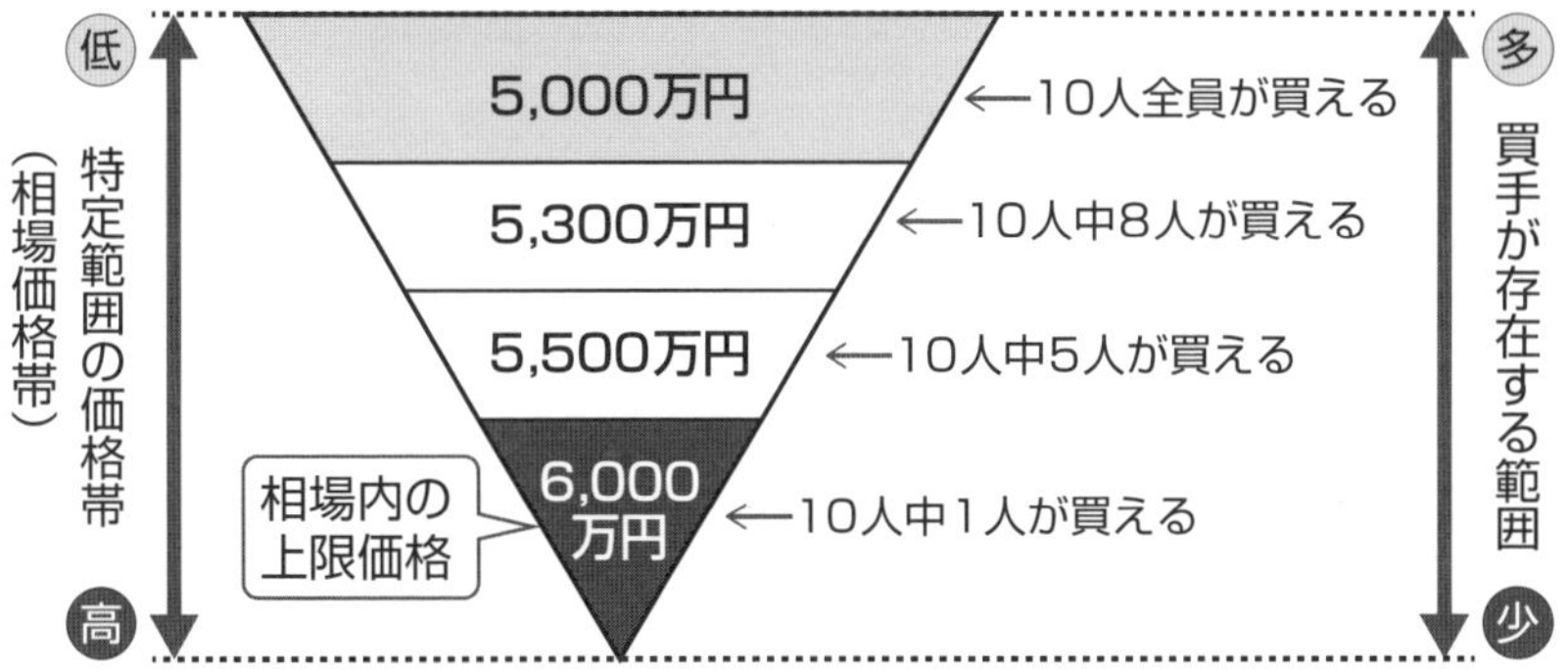

- 相場価格帯は「5,000万～ 6,000万円」、相場内の上限価格は「6,000万円」となる
- 上図の場合、不動産会社の査定価格は「5,000万～ 5,500万円」になる場合が多い
- 仮に相場価格を「5,000万円」に固定すると（点として固定すれば）、上限価格「6,000万円」で売れた場合、
「相場の２割増し」で売れたかのように錯覚してしまう

②競売や公売に見る「競争原理」とは？

▼「競売」と「公売」の違いとは？

競売とは、債務者が債務を履行しなかったときに、債権者が裁判所に申し立て、債務者や担保提供者が所有する不動産を、裁判所の管轄下で強制的に売却して債権を回収する制度です。また**公売**とは、国や地方自治体が税の滞納処分を独自に行なうもので、国税徴収法に基づき、官公庁が滞納税金の回収のために差し押さえた不動産を換価する手続きのことです。

競売と公売の違いは、債権者が民間で管轄が裁判所となる競売に対し、公売は債権者が官公庁で管轄が国または地方公共団体となります。また、対象不動産に非協力的な占有者が存在する場合、競売では引渡命令の申立てによる強制執行制度がありますが、公売では所有権に基づく明渡請求訴訟を提訴し、勝訴した上で強制執行となるため、競売と比べて時間と費用を多く要します。

その他では、「市場価格より2～3割安い」「入札方式で売却される」等、競売と公売はほとんど同様のシステムとなっています。

▼競争原理が「市場相場の上限価格」を引き出す！

競売や公売による入札方式、地域によっては落札価格や入札本数、落札率等に一服感が見られますが、全体としては依然高水準で推移しています。

ある民間調査によれば、２０１９年上期の関東エリア1都3県（東京・神奈川・埼玉・千葉）における不動産競売物件数は、２０１０年以降の減少傾向から微増に転じ、入札状況は落札率は前年対比でやや下落しましたが90％台の高い落札率を維持しています。

落札価格は２０１０年以降緩やかな上昇が続いていましたが、直近2年間はやや下落傾向となり、「対売却基準価額の乖離率中央値」は各都県で1・21～1・58倍超となり、落札価格と裁判所が設定する売却基準額との乖離が縮小しています。

競売も公売も、より多くの回収を公平に行なうことが目的なので、入札方式という競争原理が買手の購入意欲を刺激して、落札時点（売却時点）における「市場相場の上限金額」を引き出すことになっているのです。

「不動産取引における競争原理」とは？

「競売」とは？ 「公売」とは？

競　売 ➡ 債務者が債務を履行しなかったときに、債権者が裁判所に申し立て、債務者や担保提供者が所有する不動産を、裁判所の管轄下で強制的に売却して債権を回収する制度

公　売 ➡ 国や地方自治体が税の滞納処分を独自に行なうもので、国税徴収法に基づき、官公庁が滞納税金の回収のために差し押さえた不動産を換価する手続き

共通点 ➡
◆売却基準額→「市場価格より２～３割安い」
◆換価（売却）方法→入札方式

〈2019 年上期の関東エリア１都３県（東京・神奈川・埼玉・千葉）〉
●落札率→前年対比でやや下落も各地域で「90%台」
●「対売却基準価額の乖離率中央値」→各都県「1.21～1.58 倍」超
※直近２年間は落札価格と売却基準額との乖離が縮小

「入札方式」による競争原理の効果

●「１物件」に対し「買手多数」
●「１回限り」の入札方式
●他の入札価格がわからない

▼

〈入札者の心理〉
●最高価格でなければ落札できない！
●絶対に落札したい！

▼

各入札者が「**予算の上限額**」で**入札**

▼

「**市場相場の上限額**」で**落札**

▼

回収金額（売却金額）の最大化

“競争原理”が入札者（買手）の購入意欲を刺激！

③売主を悩ませる「様々な売却手法」が登場！

▼相対取引の変形版「売却専門エージェントサービス」

従来の不動産売却手法は「相対《あいたい》取引」が大半でしたが、最近では目新しい名称を使った売却手法が乱立しています。たとえば売主代理人として売却のみを専門とする「売却専門エージェントサービス」や市場の競争原理により価格を決める「不動産オークション取引」です。

「相対取引」とは、市場を介さずに当事者同士で売買を行なう方法で、「〝売主1人〟対〝買主候補1人〟の関係」で双方の合意によって取引条件が決定します。現在の不動産取引の大半が相対取引で行なわれています。

そして、相対取引の変形版と言えるのが、**売却を専門とする「売却専門エージェントサービス」**です。くわしくは後述しますが、「売主の利益を最大化（高値売却）する」ことを目的として買主側を担当しないことで、「売主の代理人」という立場をアピールしています。つまり、「高く売りたい売主」と「安く買いたい買主」の両方を仲介する行為は、利益相反となり、売主の希望価格を下回る可能性があるからです。その他のサービスとしては、売却戦略をカスタマイズして提案したり、専任媒介契約や担当エージェントのランクに応じて仲介手数料を値引いています。

高値売却の手法としては、買主側の仲介会社と粘り強く交渉したり（当たり前ですが）、買主側の代理もする場合は「買主側仲介手数料」を価格に上乗せしています。

▼競争入札による「不動産オークション取引」

「不動産オークション取引」とは、競争入札による市場原理によって取引の「相手方」と「価格」を決定する方法で、「〝売主1人〟対〝買主候補多数〟」の設定により競争入札を行ない、最高値の入札者が落札者となります。オークション主催者は、オークション運営のために売主と買主の双方の仲介をするものの、入札である以上、価格決定の過程に仲介者の恣意性が入る余地はありません。また「不動産オークション取引」には、インターネットを使ったオークション（競り上がり方式）と入札書（紙媒体）によるオークション（ポスティング方式）があります。

不動産の「様々な売却手法」の登場！

相対取引

〈特　徴〉　市場を介さずに売主と買主の当事者同士で売買を行なう方法。通常の不動産取引手法

〈メリット〉　早期売却(早期換金)が可能となる。売却期限がある売主には最適

〈デメリット〉　購入意思表示の先着順で買手に優先交渉権が与えられるため、高く売れる可能性は低い

※売却依頼の際、とくに希望しなければ相対取引となる

売却専門エージェントサービス

〈特　徴〉　売主専属の代理人として、売主利益の最大化(高値売却)を目指す

〈メリット〉　利益相反を回避し、売主のために考え行動してくれる

〈デメリット〉　高値売却の手法がオークションのように「システム化」されていない。粘り強く交渉する等、担当者の意欲のみに依存することになる

※各社ともサービス内容の詳細は異なる

不動産オークション取引

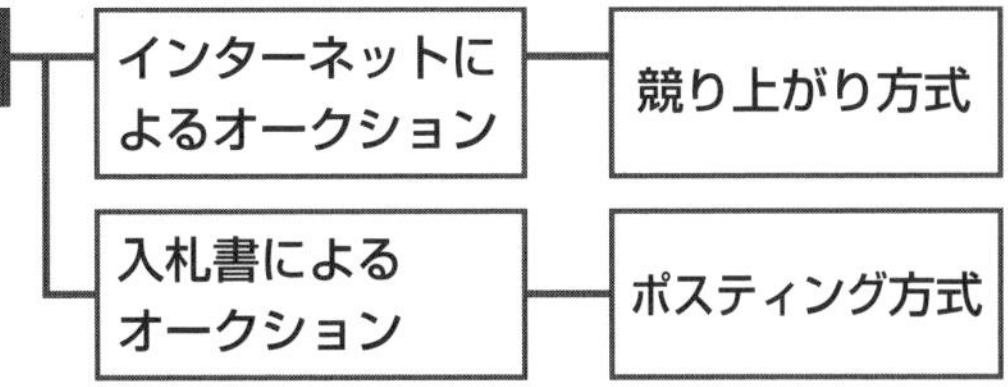

〈特　徴〉　複数の買主候補による競争入札で売却する

〈メリット〉　買手同士が競って入札するため、市場の最高値で売却できる可能性が高くなる

〈デメリット〉　相対取引と比較して、少し時間を多く要する

※競り上がり方式とポスティング方式では、メリット、デメリットが異なる。両者の比較は本章の6項以降を参照

④「相対取引」と「不動産オークション取引」の特徴とは？

▼相対取引のメリット・デメリットとは？

「相対取引」の最大のメリットは、早期売却（早期換金）が可能となることです。買主候補に順次購入打診していく中で、早い時期に購入意思を示す買手が現われれば即交渉に入り、取引を成立させることができます。一方、デメリットは、「早く売れても、高く売れる可能性は低い」ということです。意思表示の早い順に優先交渉権が与えられるため、市場での他の購入可能性を検証し切れないまま取引に踏み切ることになり、好条件の買主候補をみすみす逃してしまうことにもなります。

一方、「オークション取引」では、多数の購入打診で時間を要する反面、市場の最高値で売却できる可能性が高くなります。複数の買主候補に同時に購入の検討を進めてもらい、入札期日に一斉に入札を受け付けることで、意思表示の先着順ではなく、入札価格の高い順で落札者を決めることができるのです。

▼「時間重視か、価格重視か」で使い分ける

売却手法の選択は、売主自身の事情に応じて使い分けることが最大の利益につながります。たとえば納税期限が迫っていて、一刻も早く不動産を現金に替える必要がある場合では、早期に売却が期待できる「相対取引」が適しています。不動産会社には、「こんな不動産が売りに出たら教えてほしい」といった「買い注文」が日頃より顧客から寄せられているので、数社の不動産会社に直接問い合わせれば、価格の高い安いはさておき、具体的な買手がすぐに見つかる可能性はあります。

しかし、相続等で共同相続人が存在したり、不動産が共有関係にある場合では、取引手法や価格決定の過程に対する「透明性」や「納得性」がないと利害関係人間の合意形成が図れないことも多くあります。そうした透明性や納得性を重視するのであれば、時間をかけてでも多くの買主候補に対して購入を打診する「オークション取引」が適しています。購入可能性がある複数の買主候補により行なわれる競争入札について、経緯から入札結果まですべて開示されるため、「なぜこの買手に、この価格で売却するに至ったか？」が明確になります。

「相対取引」と「オークション取引」との違い

「相対取引」とは？

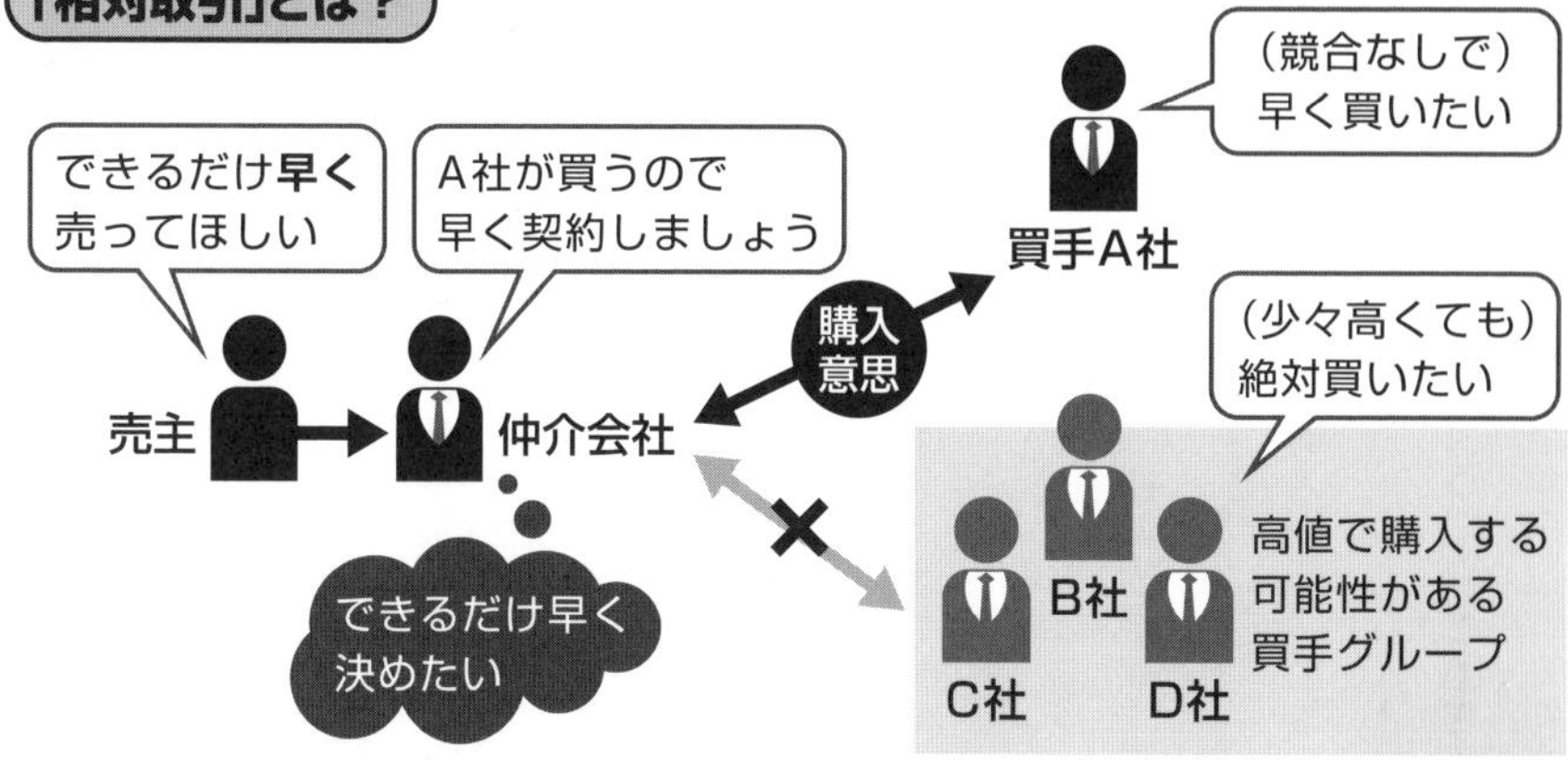

●**「購入意思表示の先着順」**で価格と買手が決まる

▶

●早く売却（換金）したい
●税金の支払期限が迫っている
●売却価格は最重要ではない

▶

時間重視

「オークション取引」とは？

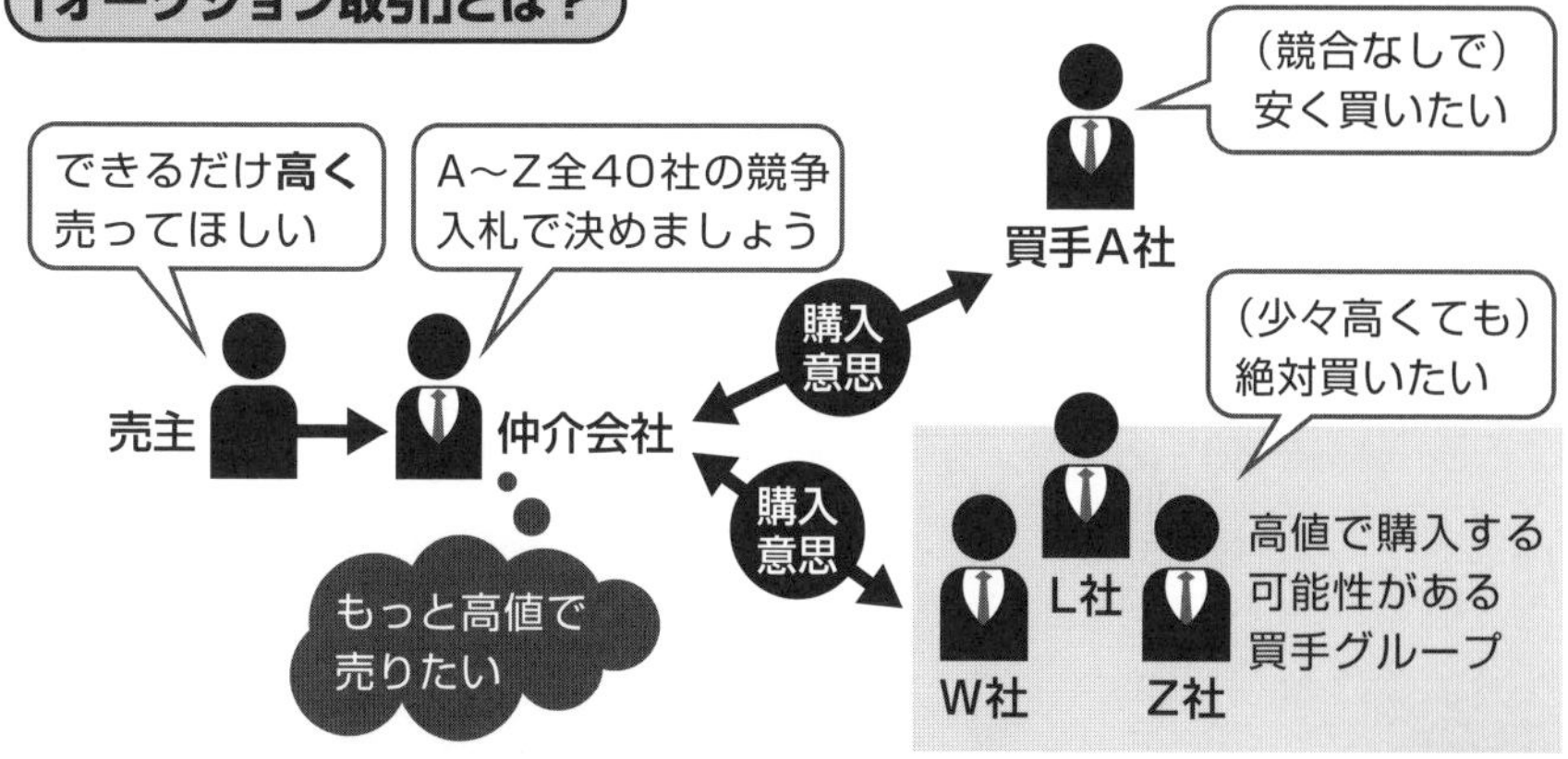

●**「入札価格の高い順」**で価格と買手が決まる

▶

●少しでも高く売りたい
●売却金額に納得したい
●利害関係人の合意形成を図りたい

▶

価格重視

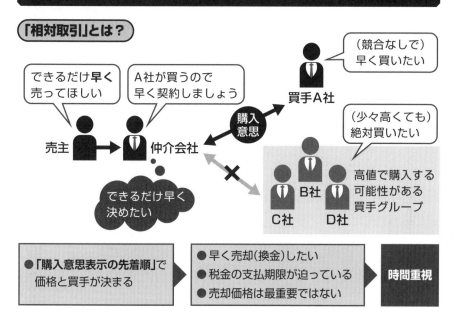

⑤様々な売却手法による「高値売却」とは？

▼「売却専門エージェントサービス」の仕事とは？

売主の代理人として、売主側の仲介のみを行なう**「売却専門エージェントサービス」**が最近増えています。各社のサービス内容は様々ですが、共通するのは売主の利益を最大化（高値売却）することを目的としたサービスを打ち出していることです。たとえば地域や物件の特徴に合わせた価格設定や広告、建物の室内の見せ方をアドバイスする等、高値売却するためのプランを立案したり、売却活動では買主検索を他の不動産会社に任せ、買主側の不動産会社と粘り強く交渉して、売主の希望価格条件で購入する買主を探す等の活動をします。

仲介手数料に関しては、成約時期や売却依頼方法に応じて値引きしたり、買主側の代理もする場合（双方代理）には、買主仲介手数料相当額を購入価格に上乗せするよう買主に要請するエージェント会社もあるようです。

▼市場最高値（高値売却）はどのように引き出されるか？

市場の最高値は、すべての価格が出揃って初めてわかることです。「高値売却」が市場の最高値を指すのであれば、すべての可能性を比較する必要があります。

たとえば買主側の不動産会社3社からの価格が、3社とも売主希望価格と同額なら、「売主希望価格≠市場最高値」であり、もっと高く売れる可能性があります。

3社すべてが売主希望価格に届かない場合は、「売主希望価格に最も近い価格を高値として3社で締め切るのか」、追加受付する場合は、「いつまで何社まで受け付けるのか」等の線引きはむずかしく、追加受付しても売主希望価格に届かず、売主希望価格に最も近かった買主にも辞退されることになると、買主側の不動産会社も本気で買主を紹介しなくなります。

一方、**「不動産オークション取引（ポスティング方式）」**は、平均60件以上の買主候補に購入を打診して入札期日に一斉入札を行ない、最高値の入札金額をもって落札とします。すべての入札が売主希望価格に届かない場合は、最も近い価格を入札最高額と決定し、売却に応じるか否かは売主の任意となります。一斉入札なのですべての価格を比較し、市場最高値を引き出せるのです。

「売却専門エージェントサービス」と「オークション取引」の高値売却とは？

「売却専門エージェントサービス」による高値売却とは？

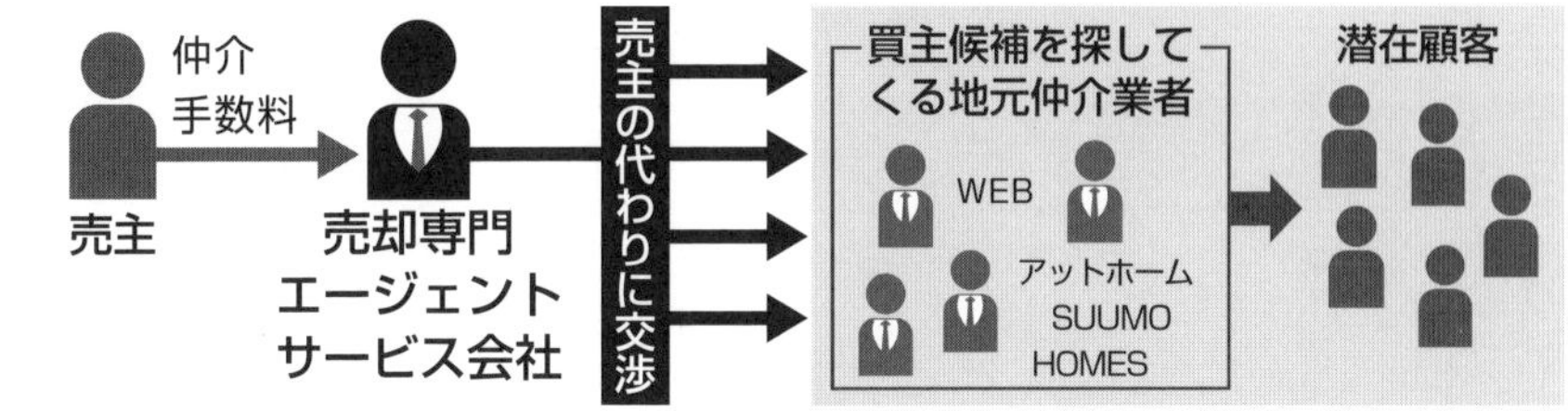

（例１）　地元仲介業者３社の全社から、「売主希望価格と同額」で購入申込みがあった場合

⇒　「売主希望価格≠市場の最高値」となり、もっと高く売れる可能性が残る

（例２）　地元仲介業者３社の全社が「売主希望価格に届かない」場合

⇒　３社で締め切り、一番高い価格で決定するのか？

（例３）　地元仲介業者３社＋追加の地元仲介業者の全社の回答が「売主希望価格に届かない」場合

⇒　追加受付をする場合、何社まで受け付けるのか？　追加受付しても届かない場合はいつ打ち切るのか？

結果、最初の１社目が希望価格に最も近い場合、待たせ過ぎて購入意欲がなくなっていることはないか？

「オークション取引」による高値売却とは？

※「ポスティング方式」の場合

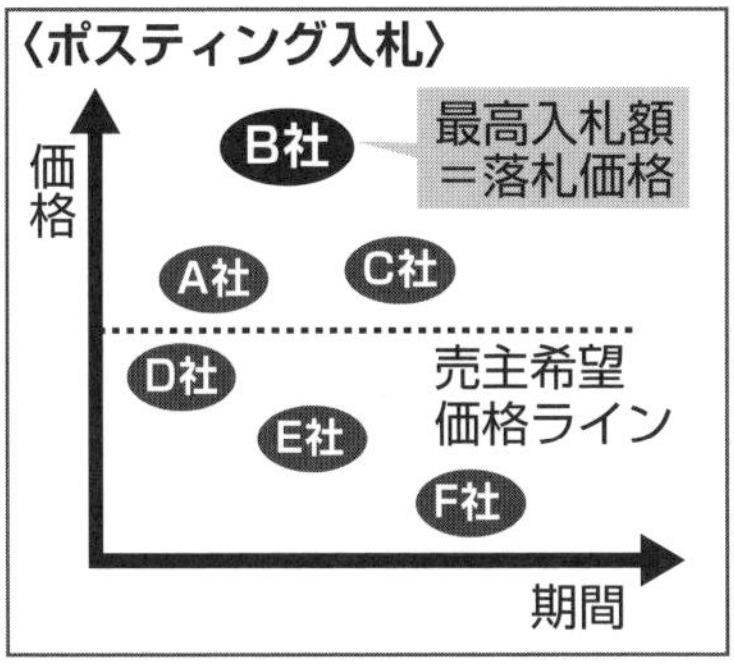

〈売主希望価格を超える入札がある場合〉

●最高入札額が落札価格となる

※価格に上限はない

〈売主希望価格を超える入札がない場合〉

●売主希望価格に最も近い入札を「入札最高額」と決定する

●売却するか否かは、売主の任意

⑥「不動産オークション取引」の2種類の形態とは？

▼インターネットによる不動産オークション

不動産を競争入札で売却する「オークション取引」は、大きく分けて2種類あります。

ひとつ目は、インターネットを利用して、パソコン画面上で入札情報の発信から買主候補の入札受付までを行なうオークション方式です。専用のオークション画面で、入札対象不動産の概要や入札ルールを定めた要綱、売主の売却条件がわかり、当日の入札状況もすべて画面で確認することができます。

インターネットによるオークションでは、**「競り上がり方式」**を採用しています。これは中古品のオークション等と同じで、売主が売却したい「最低売却価格」をスタート価格として、各入札者が最低売却価格を超える価格で入札すると、入札可能価格が更新されて価格が競り上がり、最終的に競り上がりが止まった時点で、「落札価格」と「落札者」が決定するものです。

▼「入札書」による不動産オークション

2つ目は、競売や公売と同じように物件明細や現況調査報告、売却条件等が盛り込まれた入札要綱書を了承の上で、専用書式で入札を行なう入札書によるオークションです。入札書によるオークションでは、「ポスティング方式」を採用しています。**ポスティング方式**は、「売主希望価格」をスタート価格に設定して、1回限りの入札を行ないます。競合先の入札状況を見ながら繰り返し入札ができる「競り上がり方式」とは違い、「ポスティング方式」は1回勝負なので、本気で落札したい買手は、「予算の上限額」で入札する必要があります。そして、「売主希望価格」を超え、かつ**最高入札価格が「落札価格」**となり、「落札者」が決定することになります。仮に、すべての入札が「売主希望価格」を下回った場合は、売主が売却に応じるか否かは「売主の任意」となります。

この2種類のオークション取引については、入札者（買主候補）の反応も様々です。競売や公売を見慣れている買主候補にとっては、不動産をインターネットで取引することに対し抵抗感があり、入札参加を見送るケースも多くあります。

2種類のオークション取引の形態

インターネットオークション（競り上がり方式）

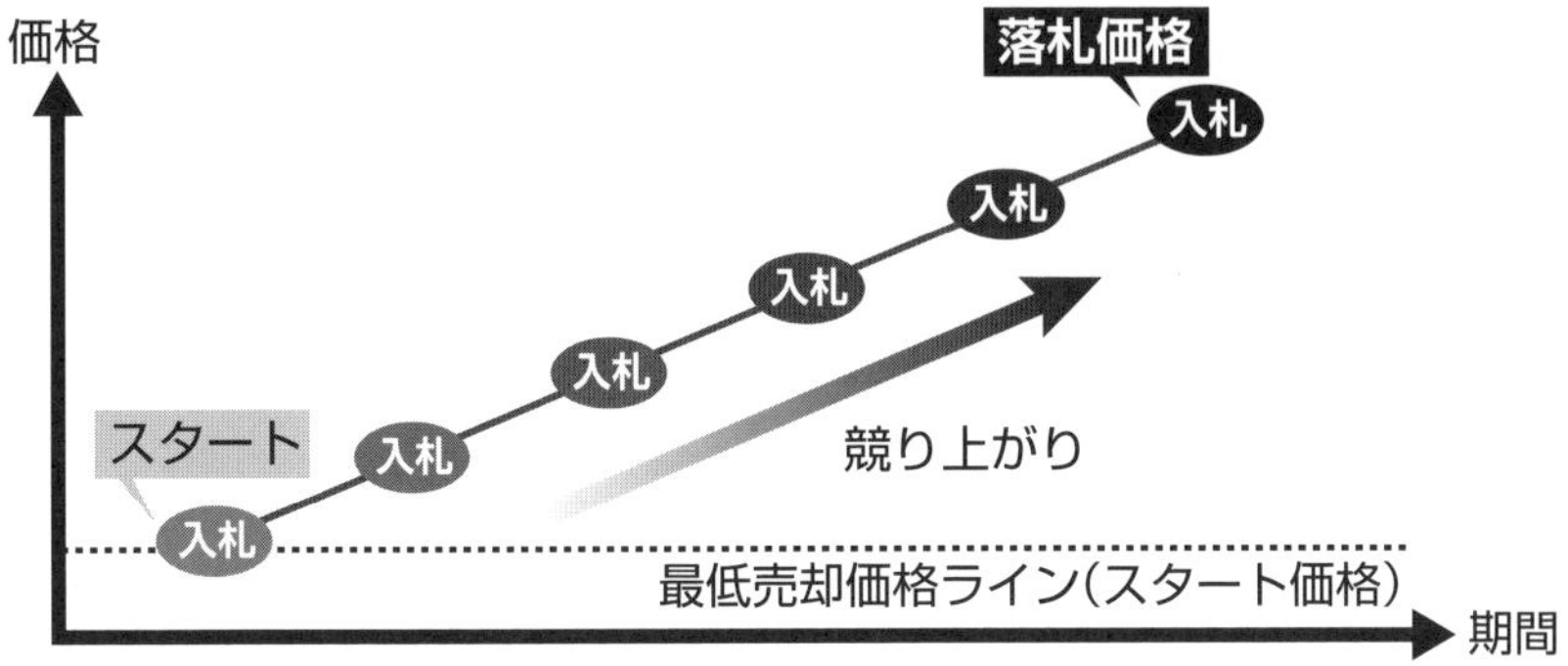

- 最低売却価格（スタート価格）のみ提示
- 入札時間内であれば、競合他社の状況を見ながら何度でも入札することができる方式

入札書によるオークション（ポスティング方式）

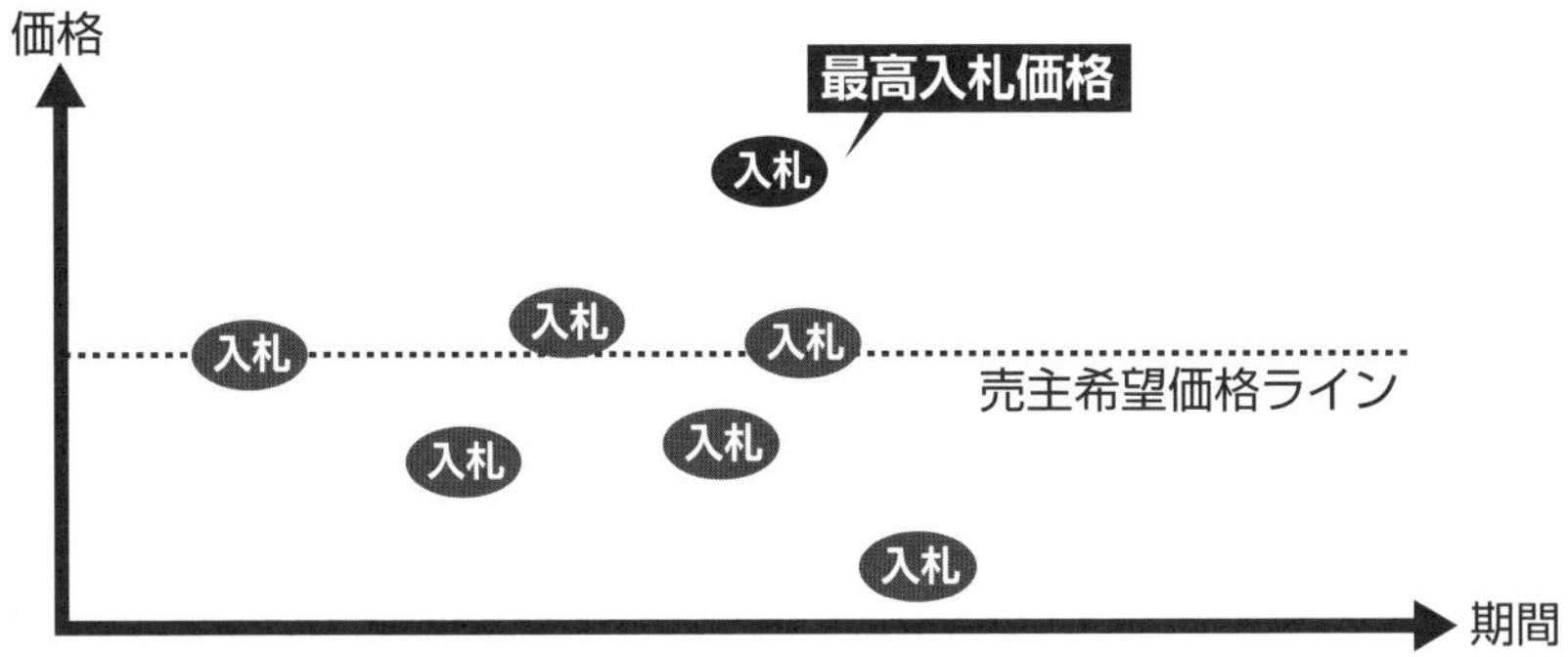

- 売主希望価格のみ提示
- 入札者は入札期間中に「1回に限り」入札できる方式

⑦「競り上がり方式」と「ポスティング方式」の違いとは？

▼売主が求めるのは「透明性・納得性・高値売却」

売主がオークション取引を選択する理由には、不動産取引に対する「透明性」と「納得性」、競争原理による「高値売却」を実現したいという本音があります。相対取引や売却専門サービスで、1件だけの購入意思を提示されて、「売却するか、否か」と迫られても、正確な不動産相場も金額決定の背景もわからない売主は、なかなか決断できないでしょう。

売主は、「損はしたくない、少しでも高く売りたい」という心理から、どれだけ多くの買主候補に対して購入を打診して、各買主候補の回答がどんな内容で、どんな競争が行なわれて、その結果、「誰が、いくらで」購入することになったのか？　という全過程をガラス張りの状態で知りたいのです。

では、「競り上がり方式」と「ポスティング方式」の2種類のオークション取引は、不動産取引の「透明性」と「納得性」、競争原理による「高値売却」に対する売主の要望をどれだけ満たしているのでしょうか？

▼「透明性」と「納得性」は確保できるのか？

「競り上がり方式」では、インターネットにより売主と買主候補、運営事務局がオークション画面を共有しているため、最低売却価格が入札により競り上がっていく状況がリアルタイムで確認できます。価格が決定する瞬間に立ち会えることが、「透明性」や「納得性」を担保する要因となっていますが、入札操作に対する懸念は拭えません。過去に、不動産オークション運営会社の上司が部下に指示をして、空入札によって意図的に入札価格を吊り上げるという事件が起こり、良心の呵責を感じた社員の内部告発によって発覚したこともありました。

一方、**「ポスティング方式」**では、競売と同様に、署名捺印された入札書兼購入申込書による入札を「封書」で受け付け、入札締切日時の到来を待って開封、即時に入札結果が事務局から入札参加者や売主に対して連絡されます。各入札者は他の入札参加者が特定できないため、入札者間で談合したり、妨害や操作がされることはありません。

「競り上がり方式」と「ポスティング方式」の違い

		インターネットオークション	入札によるオークション
オークション形態		競り上がり方式	ポスティング方式
入札について	入札方法	インターネット入札 （パソコン上のクリック入札）	封書入札 （署名捺印付き書面による入札）
入札について	落札価格の「意味」	2番手に勝った価格 （市場相場の最高値とは限らない）	市場相場の最高値
入札について	落札者の「予算」	余力を残す	全額使い切り
入札について	1番手と2番手の「価格差」	一律10万円 （入札単位＝10万円の場合）	2番手価格の 約1～3割高
入札について	入札総数	多い	やや多い
取引全般について	透明性	入札状況がパソコン画面上にリアルタイムで反映される	利害関係者の立会いのもとで封書開封
取引全般について	納得性	「市場最高値の追求が不十分」と売主に判断されれば、納得性は低くなる	市場最高値での売却を望む売主には、納得性が高い
取引全般について	経済合理性	「市場最高値の追求が不十分」と売主に判断されれば、経済合理性は低くなる	市場最高値を引き出せるため、経済合理性が高く、社会貢献となる
取引全般について	確実性	落札時点で購入申込書が回収できていないため、万一、落札者の態度が豹変すれば、取引自体の確実性が揺らぐことも否定できない	「入札書兼購入申込書（署名捺印付き）」による落札のため、取引自体の確実性は高く、即時に売買契約へと手続きを進めることができる
取引全般について	公正性	利害関係者（売主、買主候補、仲介業者）によるパソコン操作で、不正（架空入札による価格吊り上げ等）が行なわれる可能性がゼロではない。万一、不正が行なわれれば、公正で公平なオークションは実現できない	完全書面主義のため、不正の余地がない

⑧「競り上がり方式」は最終的に買主が得をする！

▼相場の最高値がつくポスティング方式

オークション取引では、売主の「高値売却」という要望は、十分に満たされるでしょうか。結論から言えば、「競り上がり方式」では最大限に高値を引き出すことができず、逆に「ポスティング方式」では、最大限に高値を引き出すことが可能になります。

その理由は、しくみの違いにあります。「競り上がり方式」は、入札受付時間内であれば買手は何度でも入札を繰り返すことができ、お互いに競り合うことで価格が上昇します。つまり、最低2者以上の複数が競り合うことが「価格上昇の絶対要件」となります。

たとえば、1人の買手のみが落札を熱望し、その他がそれほど熱心ではない場合、対抗馬が不在のため、価格は伸びず、市場最高値には届きません。1番手の予算上限額が事前にわかればいいのですが、入札である以上、買手が手の内を見せることはあり得ません。

一方、「ポスティング方式」は、対抗馬の存在は「価格上昇の絶対要件」ではありません。1回勝負のポスティング方式で落札するには「購入予算の上限額」で入札するしかなく、余力を残しての入札は、大きな悔いを残すことになります。

▼「2番手に勝った価格」は市場の最高値ではない！

私の会社では、約4年前から「競り上がり方式」を全面廃止しています。きっかけは、落札者の「思ったより安く買えてよかった」というひと言でした。買手が余力を残して落札したことを知ったのと同時に、「競り上がり方式」による高値売却を追求することの限界を痛感しました。

以来、入札参加者のすべてが一切の余力を残さず、「購入予算の上限額」で入札する「入札書によるオークション（ポスティング方式）」に一本化しています。なぜなら、売主は不動産取引の「透明性」と「納得性」を求め、かつ「市場の最高値で売却したい」と強く要望しているからです。売主が求めているのは、競り上がり状況をパソコン上でリアルタイムに見ることではなく、「本当の市場最高値」で売却することなのです。

「ポスティング方式」と「競り上がり方式」の落札価格比較

〈前提〉

●種別／事業用地

●売主希望価格／２億円以上

●売主希望の売却手法／オークション取引

入札書によるオークション（ポスティング方式）

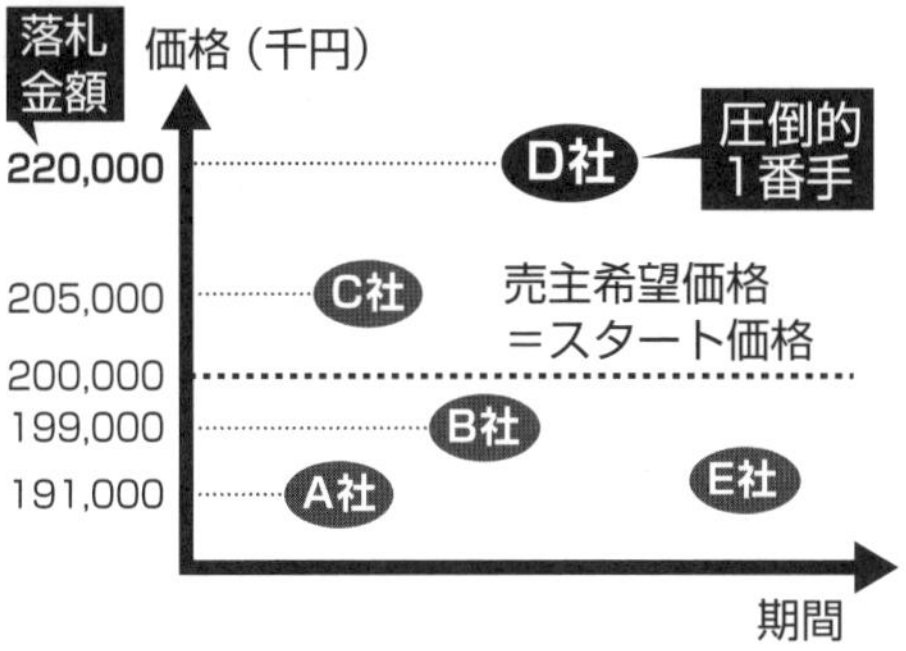

●D社が「２億2,000万円」で落札

●対抗馬の有無に関係なく、２番手（C社）を大きく引き離して落札

※D社の予算上限額は「2億2,000万円」であることがわかる

同じ前提条件でも、
オークション方式が違えば、
落札金額は大きく異なる

インターネットオークション（競り上がり方式）

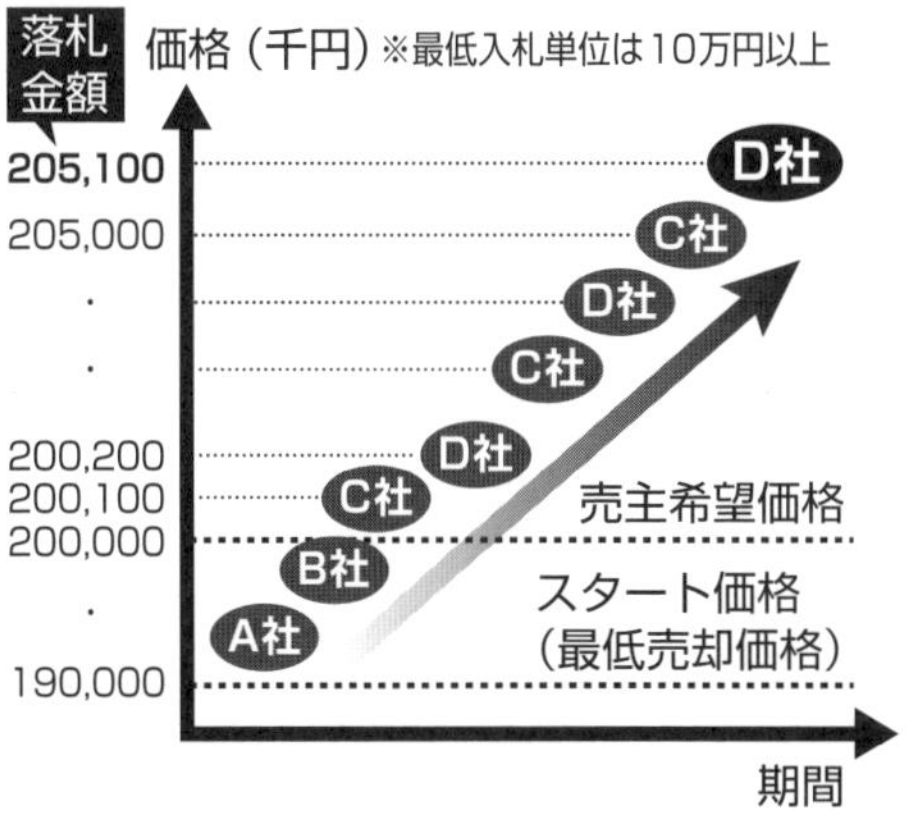

●対抗馬（２番手）が途中でいなくなったので競り上がり（価格上昇）はストップし、オークションは終了

●D社が２番手（C社）を鼻の差でかわして「２億510万円」で落札

※D社は購入予算を「1,490万円」残して落札していることがわかる

⑨オークション取引は1番手と2番手の価格差が重要

▼「入札総数の多さ」と市場最高値は関係がない

通常のオークションでは、入札総数が多く活況を呈しているようだと、「競り売り」が機能して、買手が商品を奪い合うように買っているように見えます。しかし、不動産の「オークション取引」では、「入札総数の多さ」より「1番手と2番手の価格差」のほうが重要になります。なぜなら、売主が「オークション取引」を選択する目的は、あくまで**「市場の最高値で売却すること」**だからです。入札総数がいくら多くても、それが市場の最高値を引き出すことに直結しなければ、売主にとっては重要な意味を持ちません。

加えて、「競り上がり方式」では、入札総数を演出することは簡単です。たとえば競り上がり方式では入札単位が決められますが、多くは「入札単位は10万円以上」となります。「入札単位をいくらに設定しているか」は、入札履歴を見れば一目瞭然です。本来なら「入札単位は100万〜200万円以上」とするような最低売却価格が数億円の事業用地でも、入札単位を10万円以上に設定すると、少しでも安く買いたい入札者が、一度に大きな金額をつけた入札は行なわず、最小単位による「小刻みな入札」を終始繰り返すことで、一気に入札総数は80〜100件程度に膨らみます。そして最後は、1番手が2番手より10万円上乗せした価格で落札し、買主は十分余力を残すことになるのです。

▼「価格差がどれだけ開くか?」が高値売却のポイント

競売では、1番手と2番手との「価格差」が1〜3割ほど開くことは、決して珍しくありません。その要因は、「ポスティング方式」と同様に、1回勝負の入札なので購入予算の上限額で入札するからです。また、「ポスティング方式」では、「1円でも負けると落札できない」ことになるので、入札価格も1円単位の端数まで記入するところに、入札者の本気度を感じることができます。

以上のことから、どれだけ入札総数が多くなっても、競り上がりの状況が活況に見えても、ルール設計の性質上、落札者の予算上限額を引き出せないところに「競り上がり方式」の限界があるのです。

2種類のオークション方法の最終価格差

〈前提〉

- ●種別／事業用地
- ●売主希望価格／2億円以上
- ●売主希望の売却手法／オークション取引

入札書によるオークション(ポスティング方式)

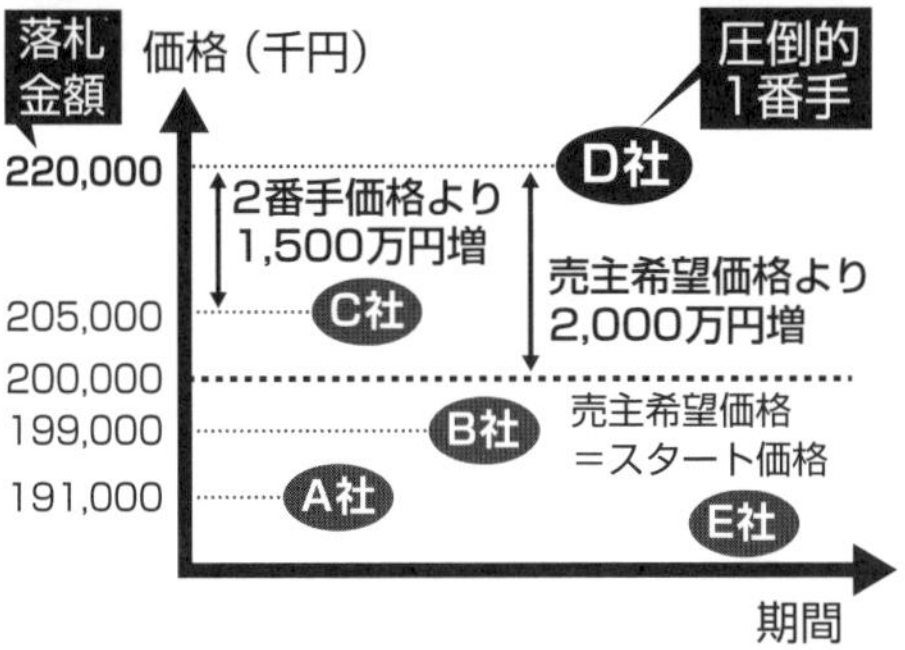

●売主希望価格より「2,000万円増」で落札

●2番手の価格より「1,500万円増」で落札

※D社が「2億2,000万円」の予算上限額を使い切った結果、1番手(D社)と2番手(C社)の価格差が大きく開く結果となった

買手が予算を残すか
使い切るかは、落札価格に大きく影響する

インターネットオークション(競り上がり方式)

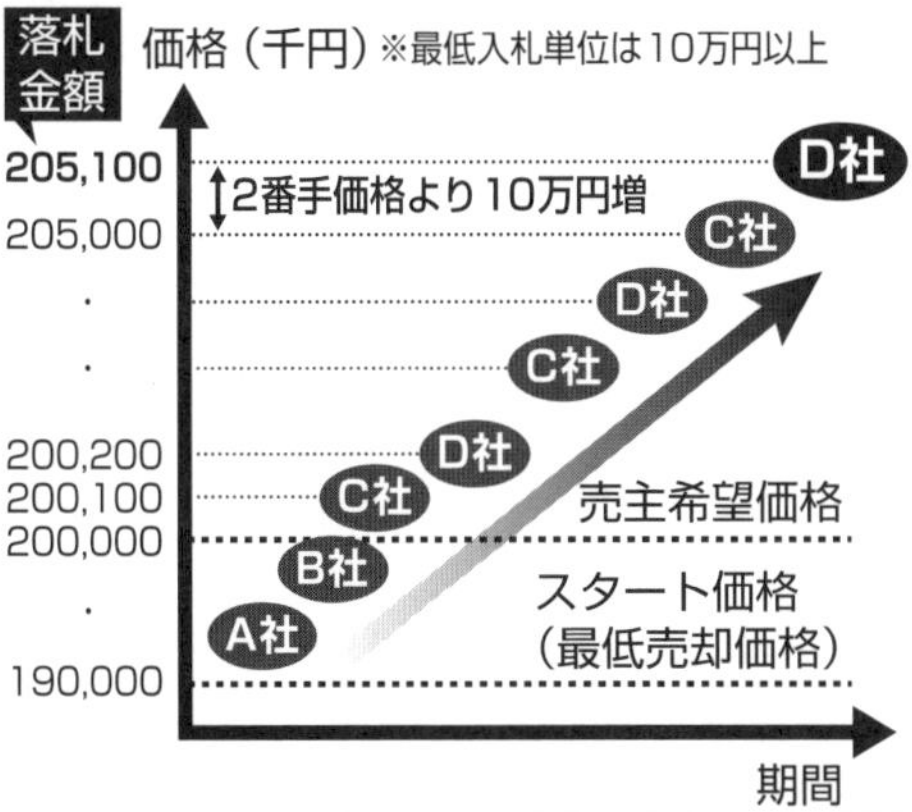

●売主希望価格より「510万円増」で落札

●2番手の価格より「10万円増」で落札

※D社が予算上限額の「2億2,000万円」より余力を残して落札した結果、1番手(D社)と2番手(C社)の価格差は鼻の差(10万円)となった

「入札総数の多さ」より「1番手と2番手の価格差」のほうが重要！

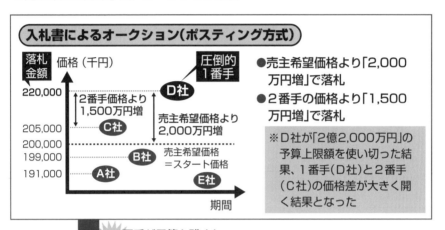

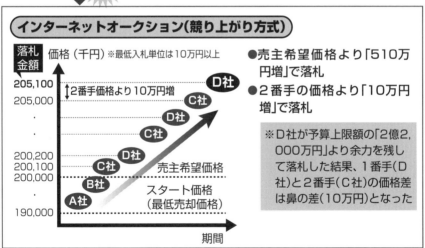

⑩「ポスティング方式」は「三方よし」の取引手法

▼不動産取引における「三方よし」とは?

「ポスティング方式」では、落札を熱望するすべての入札者が一切の余力を残さず、財布の底をひっくり返して「購入予算の上限額」で入札します。一見すると、買主にすべてのしわ寄せがいき、売主だけが得をするような印象を持たれがちですが、「ポスティング方式」は、「三方よし」の不動産取引手法なのです。

「三方よし」とは、「売手よし、買手よし、世間よし」という近江商人が大切にしていた精神です。売主にとっては市場の最高値で売れることはメリットであり、市場最高値という正当な評価がされることは世間にとってもメリットとなります。不当に安く売られると、世間相場を歪めることになり、社会の損失となるからです。

また、買主にもメリットがあります。それは、「価格の高い順」というルールに勝ちさえすれば、確実に購入できる「取引の公正さ」があるからです。

通常の不動産取引では、買主が購入の意思表示をしても、その意思が売主まで届かず、立ち消えになってしまうことがよくあります。そこに公正さは存在せず、不動産仲介会社のさじ加減で決まってしまうのです。しかし公正で公平な不動産取引にこだわれば、社会に貢献することができます。これが、私の会社が推奨する「不動産取引のフェアトレード(公正な商取引)」なのです。

▼「ポスティング方式」は明日からでもできる!

私の会社では、不動産オークション取引(ポスティング方式)をコア事業として運営していますが、全国の不動産会社もこのしくみを積極的に取り入れて、地元のお客様に付加価値を提供するべきだと思います。

入札ルールを独自設計し、公正な不動産取引で社会貢献をするという志さえあれば、明日からでも「ポスティング方式」は実施できます。「競り上がり方式」のようにインターネットシステムを使う必要がないので、システム開発への投資も不要です。

競売や公売、一部の任意売却が行なっている競争入札を、通常取引に組み入れることでポスティング方式が普通になれば、「三方よし」は広がります。

「ポスティング方式」の利点

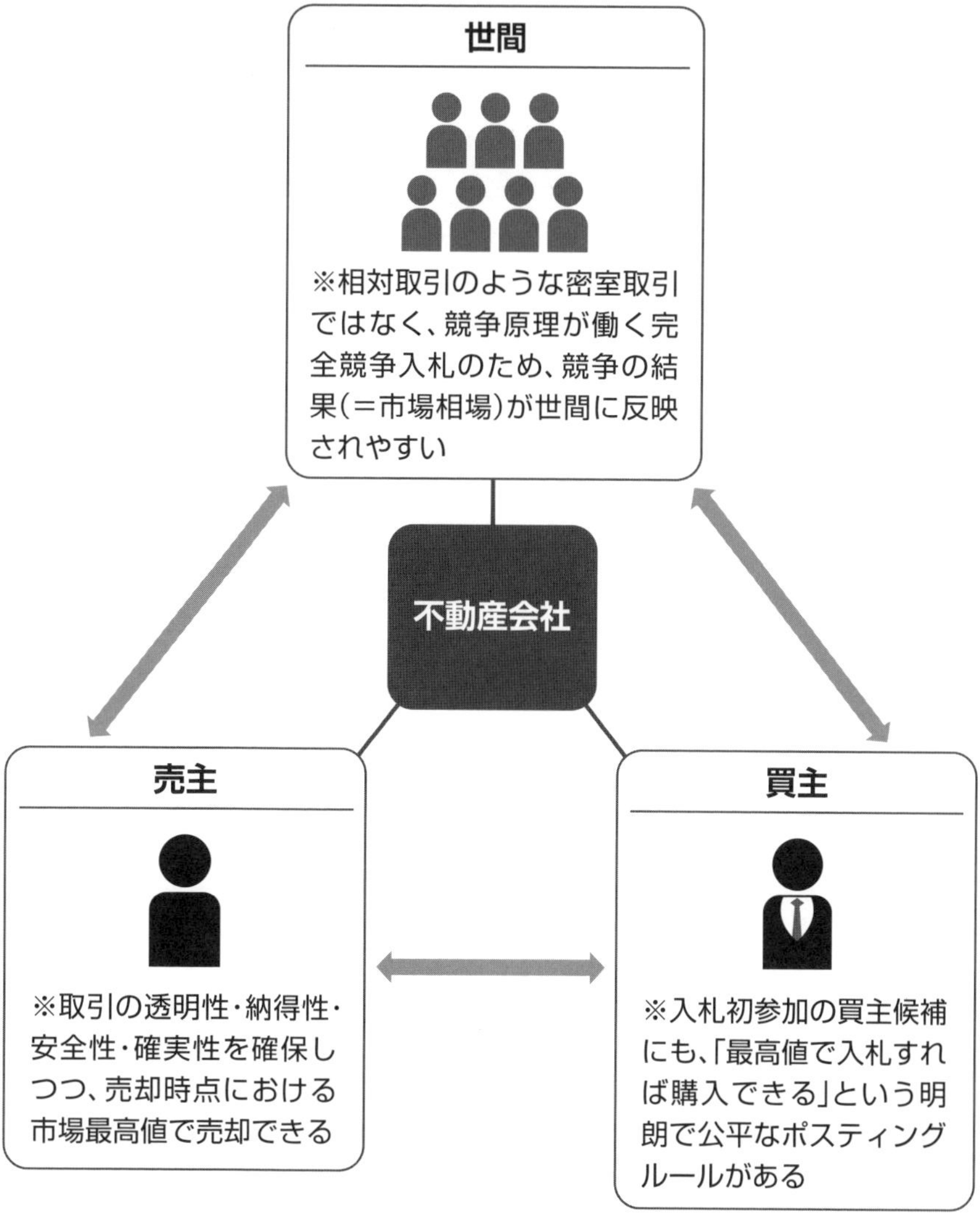
世間
※相対取引のような密室取引ではなく、競争原理が働く完全競争入札のため、競争の結果（＝市場相場）が世間に反映されやすい
不動産会社
売主
※取引の透明性・納得性・安全性・確実性を確保しつつ、売却時点における市場最高値で売却できる
買主
※入札初参加の買主候補にも、「最高値で入札すれば購入できる」という明朗で公平なポスティングルールがある

COLUMN 4
「仲介手数料を払ったことがない」という地主は本当に得をしたのか？

●「仲介手数料って、必要なのですか？」

２年ほど前、土地の売却相談で地主であるＡさんが私の会社に来られました。Ａさんは、先祖代々農業を営んでいて、これまで何度か土地売却を経験してきましたが、今回は不動産オークション（ポスティング方式）を使って高値で売却したいとのことでした。不動産オークションの内容に納得され、次に仲介手数料の話になるとＡさんの表情が変わり、こう言われました。

「仲介手数料って必要なのですか？　私はこれまで何件か土地売却をしてきましたが、仲介手数料というものは払ったことがありません」

大地主であるＡさんの元には、以前から多くの不動産開発会社や建設会社の営業マンが訪問してきて、皆が「あの土地を当社に○○○○万円で売ってください。その代わり仲介手数料は要りません！」と言うそうで、Ａさんには仲介手数料を支払った経験がなかったのです。

●売却の「手法」や「価格」には、常に疑問や関心を持つべき！

Ａさんが前年に売却したという土地は、概算でも市場相場は１億 4,000 万〜１億 5,000 万円になりますが、「仲介手数料分の数百万円を払わなくてすむのなら」と建設会社に言われるまま、１億 2,000 万円ほどで売却したそうです。

建設会社が買主なので仲介手数料がかからなかったということですが、通常の不動産取引でも発生する仲介手数料は約 400 万円弱なので、ざっと 1,600 万〜2,600 万円ほど損をした計算になります。

土地の詳細な状況はわからないので、もしかすると何か減価される要因があったのかもしれませんが、価格に対して何の疑問も持たず、比較することもなく売却に踏み切ってしまったことは、適正価格を見誤った可能性を拭えません。

Ａさんの前回の取引については後悔先に立たずですが、少し残念な気持ちもあって、不動産オークションに光を見出したいと思われたのかもしれません。

5章

ここだけは見落とせない！

重要事項説明書（不動産トリセツ）の留意点

①「重要事項の不告知・不実告知」が意味するもの

②「登記記録に記録された事項」は不動産の歴史

③「都市計画法」は計画的な街づくりのルール

④「建築基準法」は不動産の将来価値を読み解く指標

⑤「道路法上の道路」と「建築基準法上の道路」とは？

⑥トラブル回避のために「私道」の正しい意味を知る

⑦「容認事項」から周辺環境の将来変化を想像する

⑧「建築協定」は見落としてはいけない街の顔

⑨ライフラインは「埋設管」の位置と口径に注意

⑩「土壌汚染・石綿使用・建物耐震診断」の有無を確認

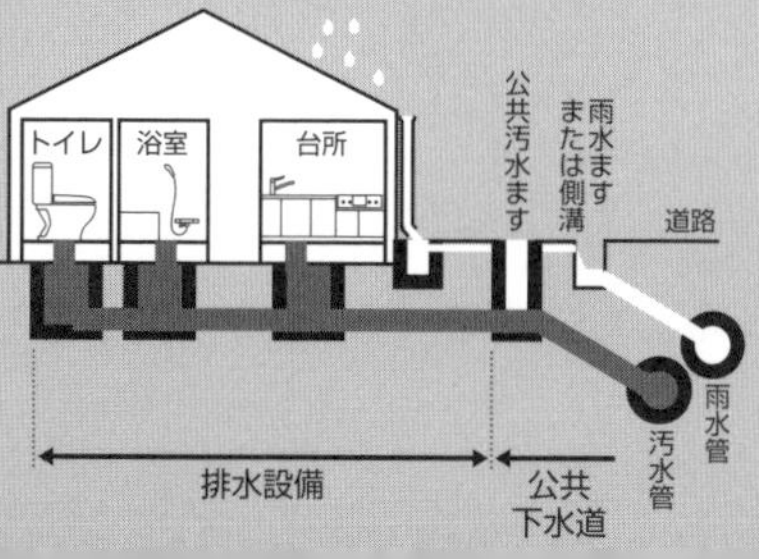

①「重要事項の不告知・不実告知」が意味するもの

▼重要事項の不告知・不実告知による紛争は「人災」

「重要事項説明書」とは、不動産取引の際、宅地建物取引業者の宅地建物取引士が、契約上の重要な事項を取引当事者に対して説明するもので、宅地建物取引業法第35条に規定されています。

不動産のトリセツである重要事項説明書は、**「対象不動産に関する事項」**と**「取引条件に関する事項」**に分けられますが、内容が多岐にわたる上に専門性が高く、不動産取引を初めて経験する消費者も多いことから、取引現場ではしばしば紛争が発生しています。

国土交通省による「宅地建物取引業法施行状況の調査」では、過去10年間における監督処分等の件数は、毎年約800～1100件（勧告等含む）にもなります。そして、主要原因別紛争相談件数では、「重要事項の不告知を含む重要事項説明等」が過去5年間で紛争原因の第1位となっています。

この調査結果が意味するものは、紛争は人災であり、すべての原因は企業風土や人間性にあるということです。

重要事項についての不告知や不実告知には悪意があります。また、不告知や不実告知の原因が調査不足によるのであれば、資格者である宅地建物取引士の責任感の欠如であると言えます。

▼宅地建物取引業法違反で「宅建免許の取消し」も！

宅地建物取引業法第47条第1項では、「宅地建物取引業者は相手方に対し、重要な事項について故意に事実を告げず、または不実のことを告げる行為をしてはならない」と定められていて、これに違反すると取引当事者に多大な損害を与えてしまうだけでなく、宅地建物取引業者も損害賠償等の責めを負い、最悪の場合は監督庁から「宅建免許取消し」の処分を受けることになります。

自社や自分だけが儲かればいいという企業や人は、業種や企業規模の大小を問わず、どこにでも存在しますが、美辞麗句の後ろにある本当の素顔を見抜くのは、消費者自身にかかっています。そのためには、担当者と不動産以外の話をしてみるのもいい方法です。その人の人間性や雇用している企業の社風が見えてきます。

紛争原因の第１位は重要事項の不告知・不実告知

監督処分件数等の推移

（単位：件）

年度	21	22	23	24	25	26	27	28	29	30
免許取消	212	228	216	129	184	141	137	168	146	125
業務停止	64	67	54	51	65	74	63	55	36	31
指示	104	79	88	78	65	34	27	28	27	26
計	380	374	358	258	314	249	227	251	209	182
勧告等	536	594	793	848	840	634	574	697	603	665

※）勧告等…宅建業法第 71 条の規定に基づく指導等のうち、文書により行った勧告及び指導の件数
国土交通省　土地・建設産業局不動産課調べ

主要原因別の紛争相談件数

（単位：件、％）

項目	26 年度		27 年度		28 年度		29 年度		30 年度	
	件数	構成比	件数	構成比	件数	構成比	件数	構成比	件数	構成比
重要事項の不告知を含む重要事項説明等	524	36.2	513	33.6	476	36.2	390	38.3	336	35.5
ローン解除を含む契約解除	174	12.0	170	11.1	147	11.2	88	8.7	78	8.2
高額報酬の請求を含む報酬	92	6.3	103	6.7	54	4.1	55	5.4	66	7.0
瑕疵問題（瑕疵補修を含む）	124	8.6	103	6.7	75	5.7	45	4.4	64	6.8
契約内容に係る書面の交付	44	3.0	39	2.6	41	3.1	50	4.9	45	4.8
媒介に伴う書面の交付	39	2.7	43	2.8	31	2.4	43	4.2	40	4.2
預り金、申込証拠金等の返還	53	3.7	41	2.7	69	5.2	47	4.6	37	3.9
手付金、中間金等の返還	11	0.8	4	0.3	25	1.9	16	1.6	16	1.7
相手方等の保護に欠ける行為の禁止	13	0.9	19	1.2	12	0.9	9	0.9	16	1.7
誇大広告等の禁止	27	1.9	28	1.8	21	1.6	25	2.5	14	1.5
その他	348	24.0	464	30.4	364	27.7	249	24.5	234	24.7
合計	1,449	100.0	1,527	100.0	1,315	100.0	1,017	100.0	946	100.0

注）「表示変更に伴う不突合」とは、表示項目の変更に伴う合計調整値
（公財）不動産流通近代化センター算出

②「登記記録に記録された事項」は不動産の歴史

▼「登記記録」は表題部と権利部から構成

登記記録とは、一筆の土地や一個の建物ごとに、「一不動産一登記記録の原則」に基づいて作成される電磁的記録のことで、「表題部」と「権利部」から構成され、「権利部」は甲区と乙区に分かれます。

「表題部」には不動産の物理的現況が記録されています。土地であれば「所在、地番、地目、地積等」が記載され、建物であれば「所在、家屋番号、種類（居宅・事務所等）、構造、床面積等」が記載されています。

「権利部」の甲区には、所有権に関する登記事項（所有権の保存、移転、差押え等の処分の制限等）が記録され、乙区には、所有権以外の権利に関する登記記録（抵当権、賃借権、地上権等）が記録されています。

つまり登記記録とは、過去から現在に至るまで、登記と抹消を繰り返してきた不動産の歴史なのです。

▼登記履歴を理解する

重要事項説明書では、「不動産の表示等」と「登記記録に記録された事項」という欄に、表題部や権利部に登記された内容が記載されていますが、ここに記載されているのは現在有効な内容のみである「現在事項」です。そこで抹消事項も含めた現在までの登記記録が記載された**「全部事項証明書」**を参照すると、不動産の背景が見えてきます。たとえば、**地目変更の経緯**からは「現在は宅地になっているこの辺りも昔は池だった。地盤は少し弱いのかもしれない」等がわかりますし、金銭の借入や税金滞納により**「差押え→抹消」**を繰り返していれば、「現所有者はお金にルーズなのかもしれない」、敷地内に**地役権や地上権が設定**されていれば、「取得後の使用収益や処分に何らかの制限を受けるかもしれない」など、不動産を取り巻く環境変化や世間との関わりがわかります。また**共同担保目録**からは、共同担保関係にある不動産の表示や抵当権者、抵当権設定者等もわかります。

重要事項説明書は契約締結前に説明され、契約するか否かを見極める重要な判断材料となるので、理解できない内容はわかるまで説明を求めるべきですし、納得できなければ契約を見送ることも検討する必要があります。

「全部事項証明書」は不動産の経歴書

土地の登記事項証明書（全部事項証明書）

全部事項証明書 （土地）

表題部 （土地の表示）	調整 余白	不動産番号	1800001059393
地図番号 余白	筆界特定 余白		
所在	[redacted]市[redacted]区[redacted]町一丁目		余白
① 地番	② 地目	③ 地積 ㎡	原因及びその日付〔登記の日付〕
5番	宅地	200 12	

権利部（甲区） （所有権に関する事項）

順位番号	登記の目的	受付年月日・受付番号	権利者その他の事項
2	所有権移転	平成17年11月5日 第12345号	原因 平成17年11月5日売買 所有者 [redacted]市[redacted]区[redacted]町一丁目[redacted]番[redacted]号 山田花子

権利部（乙区） （所有権以外の権利に関する事項）

順位番号	登記の目的	受付年月日・受付番号	権利者その他の事項
1	抵当権設定	平成17年11月5日 第12346号	原因 平成17年11月5日金銭消費貸借同日設定 債権額 金1390万円 利息 年3・00% ただし、平成20年11月14日から年4・00%（ただし、月割計算。月未満の期間は年356日日割計算） 損害金 年14・5%（年365日日割計算） 債務者 [redacted]市[redacted]区[redacted]町一丁目[redacted]番[redacted]号 山田花子 抵当権者 [redacted]県[redacted]市[redacted]区[redacted]丁目[redacted]番[redacted]号 [redacted]銀行株式会社 共同担保 目録（は）第9905号

共同担保目録

記号及び番号	（は）第9905号	調整	平成22年2月12日
記号	担保の目的である権利の表示	順位番号	予備
1	[redacted]市[redacted]区[redacted]町一丁目 5番地 家屋番号 5番の建物	1	余白
2	[redacted]市[redacted]区[redacted]町一丁目 5番の土地	1	余白

これは登記記録に記録されている事項の全部を証明した書面である。
（[redacted]法務局管轄）
平成[redacted]年[redacted]月[redacted]日
[redacted]法務局　　登記官　[redacted]　[redacted]法務局登記官[redacted]

＊下線のあるものは抹消事項であることを示す。　　整理番号 D70134 （1／1） 1／1

③「都市計画法」は計画的な街づくりのルール

▼総合的な「街づくりの計画」

重要事項説明書では、不動産の使用収益に関連する様々な法令上の規制が記載されます。

そして、計画的な街づくり（都市計画）の方法を規定し、街づくりを行なう場所（都市計画区域）を指定する法律が**「都市計画法」**です。都市とは、人々が日々生活し、働き、遊ぶ総合的な生活空間です。そこで健康で文化的な都市生活や機能的な都市活動が確保されるように、計画的な施設整備や市街地開発が必要とされる一方で、良好な環境を保ち、乱開発等がなされないように適正な制限のもと、土地の合理的な利用が求められます。

都市計画は、このような趣旨から定められる総合的な「街づくりの計画」であり、都市計画法によって単にプランのみに留まらず、その内容を実現する法的規制力を持った地域のルールとなっています。

▼市街化区域では目的別に「13種類の用途地域」が規定

「都市計画区域」は、行政区画とは無関係に指定することができ、積極的に整備や開発を行なっていく**「市街化区域」**と、当面は開発を抑えていく**「市街化調整区域」**に区分されます。そして、市街化区域の中では目的別に地域地区を区分けして、13種類の「用途地域」を規定しています。その内訳は、住居系用途地域が8地域、商業系用途地域が2地域、工業系用途地域が3地域となっています。住居系用途地域では住宅地にふさわしいもののみを許可し、工業系や商業系用途地域では産業活動に支障があるものは認めない等、地域ごとに建築物を合理的に立地させる狙いがあるのです。

また都市計画区域外でも、実際には多くの建築が行なわれていたり、将来行なわれる可能性がある地域が存在します。都道府県は、放置すれば用途の無秩序な混在や良好な環境の喪失を招き、将来の街づくりに支障が生じる恐れがあると認められる地域を**「準都市計画区域」**に指定することができます。準都市計画区域は、「用途地域」「特別用途地区」「特定用途制限地域」「高度地区」「景観地区」「風致地区」「緑地保全地域」、および「伝統的建造物群保存地区」に限って定めることができます。

都市計画法の内容

- **都市計画区域**
  - **市街化区域**：優先的かつ計画的に市街化を図る区域 ― 用途地域を定める
  - **市街化調整区域**：市街化を抑制する区域 ― 原則、用途地域を定めない
- **非線引き都市計画区域** ― 用途地域、特定用途制限地域、用途設定のない区域
- **準都市計画区域** ― 用途地域、用途指定のない区域

「用途地域」… 用途の混在を防ぐことを目的に都市計画法の地区計画のひとつとして、住居系：8種類、商業系：2種類、工業系：3種類、合計：13種類の地域を定めている

①第一種低層住居専用地域
②第二種低層住居専用地域
③第一種中高層住居専用地域
④第二種中高層住居専用地域
⑤第一種住居地域
⑥第二種住居地域
⑦準住居地域
⑧田園住居地域

⑨近隣商業地域
⑩商業地域

⑪準工業地域
⑫工業地域
⑬工業専用地域

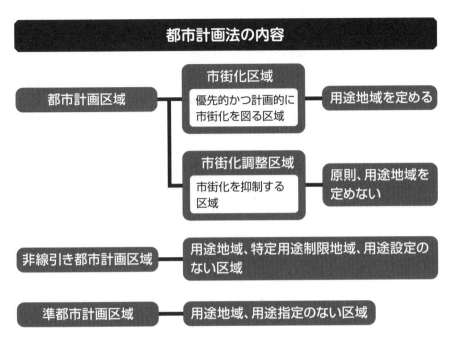

④「建築基準法」は不動産の将来価値を読み解く指標

▼「5つの高さ制限」によって周囲との調和が図られる

建築物を建てる場合、日照や通風、災害時の消防活動への配慮等、公共的な見地が不可欠です。建築基準法では、5つの「建築物の高さ制限」が規定されています。

第一は**「絶対高さの制限」**で、低層住居専用地域（第一種、第二種）及び田園住居地内の建築物の高さは、10mまたは12mのうち、都市計画で定める高さを超えて建築できません。これは、居住環境保護が強く求められる低層住居専用地域と田園住居地域のみに適用されます。

第二は**「道路斜線制限」**で、前面道路の反対側の境界線から建築物の敷地上空に向かって引いた一定の斜線勾配内に建築物を建てなければなりません。道路側の上部空間の確保が目的で、全用途地域内、用途地域指定がない都市計画区域内、準都市計画区域内で適用されます。

第三は**「隣地斜線制限」**で、高さ31mまたは20mを超える建築物が対象となります。道路側だけでなく、隣地との関係でも通風や採光等のために上方空間を確保する必要があります。ただし、低層住居専用地域（第一種、第二種）及び田園住居地域に限っては、この制限は適用されません。

第四は**「北側斜線制限」**で、建築物の北側にある隣地の日照や採光、通風等の確保を目的として、道路斜線制限や隣地斜線制限よりもさらに厳しい制限です。低層住居専用地域（第一種、第二種）田園住居地域及び中高層住居専用地域（第一種、第二種）のみで適用されます。

第五は**「日影規制」**で、住宅地の中高層建築物が周囲の敷地に落とす日影を一定時間以内に制限し、直接的に日照を確保することを目的としています。対象地域や建築物の高さや階数、日影時間の見方や適用条件等、詳細に規定されて広く適用されています。

▼「建築物の用途制限」は不動産の将来価値に影響する

建築基準法別表第二では、建築物の用途制限（「建てられる用途、建てられない用途」の区分）を用途地域ごとに定めています。重要事項の説明資料として添付されますが、用途制限の解釈は、行政の見解と食い違うこともあるので、建築指導窓口で直接確認する必要があります。

建築基準法別表第二の建築物用途制限

用途地域内の建築物の用途制限 ○：建てられる用途 ×：建てられない用途 ①②③④▲△■：面積、階数等の制限あり		第一種低層住居専用地域	第二種低層住居専用地域	第一種中高層住居専用地域	第二種中高層住居専用地域	第一種住居地域	第二種住居地域	準住居地域	田園住居地域	近隣商業地域	商業地域	準工業地域	工業地域	工業専用地域	備考
住宅、共同住宅、寄宿舎、下宿、兼用住宅で、非住宅部分の床面積が50平方メートル以下かつ建築物の延べ面積の2分の1未満のもの		○	○	○	○	○	○	○	○	○	○	○	○	×	一部非住宅部分の用途制限あり
店舗	店舗等の床面積が、150平方メートル以下	×	①	②	③	○	○	①	○	○	○	○	○	④	①日用品販売店舗、食堂、喫茶店、理髪店及び建具等のサービス業店舗のみ。2階以下。 ②①に加えて、物品販売店舗、飲食店、損保代理店・銀行の支店、宅地建物取引業等のサービス業用店舗のみ。2階以下 ③2階以下 ④物品販売店舗、飲食店を除く。農産物直売所、農家レストランのみ。2階以下。
	店舗等の床面積が、150平方メートルを超え500平方メートル以下	×	×	②	③	○	○	■	○	○	○	○	○	④	
	店舗等の床面積が、500平方メートルを超え1500平方メートル以下	×	×	×	③	○	○	×	○	○	○	○	○	④	
	店舗等の床面積が、1500平方メートルを超え3000平方メートル以下	×	×	×	×	○	○	×	○	○	○	○	○	④	
	店舗等の床面積が、3000平方メートルを超え1万平方メートル以下	×	×	×	×	×	○	×	○	○	○	○	○	④	
	店舗等の床面積が、1万平方メートルを超えるもの	×	×	×	×	×	×	×	○	○	○	○	×	×	
事務所	事務所等の床面積が、500平方メートルを超え1500平方メートル以下	×	×	×	▲	○	○	×	○	○	○	○	○	○	
	事務所等の床面積が、1500平方メートルを超え3000平方メートル以下	×	×	×	×	○	○	×	○	○	○	○	○	○	
	事務所等の床面積が、3000平方メートルを超えるもの	×	×	×	×	×	○	×	○	○	○	○	○	○	
ホテル、旅館		×	×	×	×	▲	○	○	○	○	○	○	×	×	▲3,000平方メートル以下
遊技施設場、風俗施設	ボーリング場、水泳場、ゴルフ練習場、バッティング練習場等	×	×	×	×	▲	○	○	○	○	○	○	○	×	▲3,000平方メートル以下
	カラオケボックス等	×	×	×	×	×	▲	▲	○	○	○	○	▲	▲	▲10,000平方メートル以下
	麻雀屋、パチンコ屋、勝馬投票券販売所、場外車券場等	×	×	×	×	×	▲	▲	○	○	○	○	▲	×	▲10,000平方メートル以下
	劇場、映画館、演芸場、観覧場、ナイトクラブ等	×	×	×	×	×	×	▲	○	○	○	○	×	×	▲客室200平方メートル未満
	キャバレー、料理店、個室付浴場等	×	×	×	×	×	×	×	×	×	○	▲	×	×	▲個室付浴場を除く
公共施設・学校等	幼稚園、小学校、中学校、高等学校	○	○	○	○	○	○	○	○	○	○	○	×	×	
	神社、寺院、教会等、公衆浴場、診療所、保育所等	○	○	○	○	○	○	○	○	○	○	○	○	○	
	病院、大学、高等専門学校、専修学校等	○	○	○	○	○	○	○	○	○	○	○	×	×	
工場・倉庫等	倉庫業倉庫	×	×	×	×	×	×	○	○	○	○	○	○	○	
	自家用倉庫	×	×	×	①	②	○	○	■	○	○	○	○	○	

※本表は建築基準法別表第二の概要であり、すべての制限について掲載したものではない

⑤「道路法上の道路」と「建築基準法上の道路」とは？

▼「建築基準法上の道路」は基本的には6種類ある

重要事項説明では、道路と敷地の関係について重要な説明がされます。都市計画区域内の敷地では、建築基準法が定める道路に「２ｍ以上」接していなければ建物を建築することはできません。これが、いわゆる**「接道義務」**です。ここで言う道路とは、建築基準法上の道路を指します。建築基準法上の道路は、基本的には６種類あります。

①**道路法上の道路**……幅員４ｍ以上、道路法による路線の指定または認定を受けたもの

②**開発道路**……幅員４ｍ以上、都市計画法等による道路

③**既存道路**……幅員４ｍ以上、建築基準法施行時に現存する道路で、現に一般交通の用に供しているもの

④**計画道路**……幅員４ｍ以上、都市計画法等で２年以内に事業が行なわれるものとして特定行政庁が指定したもの

⑤**位置指定道路**……特定行政庁から位置の指定を受けた４ｍ以上の私道

⑥**みなし道路（2項道路）**……建築基準法施行の際、すでに建築物が建ち並んでいた幅員４ｍ未満の道路で特定行政庁が指定したもの

※「幅員４ｍ以上」は、特定行政庁による指定区域内では「６ｍ以上」と置き換える。

▼「道路法上の道路」と「建築基準法上の道路」

ここで注意すべきは、道路法上の道路と建築基準法上の道路は「必ずしも同一ではない」ということです。現況が道路で、登記上は所有者が市町村、地目が公衆用道路であっても、建築基準法上の道路ではない場合があります。そうなると、建築物を建築することはできません。登記記録だけで判断せず、市役所等で直接確認する必要がありますが、その際にも注意点があります。それは、**「建築確認申請の担当課」で建築が可能な道路であるかの確認をする**ということです。「道路のことは道路課」と考えがちですが、道路管理の担当課では道路法上の回答をします。道路法上は問題がないと回答されても、決して建築基準法上で問題がないということではないのです。

6種類の「建築基準法上の道路」

法令種別	一般呼称の種別	L（幅員）		内容 ※（ ）内の数値は6m指定区域内での値
		6m区域外	6m区域内	
1項1号	道路法上の道路 （1号道路）	4m≦L	4m≦L	道路法による道路 例）国道、都道府県道、市町村道、（認定道路）
1項2号	開発道路 （2号道路）			都市計画法、土地区画整理法、都市再開発法等による道路 例）都市計画事業、土地区画整理事業等により築造されるもの
1項3号	既存道路			建築基準法施行時にすでに存在した道路 例）幅員4m（6m）以上のもので、現に一般交通の用に供しているもの
1項4号	計画道路			都市計画法、土地区画整理法、都市再開発法等で2年以内に事業が行なわれるものとして特定行政庁が指定したもの
1項5号	位置指定道路			特定行政庁が位置指定をした4m（6m）以上の私道 例）宅地造成と併行して造られた私道 ※各特定行政庁ごとに指定基準がある
2項	みなし道路 （2項道路）	L＜4m	L＜4m （L＜6m）	建築基準法施行の際、すでに建築物が建ち並んでいた幅員4m（6m）未満の道路で、特定行政庁が指定したもの ※その中心線から2m（3m）の線を道路境界線とみなす。ただし、片側が崖地等の場合は崖地から4m（6m）

役　所

- 「建築確認申請」の受付担当課 ← 確認事項
  - 建築基準法上の道路か否か？
  - 道路位置指定図面の申請
  - 建築確認申請に関すること等
- 「道路管理」の担当課 ←
  - 道路の名称
  - 道路台帳の現況幅員
  - 道路境界査定の実施の有無

⑥トラブル回避のために「私道」の正しい意味を知る

▼「私道の負担に関する事項」には注意する

私道とは、個人や企業が所有する土地の一部を、外形上道路として使用している「私有地」を言います。重要事項説明書の**「私道の負担に関する事項」**では、売買の対象となる土地の一部に私道が含まれている場合、負担の有無や面積、共有持分や負担金がある場合はその内容が記載されます。建築基準法で認める道路でない限り、土地の所有者は私道を築造して利用したり、または廃止したり、私道部分の権利移転や賃貸も自由です。一方で、維持管理の負担が発生したり、自分の敷地の一部でありながら建蔽率や容積率の対象からは除外されます。

私道の所有形態としては、一筆の土地である私道を、①特定の者（地主、開発業者等）が単独で所有している場合、②私道に面した敷地の所有者全員で共有している場合、一筆の土地でなく、③私道負担の部分がきっちり分筆されて各敷地の所有者が所有する場合、があります。

▼「位置指定道路」を正しく理解する

私道の代表的なものに「位置指定道路」があります。

位置指定道路とは、建築基準法第42条1項5号に規定された建築基準法上の道路で、一定の技術的基準に適合することを要件として、特定行政庁から「その位置の指定」を受けた道路のことです。自治体により多少異なりますが、位置指定道路の指定を受けるには、次の条件を満たす必要があります。

◆幅が4m以上であり、原則として隅切りを両側に設けること。◆道路形態や道路境界が明確であり、排水設備が設けられていること。◆原則、通り抜け道路であること。行き止まり道路の場合は長さが35m以下であること。

◆申請には必要書類の他、道路関係権利者の承諾（印鑑証明、全部事項証明書）が必要。

まれに、一定の技術的基準を満たした位置指定道路が、市に移管されて公道になることもありますが、多くの場合は私道として、私道に接する敷地所有者全員の共有（敷地面積割合による持分等）となります。この共有の経緯を巡り、過去に遺恨を残している場合は、後に近隣トラブルが降りかかる可能性があります。

「私道」について知っておきたいこと

私道負担の3つのケース

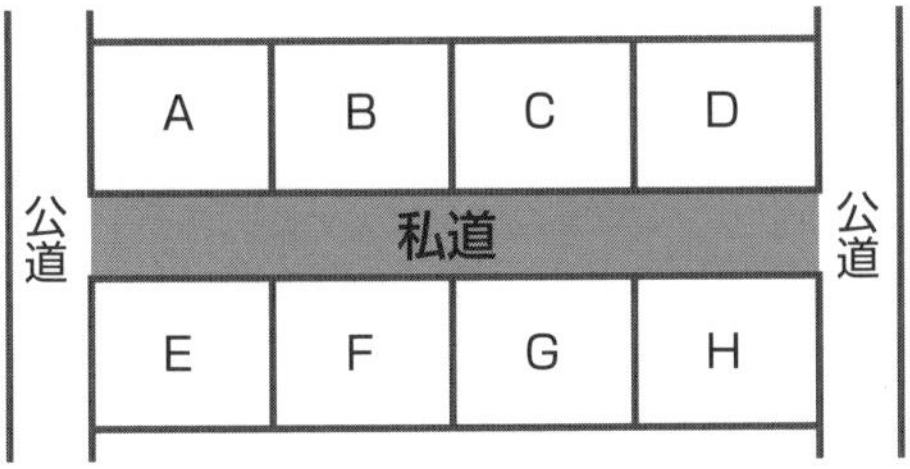

一筆の土地である私道を、

①特定の者（地主、開発業者等）が単独で所有している場合

②私道に面した敷地の所有者全員で共有している場合

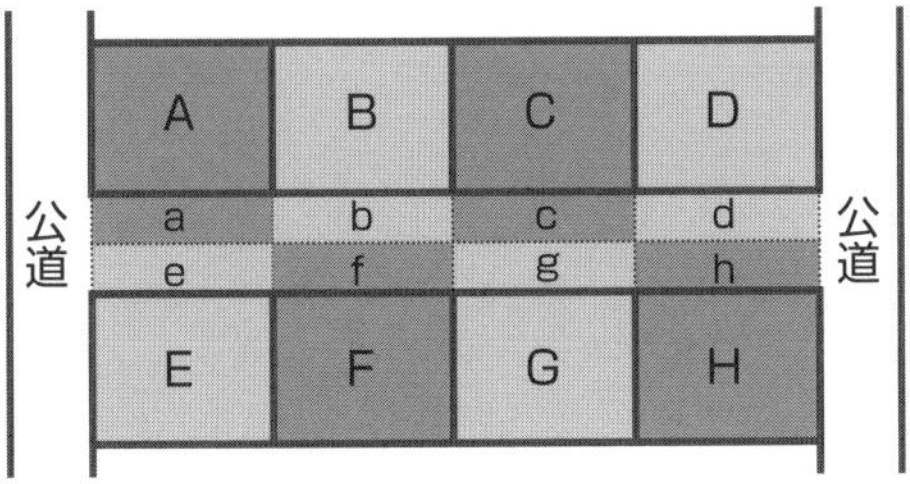

③私道負担の部分がきっちり分筆されて各敷地の所有者が所有する場合

位置指定道路とは？

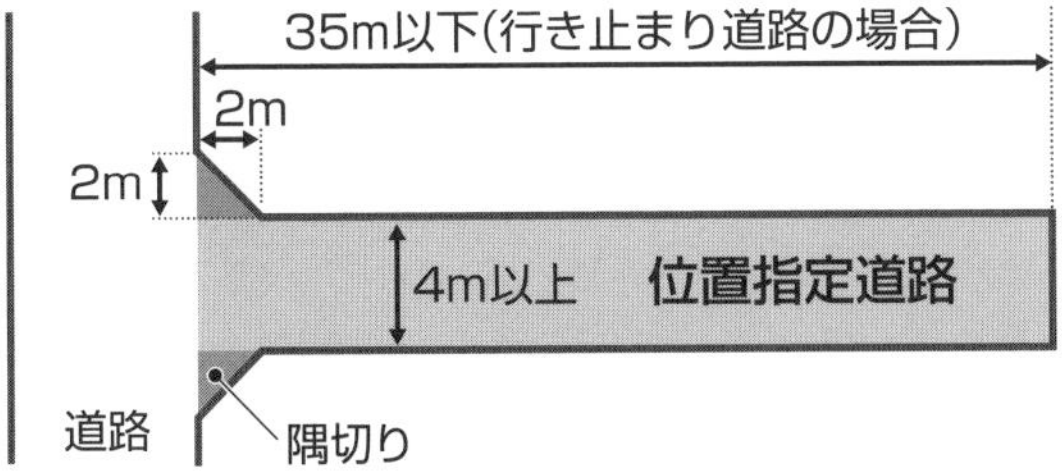

位置指定道路の指定条件

- 幅が４m以上であり、原則として隅切りを両側に設けること
- 道路形態や道路境界が明確であり、排水設備が設けられていること
- 原則、通り抜け道路であること。行き止まり道路の場合は長さが35m以下であること
- 申請には必要書類の他、道路関係権利者の承諾（印鑑証明、全部事項証明書＝登記簿謄本）が必要

⑦「容認事項」から周辺環境の将来変化を想像する

▼「容認事項」を正しく理解する

不動産取引を巡る紛争のほとんどは、「そんなことは聞いていなかった」ということから発生します。「聞いていない」には、「忘れた」「理解できなかった」も含みますが、このような紛争を防止するために、不動産取引では重要事項説明書を交付の上で説明し、説明を聞いた証として取引の当事者が記名押印をします。

重要事項説明書は、「不動産トリセツ」としての役割もあるので、登記記録の内容や法令上の制限内容等が中心になりますが、その他にも「容認事項」という記載があります。**容認事項**とは、不動産取引により所有者の地位を引き継ぐことで生じる権利義務や、受け入れるべき地域や他人との関わりについて、「承諾の上で買い受ける」とする意味です。

たとえば、相隣関係に関する隣人や町会との約束事、不動産本体や付帯設備に関して将来発生する費用負担等、不動産の現状を維持するために必要となる内容が引き継がれますが、容認事項の中でも紛争にまで発展しやすいのが**「周辺環境の変化」**に関する事項です。

▼「周辺環境の将来変化」をイメージする

周辺環境の変化は、「日照、眺望、通風等」に影響を与えます。快適な日照や眺望が気に入って購入を決めたものの、その後、隣接する駐車場に高層マンションが建設されて、日照や眺望が失われたというような場合です。あわてて契約書類を引っ張り出して読み返してみると、容認事項には「売買物件周辺の状況及び日影等の周辺環境並びに交通の利便等は、契約までに現地にて十分確認し承諾すること。将来、売買物件周辺に合法的な建物及び工作物等が建築や増改築されることで売買物件の周辺環境が変化する可能性があること」と記載されています。

契約時にマンション建設計画が決まっていて、売主や仲介会社がそれを知っていながら告げなかった場合以外は、何の落ち度もありません。その場所に住む以上は、周辺に合法的な建築物が建つことはお互い様だからです。周辺環境は入念に現地を確認して、空地や駐車場がある場合は、想像力を働かせて考える必要があります。

周辺環境の将来変化をイメージする

容認事項とは？

- 不動産を購入する上で買主が承諾し、引き継ぐべき事項
- 不動産の個別要因や売却条件に関連する内容が多い

北側接道の場合

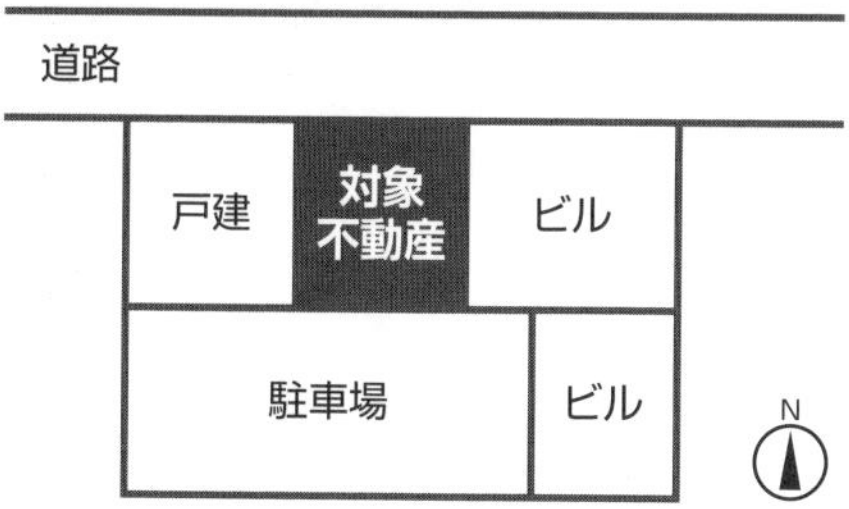

- 接道方向が北側で、東西、南側の三方が囲まれている場合、戸建、駐車場に同程度の建築物が建築されれば、三方からの日照・眺望・通風に影響がある

南側接道の場合

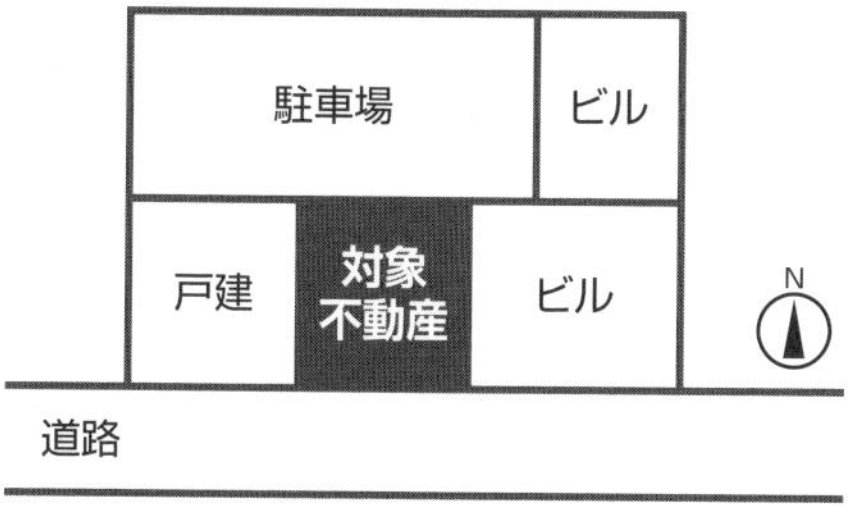

- 接道方向が南側の場合、道路を隔てた南側にビルがあっても、前面道路の幅員分だけ空間が確保できている
- 道路を隔てた南側が公園等であれば、環境変化の可能性は低い

南西角地の場合

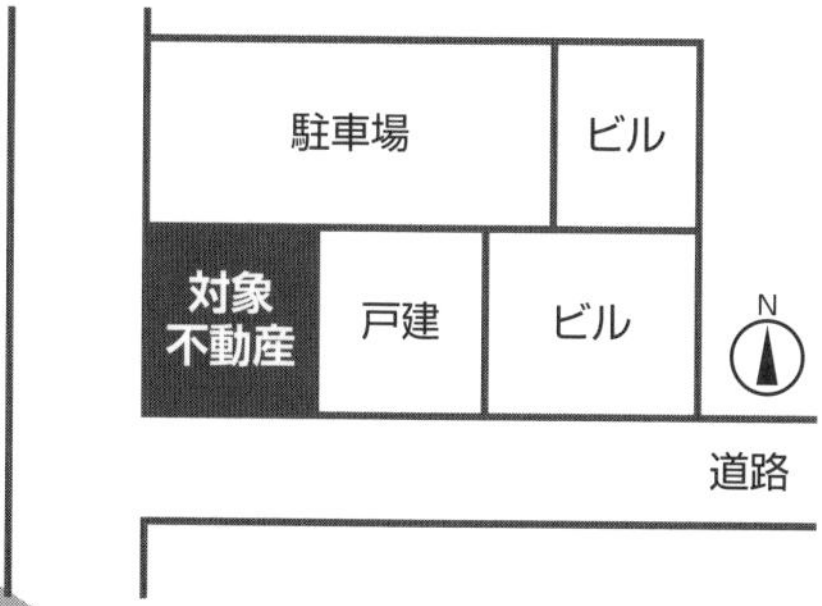

- 接道方向が南西側の角地の場合、南側、西側の前面道路の幅員分だけ空間が確保できている
- 道路を隔てた南側・西側が公園等であれば、環境変化の可能性は低い

⑧「建築協定」は見落としてはいけない街の顔

▼建築基準法を「強化・詳細化」したものが建築協定

建築協定とは、建築における最低基準を定める建築基準法では満たせない地域の要求に対応するもので、建築基準法第69条にその目的が規定されています。すなわち、より良好な生活環境を確保するためには一般的な最低基準に加えて、建築物に関する制限を必要に応じて強化したり詳細化する必要があることから、建築物の「敷地、位置、構造、用途、形態、意匠、建築設備」に関する基準、目的となる土地の区域、有効期間、違反があった場合の措置について協定を締結し、これを特定行政庁が認可するものです。新たな土地所有者等も協定の内容に拘束されます（これを「第三者効」と言う）。

建築協定には、大きく分けて「合意協定」と「一人（いちにん）協定」があります。**合意協定**は、土地の所有者等が合意して締結する協定で、既存の宅地が存在する区域で設定されます。**一人協定**は、土地所有者が一人の場合で、たとえば不動産開発業者が分譲後の住環境を維持するために設定するものです。「〇〇タウン」等の開発分譲によって新しく造られた街で、景観が統一されて綺麗な町並みが実現しているのも一人協定によるものです。

▼建築協定は知らなかったではすまされない！

建築協定は全国的に存在します。たとえば京都市ではマンション問題を契機に地域を考える会を設立後、居住環境を担保するツールとして建築協定を設定し、行政と協力しながら、「5階以下の低中層の街並み方針」を実現しています。また横浜市では、用途地域の一斉見直しを契機に地域住民の居住環境に対する意識が高まり、建築協定を地区計画に移行し、別に「街づくり協議指針」を策定してきめ細かい街づくりを行なっています。

こうした区域内に新しく引っ越してくる人が、建築協定の存在や内容を知らずに取引をすると、トラブルの原因になります。購入した土地の上に、好きなように建物を建築して住みたいと考える人も多いからです。重要事項説明では、建築協定が存在する場合には説明を受けますが、建築協定の内容には拘束力があることから、見落としてはいけない「もうひとつの街の顔」と言えます。

建築協定の活用例

地区名称 市町村名	主な特徴 （ポイント）	面積 区画数	主な 土地利用	建築協定 の型	用途 地域	協定の 更新
諏訪野地区 福島県伊達市	敷地ごとに異なる壁面位置や駐車場、物置、門柱の設置位置を定め厳しく運用	約8.1ha 288区画	住	一人型 ↓ 合意型	1低専	○
布佐平和台第一～第四住宅地区 千葉県我孫子市	大規模戸建住宅団地で自治体と一体となった運営委員会が建築確認申請前に事前審査を実施	約26.8ha 1,395区画	住	一人型 ↓ 合意型	1低専	○
神戸北町大原2丁目/シンパシー神戸北町地区 神戸市北区	隣接工区の開発事業者に働きかけを行ない、ほぼ同様の内容の協定を締結	約3.4ha 156区画 約1.7ha 94区画	住	一人型	1低専	―
南舞岡一丁目・二丁目住宅地区 横浜市戸塚区	建築協定隣接地所有者へ協定加入の勧誘活動を積極的に実施	約11.3ha 534区画	住	一人型 ↓ 合意型	1低専	○
コモンシティ星田HUL－1地区 大阪府交野《かたの》市	開発業者が積極的に関与しながら協定運営を住民組織へ円滑に移行。協定更新に取り組む	約4.6ha 166区画	住	一人型	1低専	―
姉小路界隈地区 京都市中京区	マンション問題解決を契機として歴史的な職住共存環境の保全方策として建築協定を活用	約1.4ha 83区画	住商	合意型	商業	―
大浜地区 福岡市博多区	狭あい道路沿いにゆとりある道路空間を確保するために建築協定を活用。建替助成制度も併用	約1.7ha 48区画	住商	合意型	商業	―
大曽根街づくり地区 名古屋市北区	商店街における街並みの連続性を確保するために建築協定を活用	約1.6ha 91区画	商	合意型	商業	○

⑨ライフラインは「埋設管」の位置と口径に注意

▼ライフラインのしくみと用語を理解する

重要事項説明書では、**「飲用水・ガス・電気の供給施設及び排水施設の整備状況」**という記載欄があります。この欄では、取引対象となる不動産のライフラインについて、取引時点の整備状況がわかります。**「水道管」**は、水道水を供給する配管で、本管を配水管と言い、本管から引き込む枝管を給水管と言います。**「下水道管」**は、雨水や汚水を地下水路等に集め、公共用水域へ排出するための配管で、地域によって処理方法が「分流式」と「合流式」に分かれます。分流式は、汚水と雨水を別の水路で集め浄化処理して放流する方式、合流式は、汚水と雨水を同じ水路で集め浄化処理して放流する方式です。

「ガス管」は、都市ガスを供給する目的で敷設された配管で、配管名称が次のように細分化されています。

本管……道路と平行に埋設されているガス管で、一般に口径１００ミリ以上のもの。**支管**……道路と平行に埋設されているガス管のうち、一般に口径80ミリ以下のもの。**供給管**……本支管から分岐して各敷地に引き込まれる配管。**内管**……使用者の敷地境界線からガス栓まで。

▼外形から見えない「埋設管」の詳細は必ずチェック

重要事項説明書を読み解く上で、留意点は２つあります。ひとつ目は、本管（引込管）の位置です。上下水道やガスの埋設管は、本管が道路内に埋設されていますが、農地や駐車場など建物の敷地として利用されていない土地では、敷地の前面道路まで本管が届いていない場合があります。また、既存建物がある敷地でも南北の二方道路等の場合は、敷地の南側には本管が届いていても、北側には届いていないこともあります。また、本管から引き込んだ枝管が他人の敷地内を通っている場合は、トラブルに発展する可能性があります。

２つ目は、埋設管の口径です。配管には口径があり、その太さによって供給量はおのずと決まってくるため、新たに建物を建て替えたりすることで使用量が大幅に増加する場合は、既存の本管からの引込みができず、大掛かりな配管工事が必要となり、結果として整備負担金や手数料等が必要になることもあります。

下水道とガスの埋設管

＜分流式下水道＞

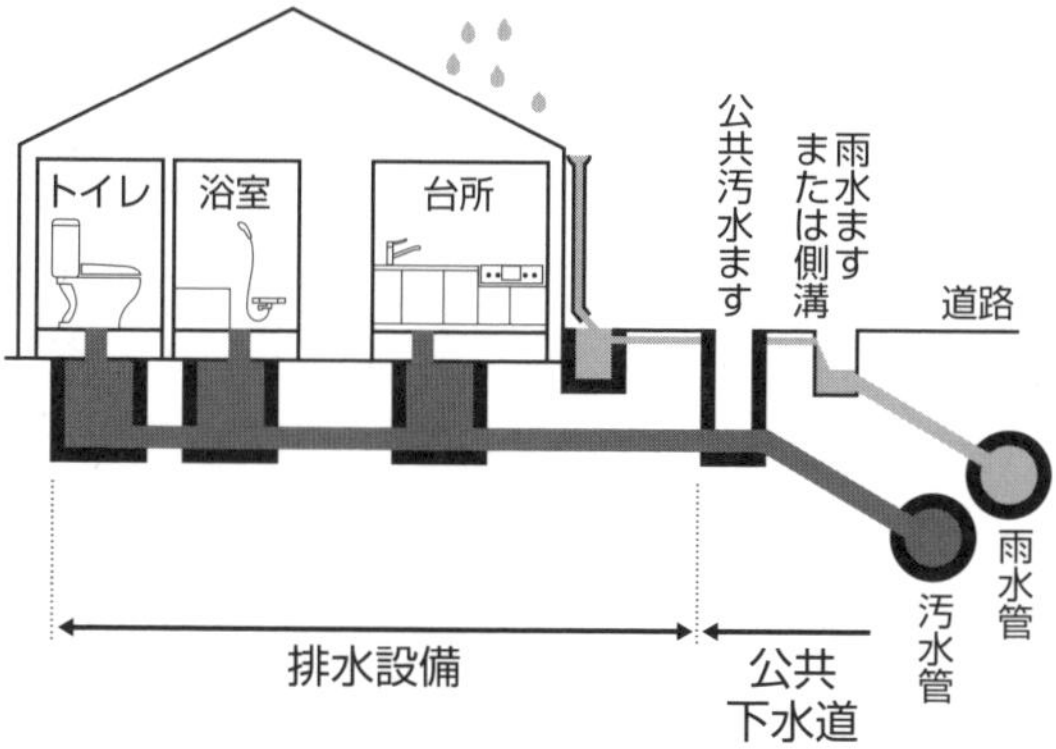

＜合流式下水道＞

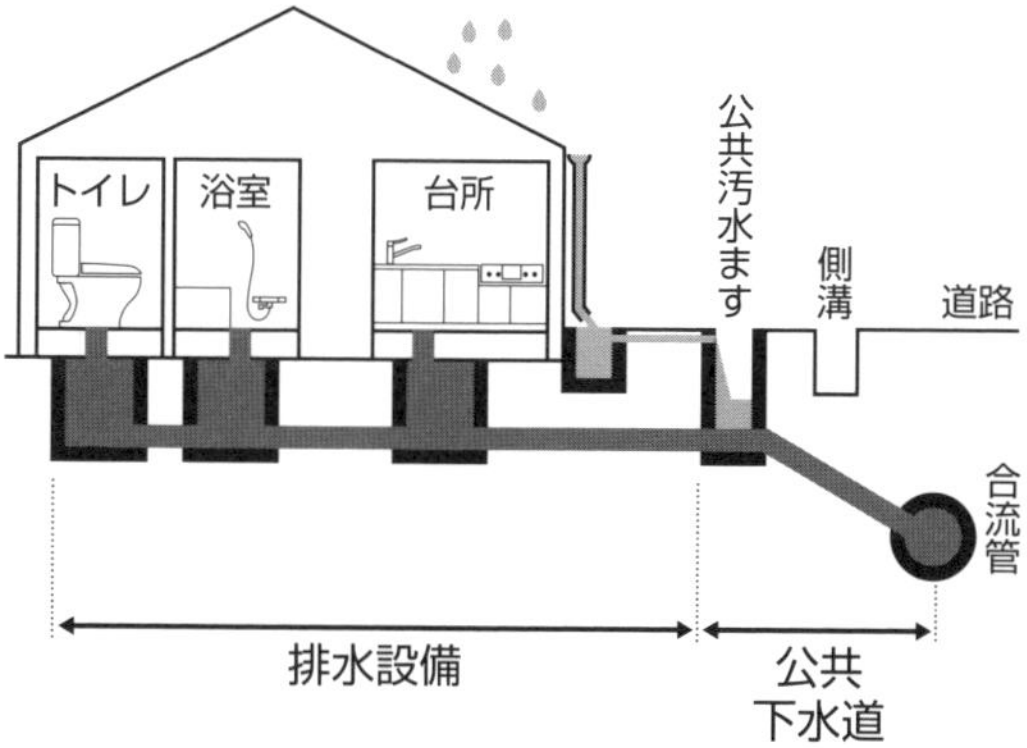

＜ガス埋設管＞

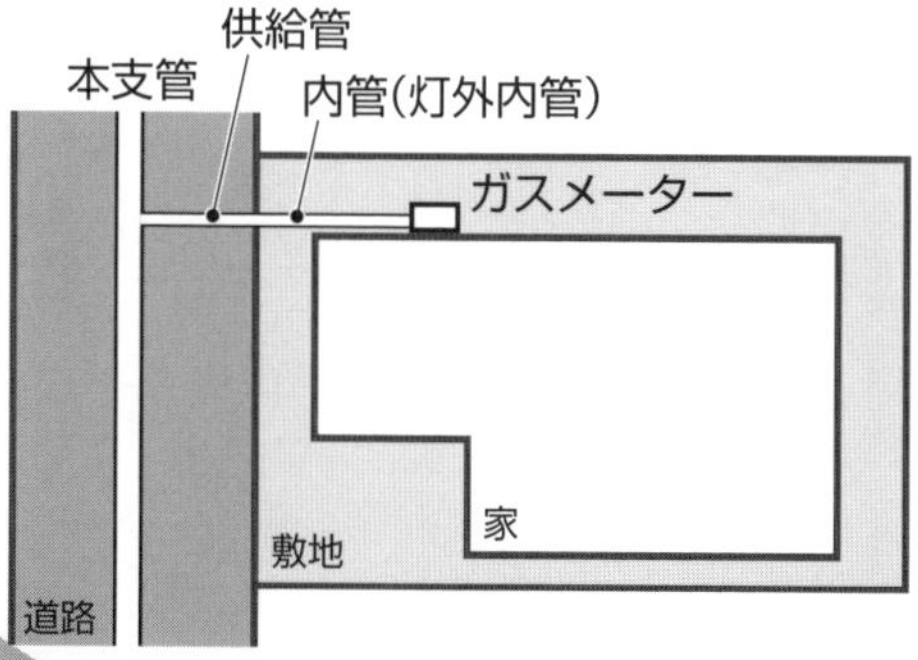

埋設管の位置

前面道路内の本管が
敷地内にどのように
引き込まれているか？

埋設管の口径

口径による容量が
不足する場合、
配管取替工事が
必要になる

⑩「土壌汚染・石綿使用・建物耐震診断」の有無を確認

▼「新法制定・法改正・社会問題化」による調査義務

土壌汚染対策法（２００２年5月制定）では、①有害物質を取り扱っていた工場（有害物質使用特定施設）を廃止する場合、②３０００㎡以上の土地の形質変更で土壌汚染の恐れがあると都道府県知事が認める場合、③工場跡地等で土壌汚染による健康被害が生ずる恐れがあると都道府県知事が認める場合には、土地の所有者が土壌汚染の状況を調査することが義務づけられています。

また土壌汚染対策法より一層強化された各都道府県条例に抵触する場合も、土壌汚染調査が義務づけられますが、（社）土壌環境センターの調べでは、法律条例に基づく義務調査は約15％で、85％が自主調査となっています。

不動産取引では、売主が土地売買の際に買主の不安を払拭して適正な価格で売却できるように、「身の潔白」を証明する手段として自主調査を行なうことがあります。

石綿（アスベスト）は、悪性中皮腫等の人体に甚大な健康被害をもたらす物質ですが、アスベスト製品がほぼ全廃された現在でも、吹付アスベストやアスベスト含有断熱材等が用いられた建築物で、解体時や劣化によるアスベスト飛散が問題となります。

建物耐震診断は、建築物の構造的強度を調査し、耐震性を診断するものですが、建築基準法改正により「新耐震基準」が施行された１９８１年（昭和56年）６月１日以降と「旧耐震基準」が適用されていた5月31日以前を境として、旧耐震基準により建築確認を受けた建築物は、重要事項説明書で耐震診断の有無が説明されます。

▼「コスト負担をどちらがするか」で取引価格が決まる

「土壌汚染・石綿使用・建物耐震診断」の有無は、不動産取引ではシンプルに取引価格に連動します。つまり、調査から対策までの費用を買主が負担するのであれば、試算した金額を取引価格から差し引くことで調整ができます。しかし、対策や診断が未了であったり不十分であるにもかかわらず、不実告知や誤認があった場合には、トラブルになる可能性があります。売主と買主のいずれにとっても、「土壌汚染・石綿使用・建物耐震診断」の有無は将来のコスト負担となるのです。

「土壌汚染・石綿使用・建物耐震診断」は将来のコスト負担に直結する！

土壌汚染対策

土壌汚染対策法

①有害物質を取り扱っていた工場（有害物質使用特定施設）を廃止する場合
②3000㎡以上の土地の形質変更で土壌汚染の恐れがあると都道府県知事が認める場合
③工場跡地等で土壌汚染による健康被害が生ずる恐れがあると都道府県知事が認める場合
④土壌汚染対策法より一層強化された各都道府県の条例に抵触する場合

↓

法律条例に基づく義務調査「約15%」
自主調査「約85%」

※（社）土壌環境センター調べ

石綿（アスベスト）使用

アスベストを含んだ資材が用いられた建物の解体時や劣化による、「アスベスト飛散」防止の費用負担が大きくなる

建物耐震診断の有無

新耐震基準
原則、1981年（昭和56年）6月1日以降に建築確認を受けた建物

旧耐震基準→耐震診断有無の説明の必要あり
原則、1981年（昭和56年）5月31日以前に建築確認を受けた建物

COLUMN 5

役所の担当者は「聞いたことだけ」に回答してくれる？

●紛争回避のための「自力調査」のすすめ

重要事項説明書には、法務局や市役所等で調査すればわかることが多く含まれます。不動産取引では、国家資格者である宅地建物取引士によって重要事項説明書の説明が行なわれますが、紛争原因の第1位が「重要事項の不告知・不実告知」であるように、紛争まで発展するか否かは、担当した宅建取引士の能力によるところが大きいと言えます。

しかし、担当の宅建取引士に頼り過ぎることなく、不動産取引をする当事者自身が不動産に関する理解を深めれば、不要な紛争は避けることができます。

契約締結の前に、重要事項説明書と不動産売買契約書の「案」を取り寄せ、記載内容をチェックし、不明な点があれば市役所等に問い合わせをしてみることも、紛争回避の防御策のひとつになります。「わざわざ、そんな時間を取らなくても……」と思うかもしれませんが、契約後に紛争に発展してしまうと、比較にならないほど時間を浪費することになります。

●聞いたことには何でも答えてくれるが……

市役所等に問合せをする際に、注意すべきことがあります。それは、役所等の担当者は、「聞いたことには何でも答えてくれる」ということ。逆に言えば、「聞かないことには何も答えてくれない」ということです。

縦割り行政であるとか、いちいち聞かれてもいないことまで答えていたら時間が足りないなど、理由はいろいろ考えられますが、いずれにしても質問する側にも準備が必要です。まず、「何を知りたいか」を明確にしておくこと。何を知りたいかが不明なときは、「これを実現するためには何が必要か？　どうすればいいか？」と質問すると話が発展していきます。

また、無愛想で感じが悪い職員もいますが、真面目で一所懸命に答えてくれる職員も多くいます。まずは気軽に相談する感覚で、問い合わせてみるのがいいかもしれません。

6章

トラブル防止の視点で見る！
「不動産売買契約書」の最重要ポイント

①不動産取引は「双務契約・有償契約」となる

②土地取引に絡んでくる「公簿取引」と「実測取引」とは？

③「停止条件付契約」と「解除条件付契約」とは？

④不動産取引での「手付金」と「保全措置」とは？

⑤債務不履行での「損害賠償額の予定・違約金」とは？

⑥「融資利用の特約」を付ける場合、付けない場合

⑦不動産取引における「現状有姿取引」とは？

⑧「契約不適合責任」は不動産関連法規の制約を受ける

⑨天災地変を想定した「危険負担」の取扱いとは？

⑩収益不動産の取引に伴う「返還債務」の取扱い

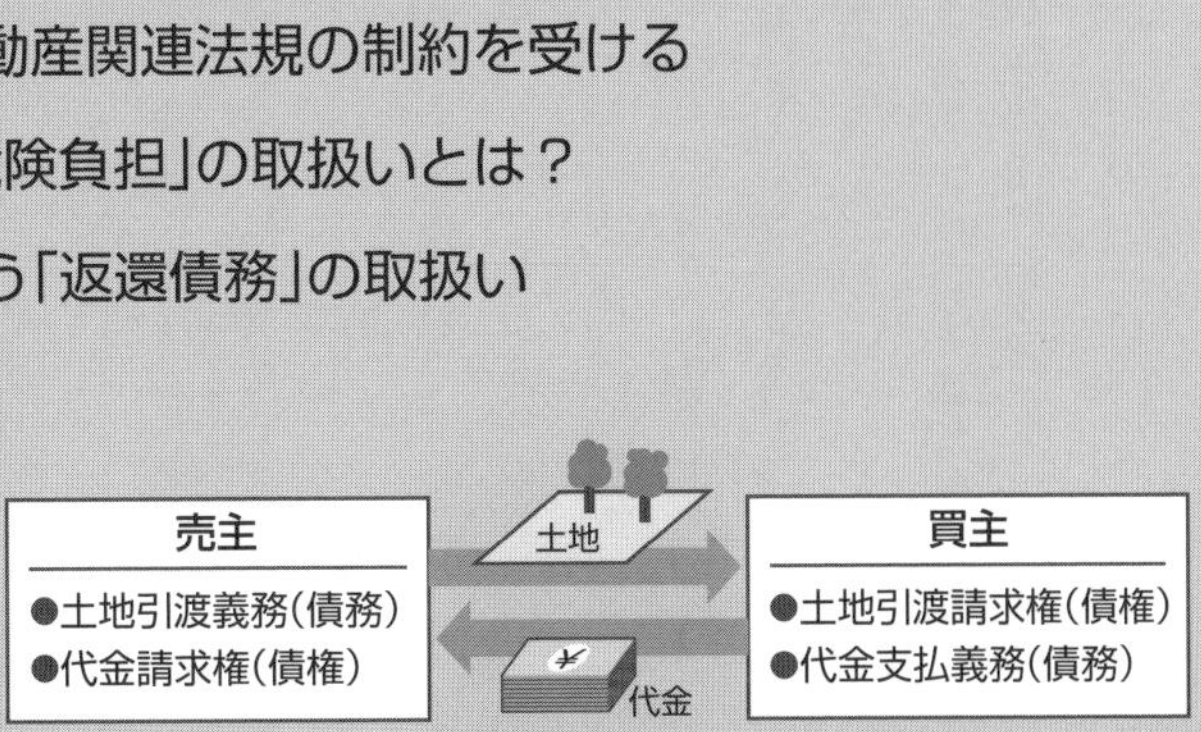

①不動産取引は「双務契約・有償契約」となる

▼「双務契約」はすべて「有償契約」となる!

「双務契約」とは、契約の当事者が互いに対価的な債務を負担する契約のことを言います。つまり、双方が義務を負担するということで、民法の典型契約では「売買契約」「賃貸借契約」「交換契約」「請負契約」等がこれに該当します。**「有償契約」**とは、当事者双方が互いに対価的意義を有する給付をする契約のことを言うので、双務契約はすべて有償契約となります。

不動産取引では、売主と買主は互いに相手方に対して債権を持ち、また債務を負っています。売主は、買主に対して売買代金請求権（債権）を持つ一方で、不動産引渡義務および登記移転義務（債務）を負っています。買主も売主に対して不動産引渡請求権（債権）を持つ一方で、売買代金支払義務（債務）を負っていて、お互いの債務は特約がない限り、**「同時履行の関係」**にあります。

▼「同時履行の抗弁権」と「履行の提供」とは?

「売主が負う義務」と「買主が負う義務」は、対価の関係にあるので、両者は契約の履行においても特約がない限り、対等の立場に立つと考えられます。

このように、当事者が互いに対価の関係にある法律上の義務を負う契約（双務契約）では、当事者双方に「同時履行の抗弁権」が認められています。**同時履行の抗弁権**とは、相手方から請求があっても、相手方が自己の義務を棚上げにして履行準備を整えていなければ、それを理由として請求に応じないという抗弁を行なう権利を言います。つまり不動産取引のような双務契約では、相手方の義務の履行を請求するためには、まず自己の義務の履行準備を整えて、相手方がいつでもそれを受け取れる状態にする（**「履行の提供」**と言う）必要があります。順序としては、履行の提供によって相手方の抗弁権を消滅させた後に請求権を行使することになり、相手方の債務不履行を理由として契約を解除しようとするには、まず**自己の義務の履行を提供する**必要があるということです。

これらの制度は、相手方の義務の履行を確保したり、相手方の債務不履行による不測の損害を受けることを避ける上で、重要な役割を果たします。

不動産取引の「双務契約・有償契約」とは？

双務契約

- 契約の当事者が互いに対価的な債務を負担する契約のことを言う
- 双務契約はすべて「有償契約」となる

↕

片務契約

- 契約の当事者の一方だけが債務を負担する契約のことを言う。片務契約には「有償契約」と「無償契約」があり、「無償契約」はすべて片務契約となる

同時履行の抗弁権

※土地売買の場合

- 売主と買主の両者は対価の関係にあり、契約の履行においても特約がない限り、対等の立場に立つ
- 相手方から自己の義務の履行準備を整えずに債務履行の請求があっても、それを理由として請求に応じないことができる

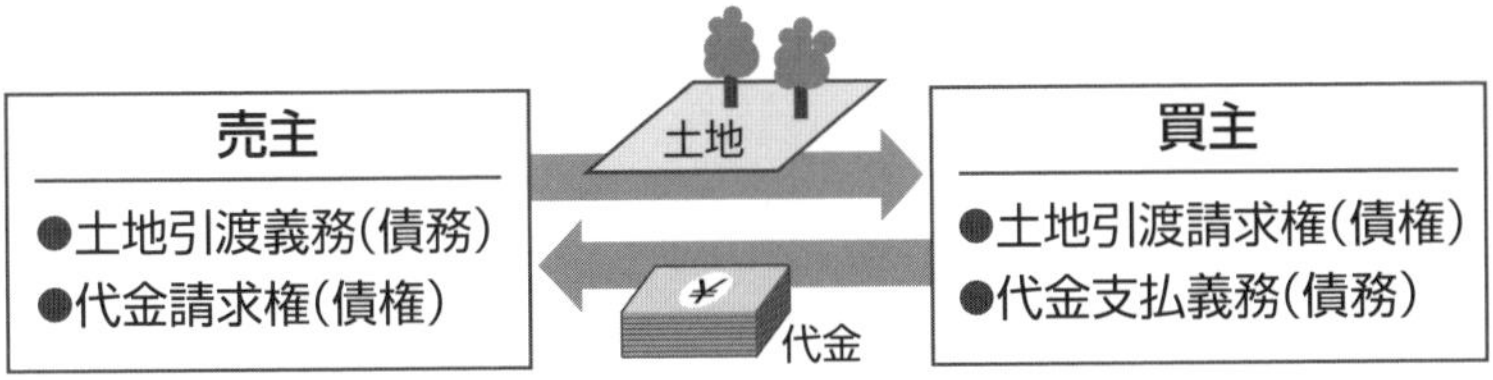

履行の提供

- 自己の義務の履行準備を整えて、相手方がいつでもそれを受け取れる状態にすること

②土地取引に絡んでくる「公簿取引」と「実測取引」とは？

▼一般的に「公簿取引」は多く行なわれているが……

「公簿取引」とは、全部事項証明書（土地）に記載されている面積（公簿面積）を土地面積として取引する方法です。一方、**「実測取引」**とは、専門家である土地家屋調査士に依頼して土地の実測面積を計測してもらい、登記面積と差異があった場合は、登記面積を実測面積に修正して（**「地積更正」**と言う）取引する方法です。

土地の測量には測量費用が発生するため、一般的に公簿取引が多く行なわれていますが、買主が土地を取得後に測量すると、公簿面積より実測面積が小さかったことで紛争に発展することも少なくありません。

不要な紛争に巻き込まれないためにも、「公簿取引と実測取引の違い」を理解した上で、不動産売買契約書に記載された内容に関して、正しく確認することが重要です。

▼公簿取引と実測取引で異なる「契約条項」

公簿取引と実測取引では、不動産売買契約書の記載内容も違ってきます。公簿取引では、「本件土地の売買対象面積は公簿面積とするが、公簿面積と実測面積との間に差異が生じたとしても、売主と買主はそれぞれ売買代金の増減の請求その他何らの異議を申し立てないものとする」という条項が記載されます。この条項が売買契約書にあれば、その売買契約は登記記録をもって取引対象不動産を特定し、その範囲を売買対象とする公簿取引となります。そして、売買代金額は売買契約締結時に確定しており、後日、差異が判明しても、売買代金の精算の問題は生じないのが原則です。

一方、実測取引では、実測面積を基準に売買代金を定めるため、「本件土地の売買対象面積は測量によって得られた面積とするが、測量によって得られた実測面積と登記上の面積に差異が生じたときは、1㎡当たり○○万円を乗じた額を残代金支払時に精算する」という条項が売買契約書に記載されます。ただし、公簿取引として売買契約書上に条項が記載されていても、実測の結果、実測面積と公簿面積を比較して、売買目的物である土地の同一性を失わせるほどに実測面積が少ない場合には、売買契約の効力が問題となる可能性もあります。

「公募取引」と「実測取引」とは？

公簿取引

土地登記簿に記載されている面積を売買対象面積とする取引

実測取引

土地の測量により得られる実測面積を売買対象面積とする取引。公簿面積と差異がある場合は精算する

※土地の測量には測量費用が発生するため、一般的に公簿取引が多く行なわれている

「公簿取引」と「実測取引」では売買契約書の記載条項が異なる

〈契約条項例〉

公簿売買契約書

本件土地の売買対象面積は公簿面積とするが、公簿面積と実測面積との間に差異が生じたとしても、売主と買主はそれぞれ売買代金の増減の請求その他何らの異議を申し立てないものとする

実測売買契約書

本件土地の売買対象面積は測量によって得られた面積とするが、測量によって得られた実測面積と登記上の面積に差異が生じたときは、１㎡当たり○○万円を乗じた額を残代金支払時に精算する

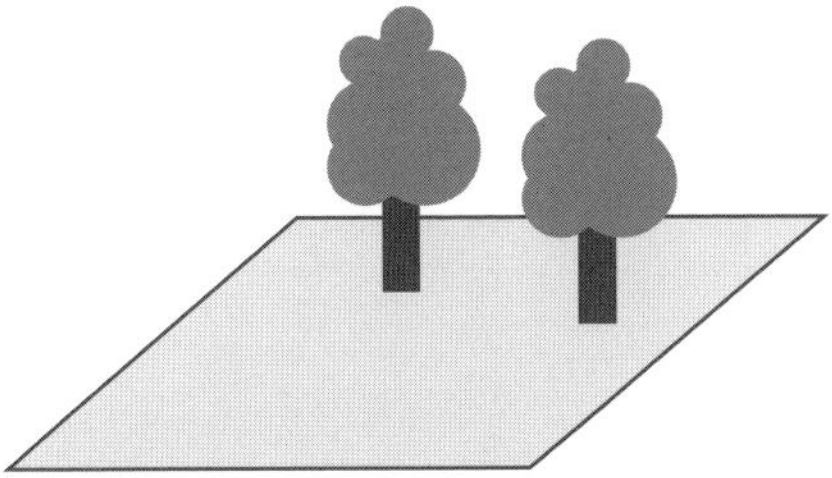

③「停止条件付契約」と「解除条件付契約」とは？

▼「条件付きの契約」とはどんなものか

不動産売買契約には、「停止条件付契約」と「解除条件付契約」というものがあります。これらの契約は「条件付きの契約」と言われるもので、売買契約書に記載された法律行為の効力の「発生」または「消滅」を、将来の不確実な事実と関連づけることができます。

「停止条件付契約」とは、一定の事実（条件）の発生（成就）によって効力が生じる契約のことです。

たとえば、農地売買では農地法に基づく許可が必要になります。市街化区域内の農地を転用目的で売買する場合は、農地法第5条に基づく農業委員会への届出が、売買契約の効力発生と所有権移転の条件となりますが、届出を提出するには利害関係者の同意や開発許可が必要になったり、届出を提出しても農業委員会が間違いなく受理してくれるか否かは、契約時には確定していません。そこで「農地法第5条に基づく届出の受理」を停止条件として、農地の売買契約を締結することになります。

また、不動産広告でよく見かける「建築条件付きの売り土地」も、その土地上の建築に関する請負契約が締結されることを「停止条件」として、土地の売買契約が締結されます。これらの農地売買や建築条件付き土地売買では、届出受理や建築請負契約成立が「条件」となり、この条件が成就することによって売買契約の効力が発生することになります。条件が成就しなければ、その契約は「初めからなかったもの」として扱われます。

▼「融資利用の特約」を定めた契約は「解除条件付契約」

「解除条件付契約」とは、一定の事実（条件）の発生（成就）によって効力を消滅させる契約のことです。代表的なものとして「融資利用の特約」があります。これは、融資の利用を金融機関に申し込んだものの、何らかの事情により融資承認が得られなかったケースです。この場合、融資不承認をただちに解除条件にするものと、「契約解除ができる」として、買主が契約を解除するかどうかを選択できるものがあります。

これらの「条件付きの契約」は、当事者間で原則自由に決めることができます。

「条件付きの契約」とは？

停止条件付契約

一定の事実(条件)の発生(成就)によって効力が生じる契約

例)農地転用許可条件付農地契約、建築条件付きの土地売買契約、通行地役権設定条件付き・借地権付きの土地売買契約 等

解除条件付契約

一定の事実(条件)の発生(成就)によって効力を消滅させる契約

例)融資利用の承認特約付契約、開発許認可取得条件付土地売買契約、その他、許認可条件 等

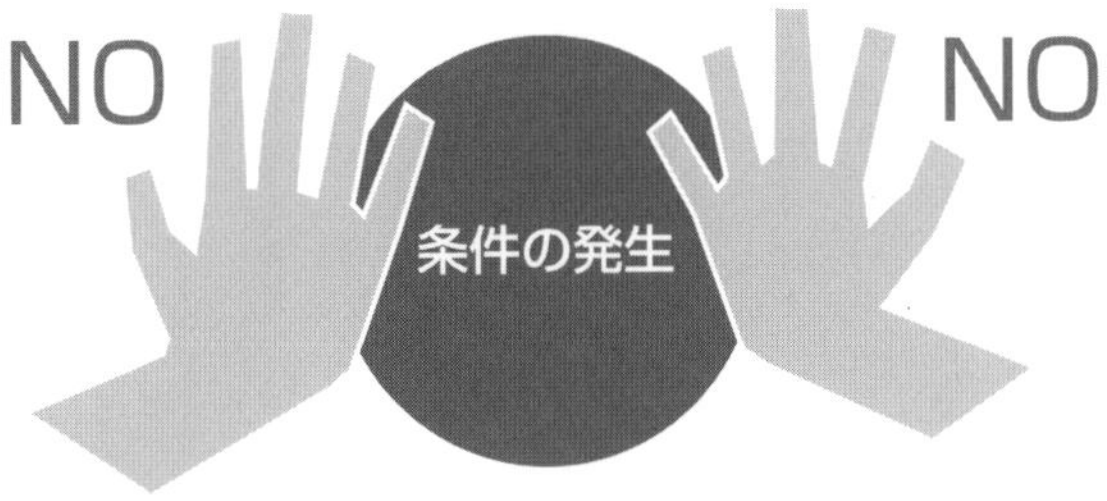

④不動産取引での「手付金」と「保全措置」とは？

▼契約時に授受される「手付金」には3種類がある

「手付金」とは、契約の成立を前提に当事者間で授受されるもので3種類に分けられます。

ひとつ目は**「証約手付」**で、契約が成立したことの証として授受されるものです。２つ目は**「解約手付」**で、いわゆる「手付放棄、手付倍返し」による契約の解除権を留保する目的があり、当事者に解約の自由を与えつつも、解除権の行使には手付金相当額の損失を伴うため、一定の制約が存在します。３つ目は**「違約手付」**で、当事者の一方が債務不履行に陥った場合の損害賠償額を予定するために授受されるものです。通常の取引で授受される手付金のほとんどは解約手付となっています。

しかし、手付放棄や手付倍返しによる契約の解除は、いつでもできるわけではなく、契約の相手方が契約の履行に着手した後はできません。たとえば、売主の履行着手例としては、買主からの要望に沿って土地を区割分筆したり、特注の建築材料を発注したり、建築工事に着手した場合が該当します。買主の履行着手例としては、中間金（内金）を支払ったり、新居の特注家具を購入したり、不動産の購入後を前提とした行為（引越し業者の確定等）が該当します。しかし、これらの判断はむずかしいことから、売買契約書では手付解除の期限を定めて契約解除の可否を区分することにしています。

ただし、宅建業者が売主の場合は、買主の解除権の行使期限を定めることは無効とされています。

▼宅建業者が売主の場合には「手付金額」に規制がある

手付金の額は10%程度が多いと考えられますが、宅建業者が売主の場合には、受け取れる手付金額に規制があります。未完成の新築物件の場合は「売買代金の５％かつ１０００万円以下」、完成済や中古物件の場合は「売買代金の10%かつ１０００万円以下」が通常受け取れる手付金の額で、これを超える場合には、手付金等を買主に返還しなければならない事情が生じたときに、手付金の返還債務を金融機関が連帯して保証することを買主に対して約束する「保証証書」や「保険証券」を交付する等、法で定められた保全措置を講じなければなりません。

3つの意味がある「手付金」とその「保全措置」

3種類の「手付金」とは？

① **証約手付** → 契約が成立したことの証として授受されるもの

② **解約手付** → 「手付放棄、手付倍返し」による契約の解除権を留保する目的がある

③ **違約手付** → 当事者の一方が債務不履行に陥った場合の損害賠償額を予定するために授受されるもの

通常の不動産取引で授受される手付金のほとんどが「解約手付」

宅建業者が自ら売主の場合

手付金等保全措置
- **保証証書**…銀行等による保証
- **保険証券**…保険事業者による保証保険

未完成物件 → 例外的に保全措置を講じる必要がない手付金額は、「売買代金の5%、かつ1,000万円以下」

完成物件または中古物件 → 例外的に保全措置を講じる必要がない手付金額は、「売買代金の10%、かつ1,000万円以下」

⑤債務不履行での「損害賠償額の予定・違約金」とは？

▼違約金は「損害賠償額の予定」を決めたもの

不動産売買契約書には、「損害賠償額の予定または違約金」に関する記載があります。これは重要事項説明書の説明事項でもあります。**違約金**とは、売買契約に定めた事項に違反（債務不履行）があった場合、違反をした者が相手方に支払う金銭のことを言います。

通常、不動産取引で債務不履行があった場合、相手方が被った損害額を賠償しなければなりませんが、その場合、損害を請求する者が損害の有無や実際の損害額を立証する必要があります。しかし、これらを証明するのは非常に時間と労力を要することから、あらかじめ**「損害額を違約金として決めておく」**ことで損害等を立証することなく、制裁金を授受することができることになります。違約金は、民法上の「損害賠償額の予定」と推定されるので（民法第４２０条）、実際の損害とはかかわりなく違約金のみとなります。

また、宅地建物取引業法では、宅地建物取引業者が売主となる宅地建物の売買契約においては、損害賠償額の予定と違約金との合計額は、**売買代金の２割を超えることはできない**と規定されています（宅建業法第38条）。

▼違約金の取扱いでは「受領済金員」との関係に注意

不動産売買契約書では、「契約違反による解除」条項で違約金の取扱いを規定しています。この条項では「売主の債務不履行により買主が解除したときは、売主は受領済の金員に違約金を付加して買主に支払う」「買主の債務不履行により売主が解除したときは、売主は受領済の金員から違約金を控除した残額を速やかに無利息で買主に返還する。もし違約金の額が支払済の金員を上回るときは、買主は売主にその差額を支払う」と定めています。

たとえば、違約金が売買代金の10％、手付金が売買代金の５％で手付解除の期限を経過している場合、売主の契約違反により買主が契約解除をするときは、売主は受領済の手付金（５％）に違約金（10％）を付加して買主に支払います。逆に、買主の契約違反により売主が契約解除をするときは、買主は違約金（10％）と手付金５％の差額を売主に支払うことになります。

「損害賠償額・違約金」の予定額とは？

違約金とは？

売買契約に定めた事項に違反（債務不履行）があった場合、違反をした者が相手方に支払う金銭のこと

●契債務不履行が発生した場合

↓

●損害を請求する者が、「損害の有無」や「実際の損害額」を立証することが必要となる

↓

●「損害の有無」「実際の損害額」の立証はむずかしいので、あらかじめ「損害額を違約金として決めておく」

※「損害賠償額の予定」（民法第420条）

売買契約書の契約条項

●「売主の債務不履行により買主が解除したときは、売主は受領済の金員に違約金を付加して買主に支払う」

●「買主の債務不履行により売主が解除したときは、売主は受領済の金員から違約金を控除した残額を速やかに無利息で買主に返還する。もし違約金の額が支払済の金員を上回るときは、買主は売主にその差額を支払う」

例）違約金：売買代金の10%、手付金：売買代金の５％、手付解除の期限を経過した場合

買主が契約解除（売主契約違反）	→	売主は受領済の手付金（5%）に違約金（10%）を付加して買主に支払う
売主が契約解除（買主契約違反）	→	買主は違約金（10%）と支払済の金員（手付金5%）との差額を売主に支払う

⑥「融資利用の特約」を付ける場合、付けない場合

▼「融資利用の特約」は買主の債務不履行を防ぐ

不動産売買契約書では、「融資利用の特約」を記載した条項があります。これは、不動産取引で買主が融資を利用する際、もし金融機関から融資承認が得られないときは、「売買契約を白紙に戻す（白紙解約）」という解除条件を定めた特約です。一部の例外を除いて、通常は金融機関の融資を利用して不動産を購入しますが、融資を申し込む際には「売買契約書」を金融機関に提出することになるので、融資の申込みより先に売買契約を締結することになります。しかし、契約時には融資を受けられることが確定していないので、売買契約書に「融資利用の特約」を明記するのです。

この特約なしで契約を締結してしまうと、融資が利用できない場合、売買代金の全額を他から調達できなければ買主は債務不履行となり、すでに支払った手付金を売主に没収されてしまうのです。

「融資利用の特約」では、契約締結日から引渡し（残代金支払日）までの間で「融資未承認の場合の契約解除期限」を定め、その期限までに金融機関から融資承認が得られなかった場合には、売買契約を解除することができ、契約時に支払った手付金も返還してもらえます。

▼「融資未承認の場合の契約解除期限」に注意する

「融資利用の特約」を巡ってトラブルになるのは、最初に申し込んだ融資が未承認となり、白紙解約にしたくない不動産仲介業者が、別の金融機関に融資の申込みをしているうちに「融資未承認の場合の契約解除期限」を過ぎてしまい、再申込みの融資も未承認となり、買主が債務不履行に追い込まれてしまう場合です。

このような不測の事態を回避するため、多くの不動産会社では**業界団体推奨の標準書式を使用**しています。標準書式による「融資利用の特約」では、金融機関が審査中（融資未承認の状態）に「融資未承認の場合の契約解除期限」が経過した場合には、締結した売買契約はいったん自動的に解除となるとしています。融資を利用するときには、「融資利用の特約」がどのように明記されているかをしっかり確認する必要があります。

「融資利用の特約」の内容

「融資利用の特約」とは？

買主が融資を利用する際、もし金融機関から融資承認が得られないときは、「売買契約を白紙に戻す（白紙解約）」という解除条件を定めた特約のこと

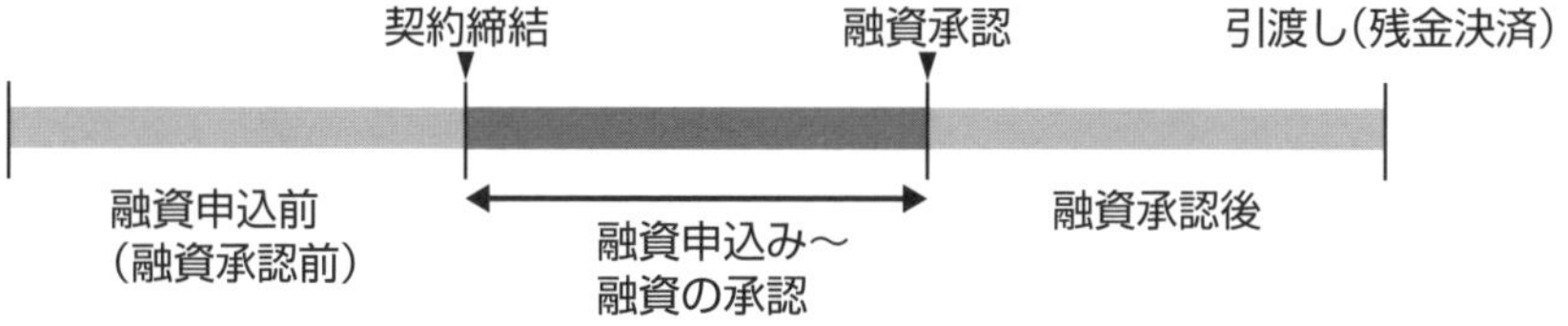

契約時には融資が確定していないため、売買契約書に「融資利用の特約」を明記する

「融資未承認の場合の契約解除期限」とは？

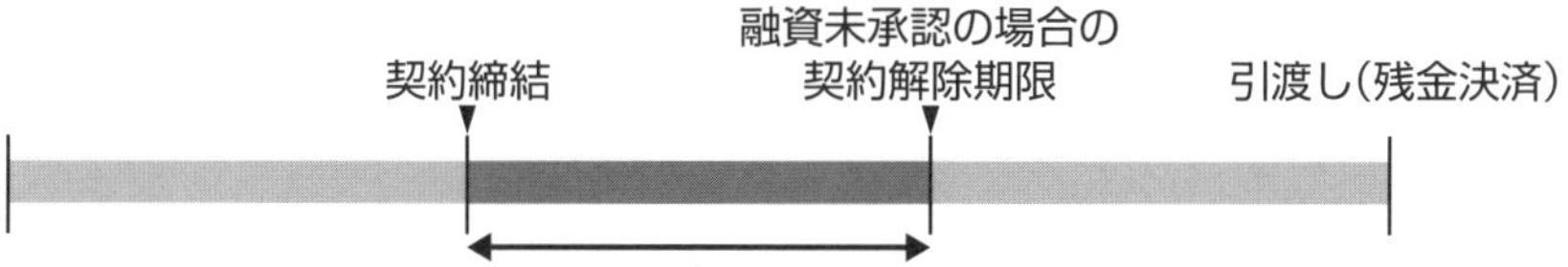

- 契約解除期限までに融資承認が得られなかった場合、売買契約が解除でき、契約時に支払った手付金も返還してもらえる
- 契約解除期限が経過した場合には、締結した売買契約はいったん自動的に解除となる

⑦不動産取引における「現状有姿取引」とは？

▼現状有姿とは「引渡時の状況のまま」で引き渡すこと

中古住宅の不動産売買契約書では、「本契約は現状有姿取引とする」「現状有姿にて引き渡す」等の文言が記載されることがよくあります。この「現状有姿」という文言は、どのように解釈するべきなのでしょうか？

不動産取引では、契約時と引渡時とで「不動産の状態」が異なることがあります。たとえば引渡しまでに、補修箇所が発生したような場合です。旧民法による現状有姿取引とは、瑕疵担保責任については別の問題で、契約後引渡しまでに目的物の状況に変動があったとしても、売主は引渡時の状況のままで引き渡す義務があるにすぎず、「現状で何ら手を入れず、外から見える姿のままで取引する」という意味であり、売主は「表面に現われている瑕疵」については責任は負わないが、「隠れている瑕疵」については責任を負うという取引でした（瑕疵担保責任）。

▼新民法による「現状有姿取引」とは？

新民法（２０２０年４月施行）では、瑕疵の実質的な意味は「契約の内容に適合しないこと」とする判例の解釈に条文を修正し、旧民法の「瑕疵担保責任」は「契約不適合責任」へ変更されました。これにより、旧民法では、不動産売買契約書に現状有姿取引と瑕疵担保責任免責の規定がある場合で、当該免責規定の適用が可能であれば瑕疵担保責任を認めず、単に現状有姿取引であるとする規定のみの場合では、経年変化に伴う劣化や不具合は売買価格に反映されているので「瑕疵に当たらない」とし、経年変化以上のものについては売主の瑕疵担保責任を認める傾向にありましたが、新民法では、現状有姿取引で売主が契約不適合責任を負うことになるか否かは、瑕疵が隠れているか否かに関係なく、引き渡された目的物の品質が契約の内容に適合しているか否かの判断に左右されることになります。そして、現状有姿取引である旨と契約不適合責任を負わない旨が規定されている場合には、原則として契約不適合責任を認めず、単に現状有姿取引である旨の規定がされている場合は旧民法と同様に、経年劣化を超える劣化や不具合がある場合には、売主は契約不適合責任を負うことになります。

不動産取引における「現状有姿取引」

「現状有姿取引」とは？

契約後引渡しまでに目的物の状況に変動があったとしても、売主は契約時の状況に戻す義務はなく、引渡時の状況のままで引き渡す

〈旧民法〉

“表面に現われている”瑕疵 → 売主は責任を負わない

“隠れている”瑕疵 → 売主の瑕疵担保責任となる

瑕疵とは？

その物が通常有する性質を欠き、目的物の物理的、物質的または法律的な客観的不完全性のみならず、思想的、感情的な心理的不完全性をも包含するもの

〈新民法〉 ※新民法は2020年4月1日より施行

「瑕疵」とは、引き渡された目的物が種類、品質、又は数量に関して、当事者が合意した契約の内容に適合していないこと

※判例(最判平成22年6月1日、最判平成25年3月22日)による「瑕疵」の解釈であり、この解釈に条文を修正する形で改正がされています

※「瑕疵」→「契約不適合(新民法第562条1項以下)」へ改正

引き渡された目的物が種類、品質、又は数量に関して、当事者が合意した契約の内容に適合していない場合は、売主の契約不適合責任となる。「隠れた」の要件は不要

不動産売買契約書の規定により

- 「現状有姿取引」規定のみ→経年劣化を超える部分のみ、売主は契約不適合責任を負う
- 「現状有姿取引」、「契約不適合責任免責」両方の規定あり→原則、売主契約不適合責任免責(※原則、経年劣化を超える部分も免責)

⑧「契約不適合責任」は不動産関連法規の制約を受ける

▼民法の責任期間は買主の契約不適合発見後1年以内

旧民法では、瑕疵担保責任は、「隠れた瑕疵」であることが要求され、**隠れた瑕疵**とは、売主が対象物件に重大な瑕疵（欠陥）があることを知っているにもかかわらず、買主に故意に告げなかったり、買主が取引上において一般的に要求される程度の通常の注意を払っても知り得ない瑕疵のことでした。つまり売買契約時に買主が瑕疵の存在を知らず（善意）、かつ瑕疵の存在を知らないことについて過失がなかった（無過失）場合が該当しましたが、新民法では「瑕疵担保責任」から「契約不適合責任」への変更に伴い、買主の善意無過失が認められるか否かで画一的に瑕疵担保責任の成否が決定されるのではなく、契約内容によって契約不適合か否かを判断するため、買主の主観的態様を重ねて判断しないとして、「隠れた」という要件を契約不適合か否かの判断に入れないことになっています。そして、当事者の合意した契約内容に不適合がある場合、売主は契約不適合責任を負うことになり、買主は契約不適合を知ってから1年以内にその旨を売主に通知することで、損害賠償請求権及び解除権の行使のみならず、新たに追完請求権と代金減額請求権が認められています。

▼売主の担保責任免責にも制限がある

民法は任意規定なので、特約によって契約不適合責任（旧民法の瑕疵担保責任）を免除したり、軽減することもできますが、不動産関連法規による制限があります。

「宅地建物取引業法」第40条では、宅建業者が売主となる場合の契約不適合責任の期間は、引渡後2年以上とする特約を除いて、民法の規定よりも買主に不利な特約を設けることはできないとしています。また売主が事業者で買主が消費者の場合には**「消費者契約法」**が適用され、第8条によれば、事業者が債務不履行責任又は不法行為責任を一切負わないとする特約は原則として無効です。消費者契約法で言う事業者は、宅建業者以外の法人や個人事業主も含みます。

「住宅品質確保促進法」の適用を受ける新築住宅では、瑕疵担保責任の期間は、完成引渡しから10年間です。

様々な法律の「瑕疵担保責任」の期間

「隠れた瑕疵」とは？

買主が通常の注意を払っても知り得ない瑕疵で、売買契約時に買主が善意、かつ無過失である場合

新民法(2020年4月施行)では、引き渡された目的物の品質が当事者の合意した「契約内容に適合しているか否か」により判断されるため、買主の主観的態様を重ねて判断しないとして、「隠れた」という要件を契約不適合か否かの判断に入れないことになった

売主の契約不適合責任に対する買主の救済手段

※但し、買主に帰責事由がある場合は不可

1.追完請求権（新民法第562条）
目的物の修補、代替物の引渡し又は不足分の引渡しによる履行の追完を請求できる
2.代金減額請求権（新民法第563条）
履行追完の催告後、相当期間内に履行の追完が無い場合、不適合の程度に応じ代金減額請求できる
3.損害賠償請求及び解除権の行使（新民法第564条）
債務不履行（新民法第415条）による損害賠償請求及び催告による解除（新民法第541条）催告によらない解除（新民法542条）ができる

不動産関連法規による瑕疵担保責任に関する規定

〈民　法〉

契約不適合発見後、1年以内の不適合の通知で、追完請求権、代金減額請求権、損害賠償請求権と解除権が買主に認められる

〈宅地建物取引業法〉

宅建業者が売主となる場合の契約不適合責任の期間は、引渡後2年以上とすることを除いて、民法の規定よりも買主に不利な特約をしてはならない

〈消費者契約法〉

売主が事業者、買主が消費者の場合、事業者が債務不履行責任又は不法行為責任を一切負わないとする特約は原則として無効となる。事業者には、一般法人や個人事業主も含む

〈住宅品質確保促進法〉

住宅品質確保促進法の適用を受ける新築住宅では、瑕疵担保責任の期間は完成引渡しから10年間となる(第95条)

⑨天災地変を想定した「危険負担」の取扱いとは？

▼現在の取引慣習に合わない旧民法の「危険負担」規定

不動産売買契約が成立した後、目的物の引渡し前に、目的物の全部または一部が、売主や買主のいずれの責任でもない原因によって消滅したり損傷した場合、その損害は誰が負担するのか？　という**「危険負担」**が問題になることがあります。たとえば、隣家の失火によって建物が類焼したり、落雷や地震等の天災地変があった場合等がこれに該当します。

旧民法では、不動産のような特定物についての危険負担は、債権者（売買契約では物の引渡しを求める債権を有する買主）の負担に帰するとする**「危険負担の債権者主義」**を規定していました。つまり買主は、まだ引渡しを受けておらず、また引渡しを受けるべき時期も到来していないとしても、その損失のすべてを負担し、代金全額を売主に支払う義務を負う一方で、売主は、建物が焼失等をした以上、引渡しの義務を免れ、他の類似建物を入手して引き渡すことも、損害賠償を支払う必要もないとされていました。

▼新民法では「危険負担の原則を修正」

しかし、この規定はあまりにも当事者間の公平を欠くことから、契約実務の現場では、**債務者（売主）が危険を負担する**特約（債務者主義の特約）、つまり、毀損等の損失は売主の負担とした上で、売主が損失を負担するに当たり、修復が著しく困難であったり、過大な費用を要するときは、売主は契約を解除することができるとし、また買主も、対象物の毀損により契約締結の目的を達成することができない場合には、契約を解除することができるとしていました。新民法（２０２０年4月施行）では、債権者主義を規定する旧民法第５３４条は削除され、特定物（不動産等）に関しても債務者主義とし、危険負担の効果を「反対給付債務の消滅」から「反対給付債務の履行拒絶権の付与」（新民法第５３６条1項）に改められました。併せて、売買目的物の滅失等に関する危険の移転について、買主が目的物の引渡しを受けた後に目的物が滅失・損傷したときは、買主は代金支払いを拒めない（新民法第５６７条）規定が新設されています。

民法の規定に代わる「危険負担」の取扱い

「危険負担」とは？

売買等の双務契約が成立した後に、債務者の責めに帰することができない事由で目的物が滅失・毀損等してしまったことにより履行不能（後発的履行不能）となった場合に、そのリスクを当事者のいずれが負担するか、という問題のこと

〈旧民法第534条１項〉

特定物についての危険負担は、債権者（売買契約では物の引渡しを求める債権を有する買主）の負担に帰するとする「危険負担の債権者主義」を規定

しかし……
あまりにも債権者（買主）にとって負担が大きく、当事者間の公平を欠き、現在の取引慣習に合わない

実務上の取扱い

現在は危険負担の原則を修正して、債務者（売主）が危険を負担するように変える特約（債務者主義の特約）がほとんど

〈特約例〉

- 売主が損失を負担するに当たり、修復が著しく困難であったり過大な費用を要するときは、売主は契約を解除することができる
- 買主も対象物の毀損により契約締結の目的を達成することができない場合には、契約を解除することができる

新民法（2020年４月施行）では、契約実務の現場に合わせるように改正された

新民法

1．債務者主義を採用し、旧民法「第534条（債権者の危険負担）」及び「第535条（停止条件付双務契約における危険負担）」を削除。併せて、危険負担の効果を「反対給付債務の消滅」から「反対給付債務の履行拒絶権の付与」に改めた。（新民法第536条第1項）
2．改正民法第567条第１項前段により、「売買の目的物引渡し後に、当該目的物が当事者の帰責性ない事由によって滅失等した場合には、代金減額や解除等をできないこと」を規定。これにより、目的物の引渡しによって危険が買主に移転することを明確化した条項となっている。

⑩収益不動産の取引に伴う「返還債務」の取扱い

▼「返還債務を引き継ぐ」とは？

収益不動産（一棟賃貸マンション、賃貸ビル等）の売買の場合、買主は不動産の取得時に、売主が賃借人に対して有している保証金等の返還債務を引き継ぐことになります。そのため収益不動産の売買では、取引時に保証金等相当額と売買代金を相殺したり、売買代金とは別に保証金相当額を決済する等の方法により、売主と買主の間で精算が行なわれます。

たとえば、売買代金2億円、預かり保証金等1000万円の不動産取引では、相殺後の1億9000万円で取引したり、売買代金2億円とは別に、預かり保証金等1000万円の決済をしたりします。このように「預かり保証金等」の取扱方法がいろいろあるのは、地域によって「取引慣行の違い」があるからです。

▼保証金等の持ち回りの「関東方式」と「関西方式」

関東圏で収益不動産の売買が行なわれる場合には、賃借人から預かっている保証金等は、売主から買主に全額引き継がれることになります。この保証金等の持ち回りは「関東方式」と言われます。

一方、関西圏で収益不動産の売買が行なわれる場合には、保証金等の精算は行なわず、買主が保証金等の返還債務のみを承継するという取引慣行があります。先の例で言うと、売買代金2億円の決済だけを行ない、保証金等の精算はしないということになります。買主は収益不動産を取得後に賃借人が退去することになれば、自らの負担で賃借人に対し、保証金等の返還を行なう必要があります。このような取引慣行を「保証金の持ち回り（関西方式）」と言います。そして、不動産売買契約書には、用益権の承継として「本収益不動産の所有権を取得すると同時に、売主と賃借人との間の賃貸借契約に基づく貸主たる地位を承継し、賃貸借契約に付随する保証金等返還債務を引き受ける」といった旨の記載がされます。

収益不動産の検討段階では、各賃借人ごとの賃料等の一覧表（レントロール）や収益シミュレーション等、多くの数値を精査するため混乱しがちですが、**正確な返還債務額を把握して売買価格を検討する**必要があります。

収益不動産の返還債務の取扱い

「返還債務」とは？

収益不動産等で売主が賃借人に対して有している返還すべき債務。保証金や敷金等がある

「保証金等の持ち回り」の種類

※「取引慣行の違い」により、方式が分かれている

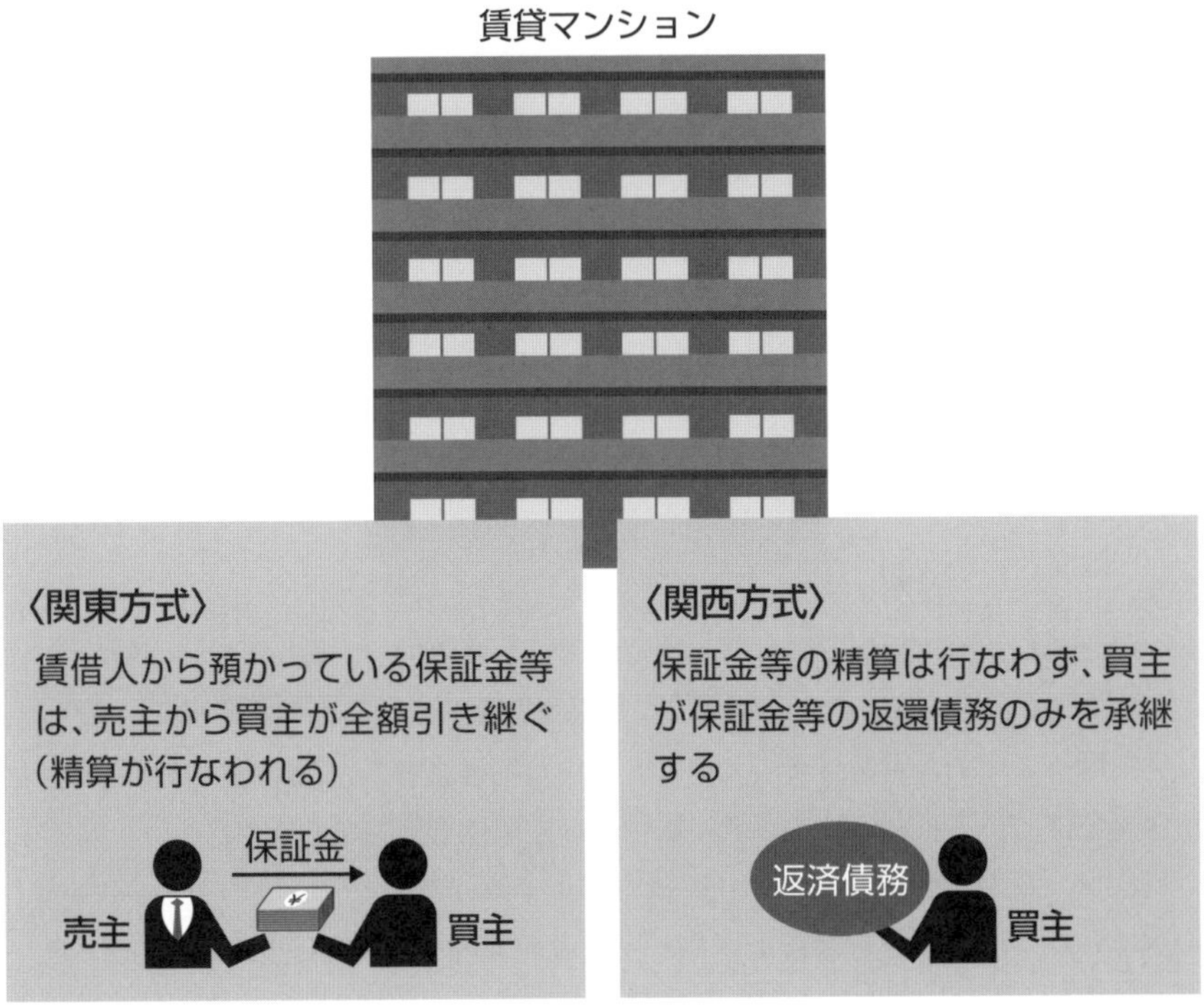
賃貸マンション
〈関東方式〉
賃借人から預かっている保証金等は、売主から買主が全額引き継ぐ（精算が行なわれる）
保証金
売主
買主
〈関西方式〉
保証金等の精算は行なわず、買主が保証金等の返還債務のみを承継する
返済債務
買主

COLUMN 6

「特約条項欄」では契約条項で規定できない個別の約束事を記載する

●「強行規定」と「任意規定」を区別する

不動産売買契約書の各条項は、複数の法律に基づいて条文が作成されていますが、すべての個別要因を反映させることは当然ながら無理です。そこで条文中にないことを約定したり、条文の解釈を補完したり、契約上の内容が実態と矛盾が生じる場合は修正したりと、大きな役割を果たすのが「特約条項欄」です。

契約に関する法律の規定には、**当事者の合意があっても排除できない「強行規定」**と、当事者の合意によって任意に決めることができ、公序良俗に反することなく、**他の法律に抵触しなければ有効となる「任意規定」**があります。特約は、契約自由の原則によって一定の私的自治は保たれますが、強行規定に反する特約は無効となります。

●「特約」とは取引実態に合わせて一般法を修正する作業

特約条項欄の記載例としては、「融資利用の特約」や代金の支払方法・引渡方法を変更する場合はその内容を入れたり、停止条件や解除条件に関する内容、特定の条文を指定して「第○条は適用しない」等と効力をなくす条項を入れたりします。

近隣との紛争歴や土地建物に関する瑕疵等、当事者間で「聞いている、聞いていない」等のトラブルを避けるために、売主から買主に告知すべき事項について、あえて明記することもあります。また、売主が宅建業者で売買対象不動産の瑕疵担保責任について特別の約定をする場合は、その内容を記載します。

特約は、取引実態に合わせて一般法を修正する作業とも言えるので、「今回の取引では、このようにしましょう」と当事者間で約束が交わされたのであれば、口頭で終わらせず、きちんと特約事項に明記しておく必要があります。特約欄に何の記載もなく、抹消されているような場合では、取り決めが不十分で、後々紛争になる可能性を残すことになります。契約書全体を読み返し、矛盾点や曖昧な点には十分注意する必要があります。

7章

安全な不動産取引を行なうための必須書類とその目的とは？

①所有者のみが知り得ることを告知した「物件状況確認書」

②「付帯設備表」から建物設備の有無や状態がわかる

③「取引不動産に帰属する権利義務」を定めた覚書

④「登記識別情報」は契約時・登記手続きに必要になる

⑤「本人確認書類」「委任状」が必要になる場合とは？

⑥「固定資産評価証明書」は各種税額や清算金算出の根拠

⑦区分所有建物の取引での「管理に係る重要事項調査報告書」

⑧「筆界確認書・道路境界明示書」とは？

⑨「戸籍抄本」「戸籍の附票」「住民票の除票」が必要になる場合

⑩農地の所有権移転申請に必須となる書類

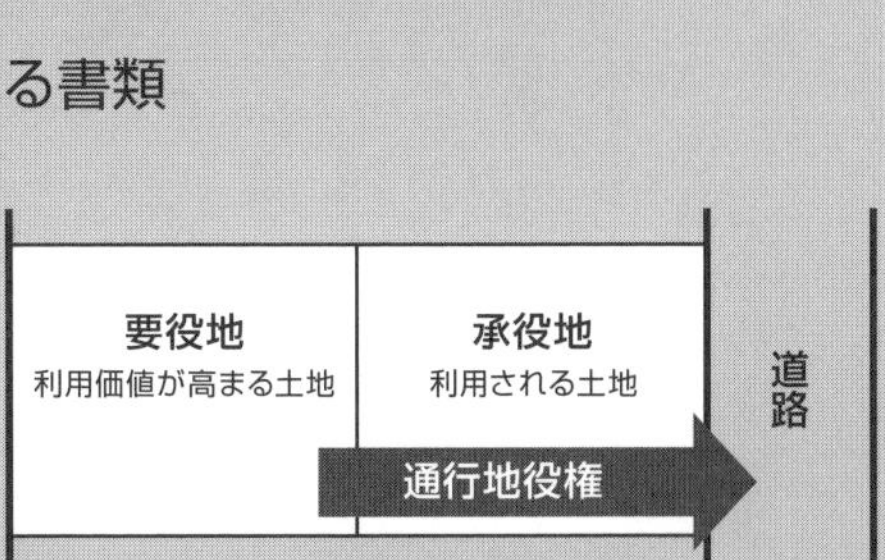

①所有者のみが知り得ることを告知した「物件状況確認書」

▼不動産調査では見えてこない「売主しか知らない事実」

不動産取引は、信義誠実の原則に基づいて行なわれることが大前提になるため、当事者間でお互いの信頼関係を壊すような事態は避ける必要があります。そのため不動産の状況について、権利関係や抵触する法律との関係、現在状況に至るまで不動産会社が入念に調査を行ない、調査結果が詳細に記載された**重要事項説明書**を作成します。さらに資格者である宅地建物取引士が重要事項の説明を行なうことで、取引対象の不動産について買主に正しく理解してもらうことにしています。

しかし、専門家である宅地建物取引士でも調査ができないことがあります。それは、「売主しか知り得ない事実」です。たとえば、「敷地境界を巡って隣人と揉めたことがあった」「少し離れた工場から風向きによっては悪臭がする」「すぐ近くの建物が実は暴力団事務所であること」「雨漏りや地盤の傾き等の不具合がある」等です。

心理的瑕疵（事件・事故・自殺・孤独死等）が取引対象となる敷地内や建物内で以前あったり、隣接地であったりする場合もあります。

これらのことは、実際にその不動産を所有し、住んでいる人にしかわからないことであり、その人が告知してくれなければ、不動産会社がいくら調査しても知り得ることではありません。これらの事実について、売主が知っていながら告知しなかったり、不実告知を行なった場合には、説明義務違反に基づく契約解除や損害賠償義務等の法的責任を負担することになります。

▼「物件状況確認書（告知書）」という書面にしておく

国土交通省では、宅地または建物の過去の履歴や隠れた瑕疵（欠陥や不具合）等、「売主にしか知り得ない事項」について、**「物件状況確認書（告知書）」**を買主に対して提出することで、将来の紛争防止に役立てることが望ましいと指導しています。物件状況確認書（告知書）は、買主が購入する際の判断基準に影響する資料と位置づけられるので、すでに買主が知っていることについての告知義務はありませんが、後々「言った、言わない」とならないためにも書面にしておく必要があります。

物件状況確認書（告知書）

建物の瑕疵について

項目	状況
①雨漏り	□現在まで雨漏りを発見していない。 □過去に雨漏りがあった。　箇所： 修理工事：　未・済　昭和・平成・令和　年　月頃 □現在雨漏り箇所がある。　箇所： □不明
②白蟻被害	□現在まで白蟻の被害を発見していない。 □白蟻予防工事：未・済　昭和・平成・令和　年　月頃 □過去に白蟻の被害があった。　箇所： 駆除と修理工事：　未・済　昭和・平成・令和　年　月頃 □現在白蟻の被害がある。 □不明
③建物の瑕疵 （傾き・腐食・不具合等）	□発見していない　□不明 □発見している（ 箇所と状況：　）

「土地の瑕疵、周辺環境、その他事項」について

項目			状況
土地	境界確定の状況		□確定している　□確定していない　□隣地とのトラブル（ 有り・無し ） （有る場合：内容⇒　）
土地	越境		□有る（有る場合：内容⇒　） □無い　□不明
土地	土壌汚染の可能性		敷地の住宅以外（店舗・工場等）の用途での使用履歴 □知らない　□知っている（　年　月頃　用途　）
土地	地盤沈下、軟弱		□有る（有る場合：内容⇒　） □無い　□不明
土地	その他土地に関すること		□有る（有る場合：内容⇒　） □無い　□不明
土地	敷地内残存物	旧建物基礎	□有る（有る場合：内容⇒　） □無い　□不明
土地	敷地内残存物	浄化槽	□有る（有る場合：内容⇒　） □無い　□不明
土地	敷地内残存物	井戸	□有る（有る場合：内容⇒　） □無い　□不明
土地	敷地内残存物	その他敷地内に関すること	□有る（有る場合：内容⇒　） □無い　□不明
周辺環境	騒音・振動・臭気等		□有る（有る場合：内容⇒　） □無い　□不明
周辺環境	周辺環境に影響が及ぶ施設等		□有る（有る場合：内容⇒　） □無い　□不明
周辺環境	近隣の建築計画		□有る（有る場合：内容⇒　） □無い　□不明
周辺環境	電波障害		□有る（有る場合：内容⇒　） □無い　□不明
周辺環境	近隣との申し合わせ事項		□有る（有る場合：内容⇒　） □無い　□不明□無い　□不明
周辺環境	浸水等の被害		□有る（有る場合：内容⇒　） □無い　□不明
周辺環境	事件・事故・火災等		□有る（有る場合：内容⇒　） □無い　□不明
周辺環境	その他周辺環境に関すること		□有る（有る場合：内容⇒　） □無い　□不明
その他売主から買主へ引継ぐべき事項			□有る（有る場合：内容⇒　） □無い

（株）フェアトレード総合研究所

②「付帯設備表」から建物設備の有無や状態がわかる

▼設備は「使用年数、故障や不具合」まで記載する

「付帯設備表」は、「物件状況確認書（告知書）」と同様に、取引対象となる建物内の各設備がどのような状態であるか、また、どのような状態で買主に引き渡すのかを明確にすることを目的としています。付帯設備表では、対象となる設備は、「水まわり」「居住空間」「玄関・窓・その他」に区分されます。

「水まわり」は、キッチン関係では製品ごとに記載し、それぞれ長期間の使用等に伴う性能の劣化や不具合が発生する場合があるので具体的な事象について、また浴室や洗面設備ではひび割れや、給湯関係では使用年数等と併せて不具合に関することも記載します。

「居住空間」は、冷暖房設備や照明設備では、熱源の種類やスイッチ等、また電気系統の故障や不具合の有無を記載します。

「玄関・窓・その他」では、建具自体の歪みや窓ガラスの割れ、網戸や襖の破れ、溝があっても網戸が入っていない箇所、2部屋を1部屋にリフォームした場合の間仕切りの戸の行方等について詳細を記載します。

また、設備ではありませんが、車庫がある場合には、駐車可能な車種をわかる範囲で記載したり、庭木については敷地に植えてあるものの他に、鉢植え等で撤去しないものがある場合も含めて記載しておくことになります。

▼売主には「善良なる管理者としての注意義務」がある

全体として共通しているのは、**付帯設備の「有無」について記載する**ことです。

設備の「有無」とは、売買対象となる「設備の範囲」を明らかにするものなので、「有」とした設備は引渡しの対象となります。また故障や不具合も、買主が買い替えるのか修繕ですませるのか、出費を伴う検討を行なう判断材料となるので、具体的に記載するほうが良心的です。

付帯設備表は契約時に交付しますが、記載内容は引渡時のことを示しています。したがって付帯設備については、売主は信義誠実の原則に基づいて引渡しが完了するまで、「善良なる管理者としての注意義務」をもって契約時の状態を保持するように努める必要があります。

契約時に交付する「付帯設備表」

「水まわり」の設備

付帯設備		付帯機能	設備の有無	備考
キッチン関係	流し台		□有・□無・□撤去	
	換気扇		□有・□無・□撤去	
	ガス（オーブンレンジ）		□有・□無・□撤去	
	ガステーブル	（電気・ガス）	□有・□無・□撤去	
	ビルト・イン 食器洗浄乾燥機 （※注2）	（電気・　　）	□有・□無・□撤去 ↓ 特定保守製品の表示 □有・□無	
	ガス湯沸かし器（個別）（※注2）		□有・□無・□撤去 ↓ 特定保守製品の表示 □有・□無	

「居住空間」の設備

付帯設備		付帯機能	設備の有無	備考
冷暖房関係	冷暖房機	（電気・ガス）	□有・□無・□撤去	台
	暖房機（※注2）	（電気・ガス・石油）	□有・□無・□撤去 ↓ 特定保守製品の表示 □有・□無	台 台
	冷房機	（電気・ガス）	□有・□無・□撤去	台
	床暖房設備	（電気・ガス）	□有・□無・□撤去	台
照明関係	屋内照明器具		□有・□無・□撤去	台
	屋外照明器具		□有・□無・□撤去	

「玄関・窓・その他」付帯物

※注2)特定保守製品(9品目)に該当する設備

付帯設備	付帯機能	設備の有無	備考
下駄箱		□有・□無・□撤去	
網戸		□有・□無・□撤去	
雨戸		□有・□無・□撤去	
畳・襖		□有・□無・□撤去	
物置		□有・□無・□撤去	
庭木・庭石		□有・□無・□撤去	
門・塀		□有・□無・□撤去	
車庫		□有・□無・□撤去	

（株）フェアトレード総合研究所

③「取引不動産に帰属する権利義務」を定めた覚書

▼売主が第三者と交わした覚書等は存在していないか

不動産取引では、対象不動産の所有者（売主）が特定の相手方と個別に合意した権利義務がある場合、**買主はこれらを引き継ぐ**ことになります。代表的なものに、越境や地役権等があります。

越境とは、敷地境界線を跨いで建物の一部や塀等の構築物が存在する場合で、対象不動産が隣地に「越境している」場合もあれば、隣地に「越境されている」場合もあります。構築物の越境では、越境部分を破壊してでも敷地境界線内に収めるべきと考える人もいますが、そのような対処法は物理的にも経済的にも現実的ではないし、近隣との関係を好ましくないものにしてしまいます。

そこで、「将来の撤去に関する覚書」を締結します。この覚書では、越境の事実を確認した上で、「越境した構築物の建替え等を将来行なう場合に敷地境界線の内側に収める」との約束を取り交わすことになります。

地役権は、一定の目的のために「他人の土地を利用する物権」として民法で定められている権利で、それによって利用価値が高まる土地を「要役地」、利用される側の土地を「承役地」として区分します。地役権には、通行を目的とした「通行地役権」、水路や配管の設置を目的とした「引水地役権」、承役地での建設に関して高さ制限を設定した「送電線地役権」や「眺望地役権」があり、地役権の範囲や対価の有無等を合意した上で地役権設定契約（覚書）が締結されます。こうした「覚書」や「念書」は、売主から買主へ引き継がれるのです。

▼「覚書」と「念書」はどう違う？

覚書とは、2人以上の当事者が一定の事項について、相互に合意した内容を確認するため、または合意内容や事実を証するために作成する略式の書面や文書で、契約書の前段階や補完・変更として、あるいは契約書を作成するほどでもない簡単な取り決め等で作成されます。

念書とは、当事者の一方が他方当事者に差し入れるもので、差し入れ側が相手方に対し、一方的に義務を負担したり、一定の事実を認めるような内容となり、書面には念書を差し入れる側の署名押印のみが記載されます。

取引不動産に帰属する権利義務(覚書等)は包括的に引き継がれる！

よくある覚書の内容

越境問題

- 「越境している」場合、「越境されている」場合

➡ **「将来の撤去に関する覚書」を締結**

地役権

- 通行地役権 ………通行を目的
- 引水地役権 ………水路や配管の設置を目的
- 送電線地役権 ……送電線下の建築物の高さ制限が目的
- 眺望地役権 ………眺望が失われないための建築物の高さの制限

➡ **地役権の範囲や対価の有無を合意した上で地役権設定契約(覚書)を締結**

覚書とは?

- 2人以上の当事者で、簡単な取り決め等略式の書面や文書を作成
- 合意内容の確認、合意内容や事実を証するため、あるいは契約書の補完·変更

念書とは?

- 当事者の一方のみが他方当事者に差し入れるもの
- 相手方に対する一方的な義務の負担、一定の事実を認める等
- 念書には差し入れる側の署名押印のみ記載される

通行地役権

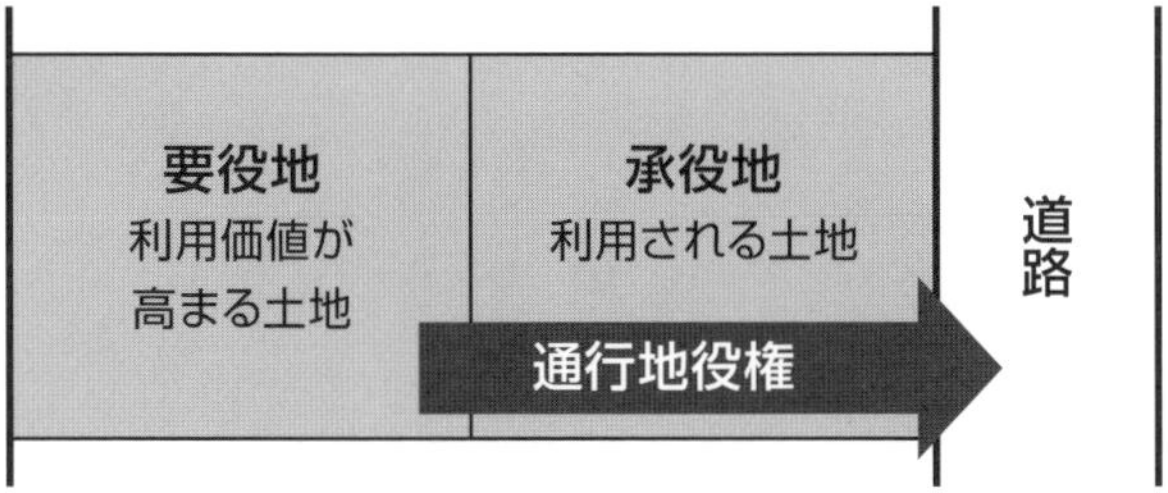

④「登記識別情報」は契約時・登記手続きに必要になる

▼「登記識別情報」を知っていることが所有者の証

「登記識別情報」は、2005年3月7日に施行された新不動産登記法により、従来の権利証に代わって発行されることになったものです。これにより不動産の権利者（所有者）であることの証が、「権利証を持っていること」から「登記識別情報（数字とアルファベットを組み合わせた12文字）を知っていること」に変わりました。

登記識別情報がシールで目隠しされた登記識別情報通知書を所持していれば、真正な不動産所有者であると推測されます。そこで不動産の売買契約時には、売却権限を持つ真の所有者である証として、売主は買主に対して登記識別情報通知書を提示します。また登記手続きを行なう決済時（残代金支払い、引渡し）にも、登記原因証書等とともに所有権移転等の申請に必要となります。

▼登記識別情報の受付年月日、受付番号、有効性に注意

不動産取引の契約時と決済時における留意点は2つあります。

ひとつ目は、登記事項証明書と登記識別情報通知書に記載された「受付年月」と「受付番号」が一致することを確認することです。法務局等で取得できる登記事項証明書には、「所有権に関する事項」が記載された甲区欄に「受付年月」と「受付番号」の記載があります。この2つの書類の「受付年月日」と「受付番号」が一致していることで、登記識別情報通知書が、取引しようとしている不動産のものであることがわかります。

2つ目は、「登記識別情報の有効性」を確認することです。登記識別情報には、盗難や紛失等による不正な登記申請を防ぐために「登記識別情報の失効制度」というものがあり、登記名義人は失効させて無効にすることができます。当然、登記申請時に登記識別情報が有効でなければ所有権移転ができず、決済もできなくなります。

通常は、担当する司法書士が事前に売主が持っている「登記識別情報の有効性」を確認し、もし失効していれば、紛失や盗難と同様に、「事前通知制度」や「本人確認制度」（40ページ参照）、「公証人役場での本人証明制度」での手続きが必要になります。

「登記識別情報（権利証）」の確認事項

「登記事項証明書」の甲区欄

所在	大東市　一丁目　番地		余白
家屋番号	3番		余白
①種類	②構造	③床面積　㎡	原因及びその日付〔登記の
居宅	鉄筋コンクリート造陸屋根 3階建	1階　49：57 2階　49：57 3階　49：57	平成17年6月4日新築 〔平成20年1月16日〕
所有者	大東市　一丁目　番　号　持分2分の1 大東市　一丁目　番　号　持分2分の1		

権利部（甲区）（所有権に関する事項）			
順位番号	登記の目的	受付年月日・受付番号	権利者その他の
1	所有権保存	平成20年1月17日 第612号	共有者 大東市　一丁目　番　号 持分2 一丁目　番　号 2分の1

＊　下線のあるものは抹消事項であることを示す。

「受付年月日」、「受付番号」が一致しているか？

登記識別情報通知書

登記識別情報通知

次の登記の登記識別情報について、下記のとおり通知します。

【不動産】
大東市　一丁目　番地
（家屋番号　番

【不動産番号】
1217001147462

【受付年月日・受付番号（又は順位番号）】
平成２０年１月１７日受付　第６１２号

【登記の目的】
所有権保存
【登記名義人】
大東市　一丁目　番　号

⑤「本人確認書類」「委任状」が必要になる場合とは？

▼「不動産取引に関する権限」を委任する場合

不動産取引では、取引の当事者が一堂に会し、お互いの権限や意思を確認した上で取引を行なうことが原理原則です。しかし、様々な事情によって対面して取引ができないこともあります。たとえば、住んでいる現在の場所から遠く離れた不動産を売却したり、健康や家庭の事情から一時的にでも住所地を離れることが困難な場合もあります。そんな場合は、本人（委任者）が代理人（受任者）に取引に関する権限を委任して、本人の実印が押された委任状に印鑑証明書を添付し、さらに代理人自身の本人確認書類も添付して取引を行ないます。本人確認とは、本人特定事項を確認することを指します。**本人特定事項**とは、個人の場合は、①氏名、②住所、③生年月日、法人の場合は、①名称、②本店または主たる事務所の所在地です。本人確認に使用できるのは公的機関によって発行された書類で、個人では「運転免許証、パスポート、各種健康保険証、住民基本台帳カード（氏名・住所・生年月日記載のもの）、マイナンバーカード、外国人登録証明書等」、法人では「登記事項証明書」「印鑑証明書」のいずれかの原本を提示の上、その写しを提出します。

▼「犯罪収益移転防止法」に基づく本人確認とは？

２００８年３月に施行された「犯罪による収益の移転防止に関する法律」では、マネーロンダリングやテロ資金等の犯罪収益の移転防止を目的として、一定の取引を行なう際に「本人確認」を特定事業者に義務づけています。この法律が適用される特定事業者には、宅地建物取引業者も含まれ、不動産取引で宅建業者が「本人確認」をしなければならない対象は、売買契約のときの「売主」と「買主」になります。そのため売買契約を締結する前の時点で、売主も買主も例外なく、本人確認書類を提示しなければなりません。また売買取引当事者のどちらかが契約に際して代理人を立てる場合には、その代理人も本人確認が必要となり、どちらかが法人であれば、取引担当者も本人確認が必要となります。

ただし、この法律の対象となるのは売買のみで、賃貸借契約における「貸主」と「借主」は対象外です。

「本人確認」が必要となる不動産取引

本人確認書類とは?

「個人の場合」

● 運転免許証　● パスポート　● 各種健康保険証　● マイナンバーカード
● 住民基本台帳カード(氏名·住所·生年月日記載のもの)
● 外国人登録証明書等

※「住民基本台帳カード」と「マイナンバーカード」の関係
平成 28 年 1 月からマイナンバーカードが発行されることに伴い、住基カードの発行は平成 27 年 12 月で終了しました。但し、現在住民基本台帳カードをお持ちの方は、住基カードの有効期間内（取得後 10 年間）であれば、平成 28 年 1 月以降でも、マイナンバーカードを取得するまでは利用可能で、平成 28 年 1 月以降にマイナンバーカードの交付を受けられる際には、お持ちの住基カードを返却することになります。（総務省ホームページより）

「法人の場合」

● 登記事項証明書　● 印鑑証明書

※取引を委任する場合は、委任状(実印押印)および印鑑証明書、代理人の本人確認書類が必要

本人確認が必要な不動産取引

取引の種類	宅建業法の適用	犯罪収益移転防止法の特定取引
宅地建物の売買	○	○
宅地建物の売買の代理·媒介	○	○
宅地建物の交換	○	×
宅地建物の交換の代理·媒介	○	×
宅地建物の賃貸借	×	×
宅地建物の賃貸借の代理媒介	○	×

※「犯罪収益移転防止法」の特定取引の対象となるのは「売買」のみ

⑥「固定資産評価証明書」は各種税額や清算金算出の根拠

▼「固定資産評価証明書」は頻繁に使用する公的証明書

固定資産評価証明書とは、固定資産課税台帳に登録された固定資産税評価額を記載した証明書で、**固定資産税評価額**は、固定資産税や登録免許税、不動産取得税等を算出する際の課税標準額（税額計算の基礎となる価格）になります。その他にも、相続税や贈与税の算出にも、家屋の固定資産税評価額が用いられ、また路線価が定められていない地域の土地価格は、土地の固定資産税評価額に一定の倍率を乗じて求めます。

さらに固定資産評価証明書は、売買契約締結後に買主が行なう金融機関への融資の申込み、引渡日に売主と買主とで清算する固定資産税と都市計画税の金額の算出、登記申請時等でも使用されることになります。

▼「登録免許税」「不動産取得税」とは？

登録免許税とは、土地や家屋等の登記をする際に課税される税金です。税額は、固定資産税評価額（課税標準額）に一定の税率を乗じて求めます。不動産取引では、新築建物等で最初に行なわれる「所有権の保存登記」、土地や建物の売買による「所有権の移転登記」、贈与や相続による「所有権の移転登記」、住宅ローンの借入による「抵当権の設定登記」等、**「不動産の権利に関する登記」が対象**となります。ちなみに土地の地番や地目等、建物の家屋番号や構造・床面積等、登記記録で表題部を構成する登記には、原則として登録免許税は課税されません。

また建物が新築である場合には、固定資産課税台帳に価格が登録されていないので、法務局ごとに定められた「新築建物課税標準価格認定基準額」を基にして課税標準額が決定されることになります。

不動産取得税とは、土地や家屋を購入したり、交換や贈与で取得したり、家屋を建築（新築、増築、改築）したりして不動産を取得したときに課税される税金です。税額は、固定資産税評価額（課税標準額）に一定の税率を乗じて求めますが、相続により取得したり、法人の合併等により取得した場合は、不動産取得税は「非課税」となります。また取得不動産の課税標準額が一定の価格未満の場合には免税されることになります。

「登録免許税」「不動産取得税」の計算方法

「固定資産税評価額」とは?

● 固定資産税や登録免許税、不動産取得税等を算出する際の課税標準額（税額計算の基礎となる価格）となる

「登録免許税」とは?

● 土地や家屋等の登記をする際に課税される税金

「登録免許税」の計算方法（原則）

〈保存登記・移転登記〉

● 課税標準額=固定資産税評価額

● 登録免許税額=課税標準額×適用税率

〈抵当権設定登記〉

● 課税標準額=債権金額または極度金額

● 登録免許税額=課税標準額×適用税率

〈登記の抹消〉

● 登録免許税額=不動産の個数×1000円

〈土地の分筆等の登記〉

● 登録免許税額=分筆後の不動産個数×1000円

※特例による軽減措置があるので注意する

「不動産取得税」とは?

● 土地や家屋を購入したり、交換や贈与で取得したり、家屋を建築（新築、増築、改築）したりして不動産を取得したときに課税される税金

「不動産取得税」の計算方法（原則）

● 課税標準額=固定資産税評価額

● 不動産取得税額=課税標準額×適用税率

※本則の税率は4%。特例による軽減措置があるので注意する

⑦区分所有建物の取引での「管理に係る重要事項調査報告書」

▼管理や使用状況を把握する

区分所有建物とは、分譲マンションやオフィスビルのように、一棟の建物でありながら、独立した「住居、店舗、事務所、倉庫等」として使用することができる構造上区分された部分から構成されている建物を言います。区分所有建物は、**民法の特別法である「区分所有法」**が適用されます。

不動産取引の対象が区分所有建物である場合、宅地建物取引業法第35条1項6号および施行規則16条の2により、区分所有建物の管理等に係る一定の事項を説明する必要があります。そして、「管理等に関する事項」の元となる資料が、建物の管理会社が発行する「管理に係る重要事項調査報告書」で、管理や使用の状況に関する内容が細かく記載されています。

たとえば、共用部分では「駐車場や駐輪場等の料金や権利承継可否」から「空き待ち数」、管理組合全体の収支や財産状況では、「調査対象住戸に関する管理費」「管理費の収入総額と支出総額及びマンション全体としての管理費滞納額」「修繕積立金の累計額及びマンション全体としての修繕積立金滞納額」「管理費等の値上予定の有無」、また「アスベスト使用調査」や「耐震診断の有無」「長期修繕計画の有無」「建物竣工から現在までの修繕実施状況及び実施予定」等が掲載項目となります。

▼「管理費及び修繕積立金の滞納額」は将来の不安

「管理に係る重要事項調査報告書」の内容では、注意すべきことがあります。それは、「管理費及び修繕積立金の滞納額」です。調査対象住戸に関する滞納額とマンション全体で未収となっている滞納額があります。調査対象住戸の滞納額は、その住戸を購入する買主が引き継ぐことになるので、滞納額相当分をどのように清算するかは、売主と協議する必要があります。また、マンション全体の滞納額が多額であったり、修繕積立金累計額があまり確保できていない場合は、将来の大規模修繕工事の際に資金不足になり、各所有者が追加金を支出したり、工事ができなければ建物の傷みがどんどん進んで、マンションの資産価値が低下することになります。

管理に係る重要事項調査報告書

「調査対象住戸」欄

3 売却依頼主負担管理費等関係（平成○年○月○日現在）

管理費	（月額） 6,460円	（滞納額 0円）
修繕積立金	（月額） 4.390円	（滞納額 0円）
駐車場管理費	（月額） 0円	（滞納額 0円）
建物修繕積立金	（月額） 0円	（滞納額 0円）
駐車場積立金	（月額） 0円	（滞納額 0円）
駐輪場使用料	（月額） 200円	（滞納額 0円）
遅延損害金有無	1 有り（0円）	② 無
管理費等支払方法	① 翌月分を当月に支払	2 当月分を当月に支払
管理費等支払手続	1 口座振替（ 銀行 支店） 2 自動送金（ 銀行 支店）	3 振込 ④ 集金代行会社委託

「マンション全体」欄

滞納額に注意する

4 管理組合収支関係

① 直近の管理組合の収支・財産状況（平成○年○月○日現在）

一般会計収入総額	9,127,800円	
一般会計支出総額	9,114,460円	
一般会計繰越累計額	3,730,963円	
一般会計資産総額	30,752,772円	（内、滞納総額 246,474円）
一般会計負債総額	27,021,809円	
修繕積立金会計収入総額	4,724,301円	
修繕積立金会計支出総額	1,176,000円	
修繕積立金会計累積額	40,189,607円	
修繕積立金会計資産合計	41,365,607円	（内、滞納総額 117,030円）
修繕積立金会計負債総額	1,176,000円	（内、借入残高 0円）

⑧「筆界確認書・道路境界明示書」とは？

▼「境界確定」は不動産を特定する

不動産取引では、「不動産を特定する」必要があるので、取引対象となる不動産の「敷地の外周（敷地境界）」を確定させなければなりません。隣地との敷地境界を確定させるには境界の立会いを行ない、合意すれば隣地所有者と**筆界確認書**（実印押印、印鑑証明書添付）を取り交わすことになります。また、敷地と道路との境界線を確定させるためには、管轄する市の道路課に道路明示申請を行ない、審査が終われば**道路境界明示書**を受け取ることができます。これにより土地面積が確定し、地積更正登記が行なわれることになります。

取得した筆界確認書と道路境界明示書は、不動産取引に伴い、売主から買主へ引き継ぐことになります。

▼「筆界特定制度」には法的拘束力はない

しかし境界を確定するのは容易なことではなく、数センチの差異を巡って紛争に発展することも少なくありません。そこで、隣地所有者との間で土地の境界を巡って紛争が生じたときは、土地の所有者がその土地を管轄する法務局の筆界特定登記官に対して、「筆界の特定を依頼する」申請をすることができます。これを**「筆界特定制度」**と言います。

筆界特定の申請があった場合、法務局から任命された筆界調査委員が実地調査等を行ない、その結果を受けて筆界特定登記官が筆界を特定することになります。ただし、「筆界特定制度」は、公的機関が筆界を判断するため、一定の証明力は有しますが、元々あった境界位置を確認して特定しているに過ぎないので、境界特定の内容に法的拘束力はありません。

したがって、筆界特定の結果に不満があったり、最初から公法上の境界確定を目的とする場合には、従来通り**「境界確定訴訟」**を提訴することになります。

それぞれに要する時間や費用については、「筆界特定制度」では6ヶ月程度が目安で、費用も測量は別として申請手数料だけですが、「境界確定訴訟」では決着までに2～3年はかかり、費用も弁護士費用等、全体的に高額となります。

筆界確認書と道路境界明示書

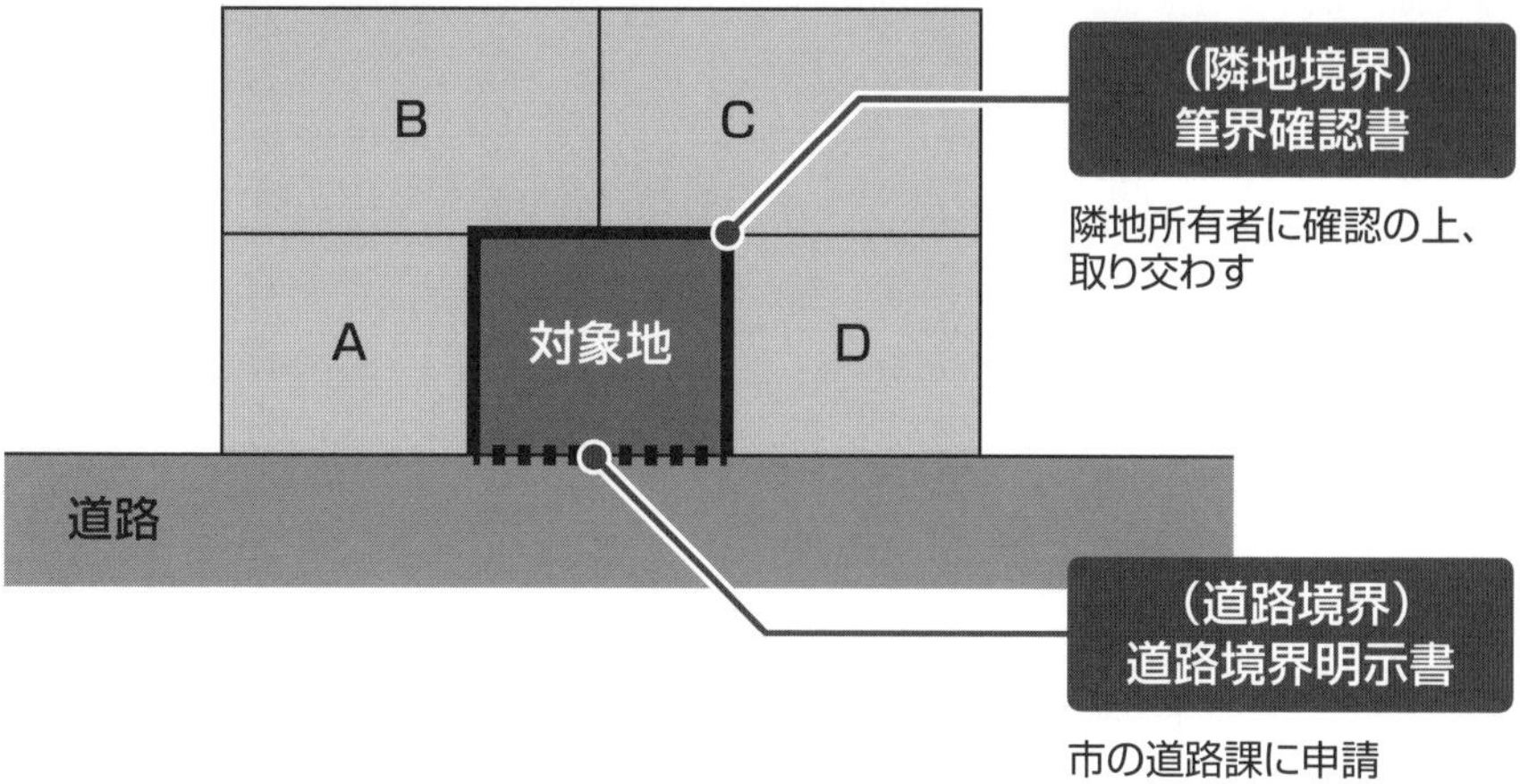

「筆界特定制度」

- 土地所有者からの申請に基づき、法務局から任命された筆界調査委員が実地調査等を行ない、その結果を受けて筆界特定登記官が筆界を特定する
- 公的機関が筆界を判断するため、一定の証明力はあるが、法的拘束力はない
- 作業期間は半年程度が目安
- 費用は申請手数料のみ（測量費は別）

「筆界特定」の結果に不満があったり、最初から公法上の境界確定を目的とする場合は

↓

「境界確定訴訟」を提訴

- 2～3年の年月がかかる
- 弁護士費用等がかかり、高額の費用が必要

⑨「戸籍抄本」「戸籍の附票」「住民票の除票」が必要になる場合

▼戸籍制度は親族法上の身分関係を登録・公証する制度

登記記録に登記された登記名義人（所有者）が、住所や氏名を変更した場合、正しい住所や氏名に変更登記を行なうことができます。しかし、変更登記をしないまま、売却に至るケースも多くあります。その場合、「住所と氏名の変遷」を証明して、登記名義人と本人が「同一人物」であることを示す必要があります。その証明書となるのが「戸籍抄本」「戸籍の附票」「住民票の除票」です。

戸籍とは、出生・死亡・婚姻等の身分事項を記録したもので、戸籍の全員の事項を記載したものが**「戸籍全部事項証明書（戸籍謄本）」**、一個人の事項を抜粋して記載したものが**「戸籍個人事項証明書（戸籍抄本）」**で、本籍地で取得することができます。**「住民票の除票」**とは、転出届等により住民登録が抹消された住民票のことで、**「戸籍の附票」**とは、住所異動や世帯構成を記録した住民票と戸籍を「住所の移転履歴により繋いだもの」です。

▼氏名の変遷は「戸籍抄本」、住所の変遷は「戸籍の附票」

婚姻等により氏名が変更になった場合は、旧本籍地と新本籍地から戸籍抄本を取得することで、氏名の変遷を証明できます。住所の変遷は、「住民票および住民票の除票」または「戸籍の附票」により証明することができます。たとえば、住所がA市のときに不動産を取得して登記し、その後「A市→B市→C市→D市」と住所を移転した場合、現住所（D市）で住民票を取得すれば「現住所・前住所（C市）」が、C市で住民票の除票を取得すれば「当時の前住所（B市）・現住所（C市）・当時の転居先（D市）」が、さらにB市で住民票の除票を取得すれば「当時の前住所（A市）・現住所（B市）・当時の転居先（C市）」が記載され、変遷を繋ぐことができます。

しかし、ほとんどの役所では、住民票の除票の保管期限が5年間なので、「B市→C市」の住所移転が5年以上前であれば住所の変遷を証明できません。この場合、本籍地で戸籍の附票を取得すれば、「A市→B市→C市→D市」の住所の変遷が証明できます。

なお、転籍を繰り返している人は、**「除附票」**や**「改製除附票」**が必要になる場合もあります。

「戸籍抄本」と「戸籍の附票」

戸籍個人事項証明書(戸籍抄本)

	(1の1)個人事項証明
本籍 氏名	滋賀県大津市希望ヶ丘一丁目二番地 鈴木次郎
戸籍事項 戸籍改製	【改製日】平成〇〇年〇〇月〇〇日 号附則第2条第1項による改製
戸籍に記載されている者	【名】花子 【生年月日】昭和55年1月25日 【父】鈴木次郎 【母】鈴木良枝 【続柄】長女
身分事項 出　生	【出生日】昭和55年1月25日 【出生地】京都府長岡京市 【届出日】昭和55年2月1日 【届出人】父
	以下余白

「一個人の事項」を
抜粋して記載

発行番号　01234567

これは、戸籍中の一部の者について記録されている事項の全部を証明した書面である。

平成13年4月30日

大津市長　山田　三郎　職印

戸籍の附票

	全部証明
改製日	平成17年 6月 23日
本　籍 氏　名	山口県長州市毛利3丁目1234番地5 爆 笑　太 郎
附票に記載されている者	【名】太 郎 【住 所】~~山口県長州市毛利3丁目4番5号~~ 【住定日】~~平成 4年 6月 6日~~ 【住 所】山口県長州市鼻水1丁目2番3号 【住定日】平成 5年 6月 6日
附票に記載されている者	【名】玉 子 【住 所】~~山口県長州市毛利3丁目4番5号~~ 【住定日】~~平成 4年 6月 6日~~ 【住 所】山口県長州市鼻水1丁目2番3号 【住定日】平成 5年 6月 6日
附票に記載されている者	【名】町 子 【住 所】~~山口県長州市毛利3丁目4番5号~~ 【住定日】~~平成 4年 6月 6日~~ 【住 所】山口県長州市鼻水1丁目2番3号 【住定日】平成 5年 6月 6日
	以下余白

住所の
移転履歴

この写しは、戸籍の附票の原本と相違ないことを証明する。

平成20年4月4日

長州市長　怪傑 司太郎　長州市長之印

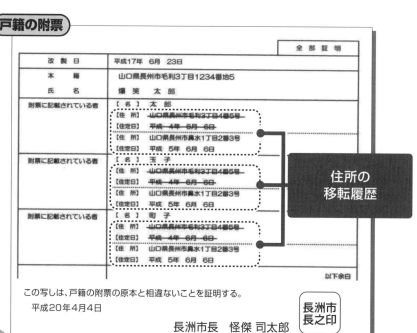

⑩農地の所有権移転申請に必須となる書類

▼「農地法に基づく許可書や受理通知書」がないと……

農地を売買するには、農地法に基づく許可や届出が必要になります。農地法第5条により、農地を農地以外、採草放牧地を農地・採草放牧地以外にするために所有権を移転したり、物権（地上権等）や債権（賃借権等）を設定または移転する場合には、原則として都道府県知事（4haを超える農地転用は農林水産大臣）の許可が必要です。例外として、市街化区域内の一定の農地については、農業委員会に届出をすることで、許可を受けることなく農地等の転用を行なうことができます。

これらの手続きが完了すると、都道府県知事や農業委員会等から、農地法に基づく**「農地転用許可書」**または**「届出受理通知書」**を取得できます。不動産取引の決済では、「農地転用許可書」または「届出受理通知書」は、所有権移転登記申請時の必須条件となります。

▼農地転用申請時に必要となる書類とは

そもそも所有権移転に必須となる「農地転用許可書」や「届出受理通知書」を取得するということは、関係各所から農地を農地以外に転用することに関して承諾をもらうことであり、相手側の立場や利害もあることから、取得までには相当の時間と労力が必要になります。

農地転用は、形質の変更として開発行為を伴うことも多く、農地転用申請時に**「開発許可証」**の添付が要件となります。開発許可を取得するには、道路課や水道局等、役所内の複数の課と事前に協議をして、役所が定める技術基準を満たしながら、入念に土地利用計画を作成することになります。また土地利用計画により周辺環境に与える影響等については、地元の水路を管理する水利組合や土地改良区、隣地所有者等の利害関係人とも協議を行なう必要があります。

こうした協議は、お互いに言い分もあり、基本的には交渉事となるので、予想以上に骨が折れることもあります。協議の結果、双方合意に達することができれば、「承諾書や意見書」を取得して農地転用申請に添付します。通常、こうした農地転用手続きは、行政書士に依頼することが一般的です。

農地を売買するときの手続き

農地法第5条

農地を農地以外、採草放牧地を農地・採草放牧地以外にするために所有権を移転したり、物権（地上権等）や債権（賃借権等）を設定または移転する場合には、許可または届出を要する

「市街化区域」内の農地 ― 取引前に農業委員会に対して届出

▼

「届出受理通知書」の取得

「市街化調整区域」内の農地 ― 原則、都道府県知事の許可
4haを超える農地転用は
農林水産大臣の許可

▼

「農地転用許可書」の取得

「契約～所有権移転」までの流れ

「停止条件付・農地売買契約」の締結

▶ 役所内の各課と協議 ▶ 「開発許可」申請 ▶ 「開発許可証」取得
▶ 「土地改良区等」と協議 ▶ 「意見書等」の取得

▶ 農地法第5条に基づく「農地転用許可」申請または届出

▶ 「農地転用許可書」または「受理通知書」の取得

▶ 「不動産取引」の決済

▶ 「所有権移転登記」の申請

COLUMN 7

「認印」と「実印」はどう使い分けるのか？

●「認印」と「実印」の違いとは？

認印とは、印鑑登録をしていない印鑑のことで、印鑑証明書の添付が不要な書類、伝票やビジネス書類等の事務用書類、金銭受領書等に使用します。認印を押す意味合いとしては、書類の内容や事柄について「目を通しました、認めました」という意思を表わすことになります。

実印とは、住民登録をしている市町村の役所に印鑑登録の申請をして、受理された印鑑のことを言います。いくら高級な象牙にむずかしい漢字を彫った印鑑であっても、印鑑登録をしていないものは実印ではありません。実印は、公正証書作成、金銭消費貸借契約書、遺産分割協議書や不動産取引等、社会生活で様々な法律行為を行なう際に使用されます。

●不動産取引現場での「認印」と「実印」の使い分けは？

不動産取引の現場では、認印と実印の使い分けは明確です。実印は、**本人の意思表示が重要な意味を持つ書類**に押印されます。つまり、その意思表示が「本人のものでない」としたら、本人が損害を被ることになる書類ということです。たとえば、所有権移転や抵当権設定に関する申請書には実印が求められます。なぜなら、所有権移転申請は「所有権を移転（喪失）してもいいですよ」という意思表示であり、抵当権設定申請は「借入れの担保に不動産を差し出します」という意思表示であるからです。

万一、これらの申請が本人の知らないところで行なわれていることになれば、本人は大きな損害を被ってしまいます。したがって、書類への押印を「認印か実印か」迷ったら、「誰が被害者になるのか？」という視点で判断すれば間違いません。

その他、売買契約書や金銭受領の領収書等は、認印でも効力に問題はありませんが、契約印として、すべての書類を実印で統一することもあります。

「認印でもいい書類に実印？」と思うかもしれませんが、印鑑証明書を添付しなければ実印本来の効力は生じないので、印鑑証明書（印鑑登録証）をしっかり管理していれば問題はありません。

8章

これが常識！
「住宅ローン」で失敗しないための基礎知識！

①住宅ローンの種類と特徴とは？

②住宅ローン金利のしくみとは？

③「変動金利」と「固定金利」のメリット・デメリットとは？

④「基準金利」と「優遇金利」とは？

⑤「いつまでに完済するか？」で返済総額 は大きく変わる！

⑥「元利均等返済」と「元金均等返済」とは？

⑦多くの人が利用する「元利均等返済」は得なのか？

⑧「住宅ローンの借入限度額」は返済能力で決まる！

⑨「身の丈に合った物件価格」の算出法とは？

⑩住宅ローンの「借り換え」で返済額を減らす！

①住宅ローンの種類と特徴とは？

▼住宅ローンは大別すると3種類！

住宅ローンの基本を押さえる上で、住宅ローンの種類と特徴を理解する必要があります。まず、住宅ローンは「公的融資」、「フラット35（50）」、「民間住宅ローン」の3種類に大きく分けることができます。まず「公的融資」とは、独立行政法人の住宅金融支援機構（旧住宅金融公庫）が扱う災害復興住宅融資等、通常民間では対応が困難な融資も含まれますが、利用頻度で言えば、勤労者が対象となる財形住宅融資が中心となります。

次に「フラット35」とは、住宅金融支援機構と民間の金融機関が提供している住宅ローンで、国民の住宅取得を支援するために創設されたローンともいえ、「母体は官、窓口は民」として、借入後の金利が変わらず（フラット）、最長35年という長期間でローンが組め、万一フラット35を貸出した金融機関が倒産しても、当初の契約条件がローン完済まで守られるという安全性も特徴です。

▼住宅ローンの主流は多様化する「民間住宅ローン」！

住宅ローンの利用者が最も多く、住宅ローンの主流となっているのが「民間住宅ローン」です。全国に多くの支店網を有する大手の都市銀行や信託銀行、地方に基盤を置きながら、主要都市にも支店を置く地方銀行、徹底した地域密着を展開する信用金庫や信用組合、低コストを武器に急速に普及しているネット銀行、その他生命保険会社やＪＡ（農協）等、ノンバンクも取扱があります。これら数は多いのですが、それぞれに利用上の制約があるので注意が必要です。銀行等の金融機関では、基本的には口座を持っていなくても申し込むことができますが、物件が支店等の取扱対象エリアにあることが条件とされています。

ネット銀行では、インターネットから申込み、書類のやり取りは郵送で行なうスタイルで、一般的に審査は厳しいとされてますが、金利水準の低い住宅ローンを提供しており、原則として全国どこでも利用できるようになっています。ただし、申込みから融資実行（資金交付）まで30～50日程度要する場合もあり、時間的に余裕がある人が中心の対象者となりそうです。

住宅ローンの種類と特徴とは？

住宅ローンは大きく分けると3種類！

(1)財形住宅融資

- 公的融資で残された最後の住宅ローン
- 財形貯蓄(①一般財形②住宅財形③年金財形)を行なっている方向け
- 5年固定金利型 ※5年毎に金利が見直されます

(2)フラット35

- 最長35年の長期固定金利ローン ※長期優良住宅等が対象の「フラット50」は最長50年返済!
- 窓口金融機関により金利が異なる点には注意が必要!

(3)民間住宅ローン

- 変動金利型、固定金利選択型、全期間固定金利型等、金利タイプの種類が豊富
- 選択肢が多い分、金融機関により商品ラインナップや金利は大きく異なるため、十分比較する必要があり!

現在、最も利用者が多いのは民間住宅ローン！

②住宅ローン金利のしくみとは？

▼「固定金利型」の特徴は、将来の返済額が決まること！

住宅ローンの金利は、固定金利と変動金利に分類されますが、借入当初設定した金利が返済終了まで全期間を通して変動しないタイプのものを「固定金利型」といいます。「固定金利型」は、住宅金融支援機構と民間金融機関が連携して商品化された「フラット35」や民間住宅ローンの一部で採用されています。また、当初10年間より11年目以降の金利が少し高めに設定する等、金利が2段階以上に設定されている「段階金利型」というタイプも固定金利型に分類され、当初の返済負担を軽くするために、返済開始から一定期間の金利を低くするケースが一般的です。「全期間固定金利型」や「段階金利型」は、どちらも借入時点で将来の金利が決まるため、将来的な返済額もあらかじめ確定するという特徴がありますが、一般的には変動金利より高い金利水準となります。

▼金利上昇局面での「変動金利型」には注意！

次に、一定期間ごとに適用金利が見直されるタイプのものを「変動金利型」といいます。民間の変動金利型ローンの場合は、半年単位で見直されるのが一般的（1年、3年等で見直すタイプもあり）ですが、返済額は金利が変わるたびにではなく、基本的に5年毎に見直されることになります。また、見直し後の返済額には、金利上昇により返済額が増加しても、直前の返済額の1・25倍を上限とする規定がありますが、一部のネット銀行では、金利が見直されるごとに返済額も変わるタイプもあること、加えて公的融資の財形住宅融資にも5年ごとの変動金利型である「5年固定金利制」がありますが、こちらは金利変更後の返済額の上限は直前の返済額の1・5倍となっている点にも注意が必要です。

その他「固定金利選択型」では、変動金利型を基本とし、当初の一定期間の金利が特約により固定され、選択した固定金利特約期間が終了した時点で「変動金利にするか、再び固定金利にするか」を顧客が選択するタイプ等があります。さらに、通常より少し高めの金利が採用される代わりに、適用金利に上限が付いている「上限金利付変動金利型」というタイプもあります。

住宅ローン金利のしくみとは？

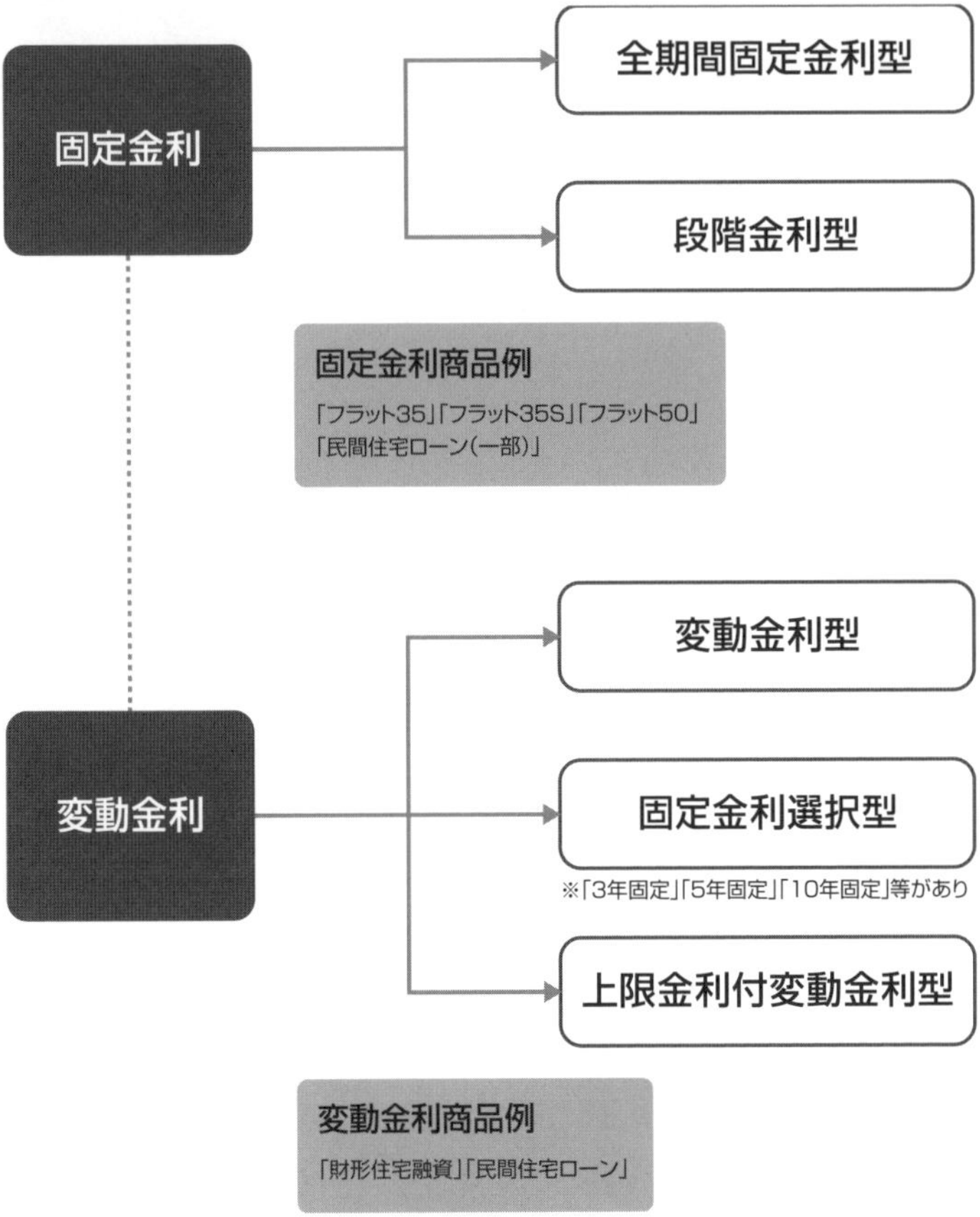

- 安心感が優先なら、当初金利が高めでも固定型が安心!
- 「全期間固定型か?変動型か?」で悩んでいる方は10年固定型という選択もあり!
- 上級者なら1人で2本のローンを組む「金利ミックスプラン」もあり!

③「変動金利」と「固定金利」のメリット・デメリットとは？

▼金利状況によりメリット・デメリットを考える！

「変動金利型」も「固定金利型」も、それぞれにメリット・デメリットはあります。「変動金利型」のメリットは、高金利の時期においては以後の金利低下による恩恵を受けられることが期待できます。逆にデメリットは、金利が急激に上昇した場合は金利の額が返済額を超過し、未払利息が発生することもあります。一方「固定金利型」のメリットは、金利上昇期にも将来の金利リスクがなく、家計管理がしやすいことにあります。逆にデメリットは、金利下降期においては金利が高金利のまま固定されたり、変動金利や短期の固定金利選択型よりも高い金利設定となることです。「固定金利選択型」のメリットは、比較的低金利で一定期間は金利を固定することができ、固定金利期間の終了経過後は金利状況を見た上で、再び固定金利を選択することができることです。逆にデメリットは、固定金利期間中の変動金利への変更ができないこと、固定金利の再選択時に手数料が発生することがあります。

▼「金利が上昇したら固定金利へ変更」の落とし穴

変動金利と固定金利の双方のメリット・デメリットを比較した結果、「金利が低い間はギリギリまで変動金利を利用して、金利上昇直前に固定金利に切り替えれば一番よい」と考える人もいるかもしれませんが、「金融機関のシステム」と「金利のしくみ」を考えると、実現は難しくなります。つまり、銀行の固定金利型の適用金利が発表になるのは月末で、変動金利から切替手続きをして固定金利が実行されるのは、原則として翌月返済分からになります。従って、固定金利が上昇後に変動金利から切り替えると、既に上昇した金利が適用されることになります。また、変動金利は日銀の政策金利（短期金利）に連動して、固定金利は長期金利を参考に金融機関が独自に決定しますが、長期金利は短期金利に先行して動くという金利のしくみから、日銀の政策金利引上げ気配があれば、長期金利は短期金利より先行して上がる傾向があるため、住宅ローンの変動金利が上昇したときには、固定金利は上昇していることが多くなるのです。

「変動金利」と「固定金利」のメリット・デメリットとは？

変動金利型

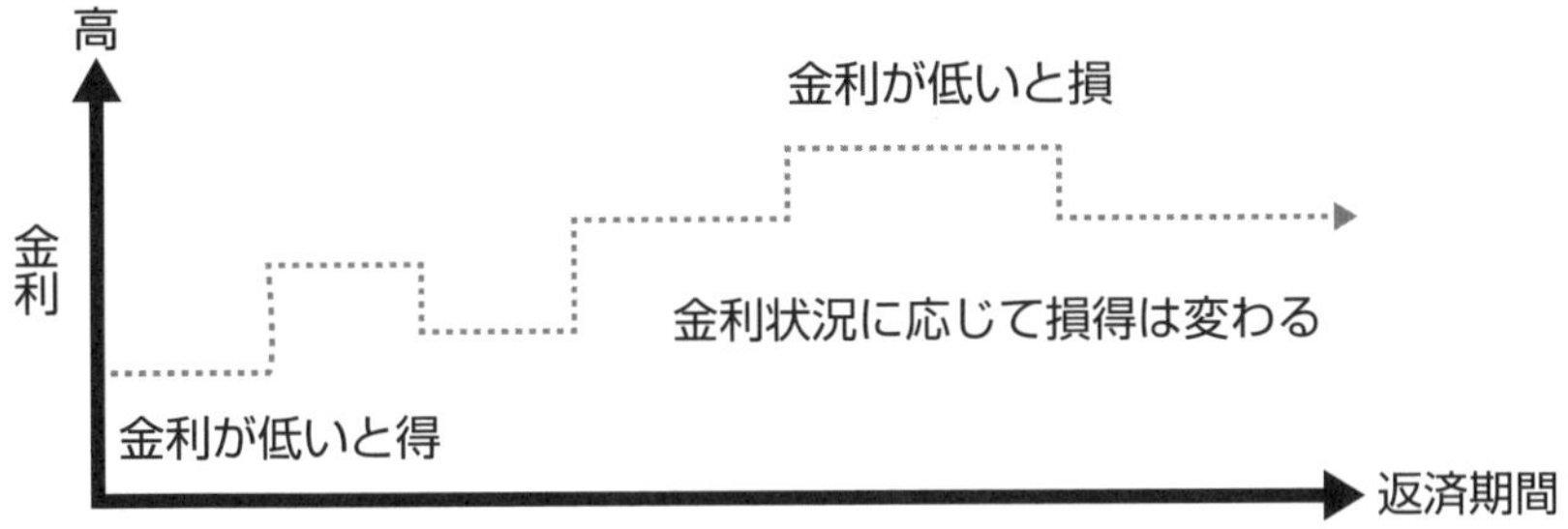

固定金利型（全期間）

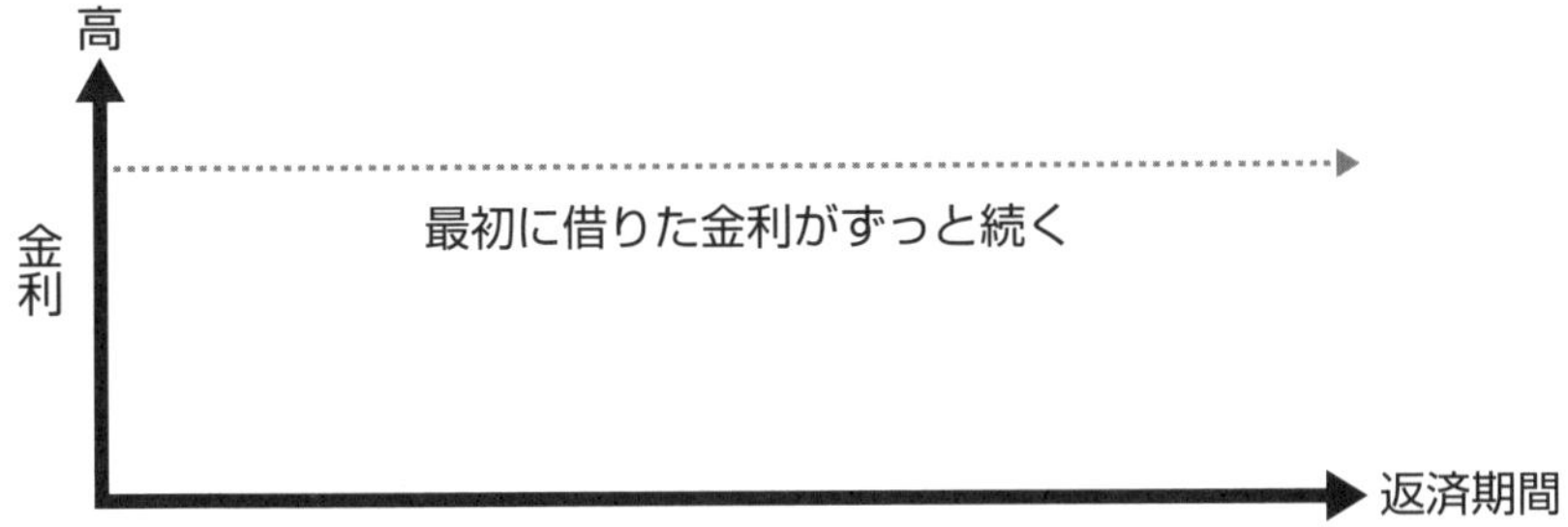

未払利息が発生するケース

※1年経過後から適用金利が上昇する「変動金利元利均等返済」等の場合

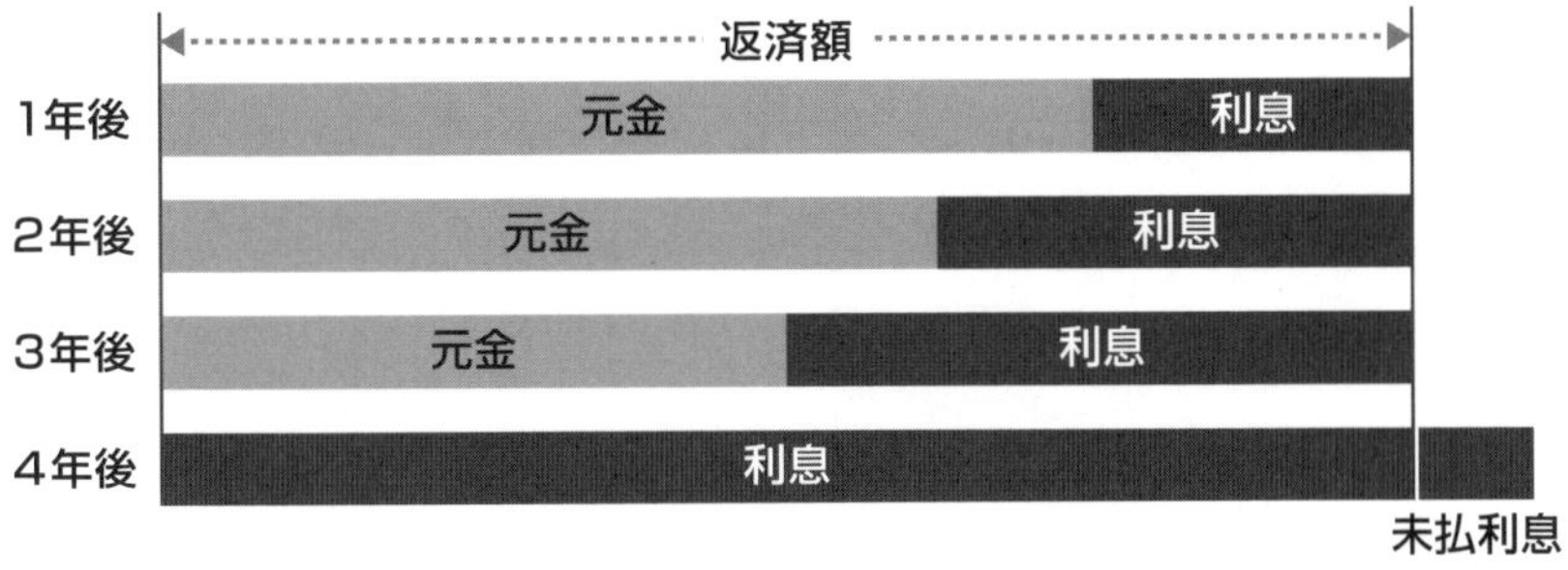

- 激しい金利上昇の場合、返済額は全額利息に充てられ未払利息が発生することもある
- 返済額は5年毎に再計算されるが、新返済額は前返済額の1.25倍が上限となる
  但し、利息に上限は無いため、元金充当分が減少する

④「基準金利」と「優遇金利」とは？

▼「店頭表示金利」と「基準金利」は「希望小売価格」のようなもの

少しでも有利な住宅ローンを選ぶためには、金利比較は欠かせません。しかし、住宅ローン金利体系は非常にわかりにくく、銀行によって「店頭表示金利」、「基準金利」、「適用金利」、「優遇金利」等の呼び方が異なっているので、各定義の確認作業が必要になります。

まず、「店頭表示金利」と「基準金利」は、ほぼ同じ意味で利用されます。メガバンク等では「店頭表示金利」と表現しますが、「店頭のない、営業店舗のない」ネット銀行の場合は、「基準金利」と表現することが多くなります。この「店頭表示金利」と「基準金利」は、メーカーが決める商品の「希望小売価格」のようなもので、「希望小売価格」で販売しているスーパーがほとんどないように、住宅ローンを「店頭表示金利」や「基準金利」で販売している銀行は現在ありません。住宅ローンの販売競争が激化していることから、すべての銀行で「店頭表示金利（基準金利）」から「〇〇%優遇」という形で、金利を引き下げた「優遇金利（適用金利）」で販売しているのです。従って、「店頭表示金利（基準金利）－金利割引＝優遇金利（適用金利）」となるので、住宅ローンを選ぶ際には、「店頭表示金利」や「基準金利」ではなく、「優遇金利」や「適用金利」を見て比較検討する必要があります。

▼金利変動・金利割引の影響で注意すべきことは？

金利は毎月変動するため、住宅ローン金利は「融資実行時の金利」が適用され、実際の適用金利を「借入金利（実行金利）」と言います。基本的に優遇金利が適用され借入金利（実行金利）となりますが、比較検討時の優遇金利と融資実行時（約2ヶ月後）の借入金利（実行金利）が「異なることがあり得る」ということに留意する必要があります。

また、金利割引は金利割引率が固定金利期間中が大きく、固定期間終了後が少なくなる「当初タイプ」と、返済終了まで金利割引率が変わらない「全期間タイプ」があり、これらは金融機関の方針により細分化され異なりますので、複数の返済プランを比較検討して、自分にあった住宅ローンを選ぶ必要があります。

「基準金利」と「優遇金利」とは？

金利表示の構成

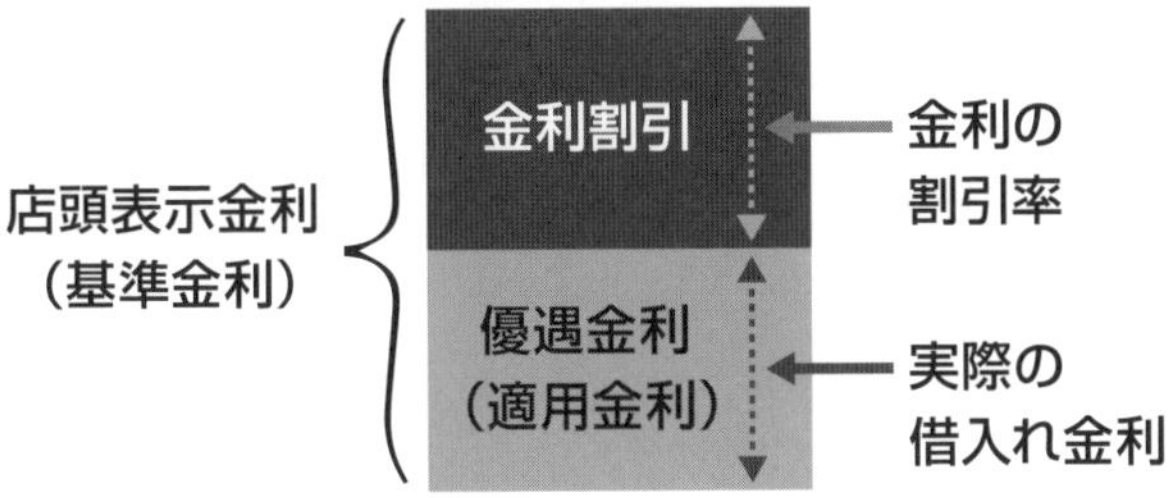

- 金融機関ホームページの「金利一覧」には、店頭表示金利が掲載されている
- 広告等で大きく表示されるのは優遇金利（適用金利）

金利一覧表示例

当初タイプの場合

○○○○年○○月の金利と当初期間引下幅

金利タイプ	金利	当初期間引下幅	基準金利
当初10年	0.570%	−1.920%	2.490%
当社20年	0.841%	−1.889%	2.730%

当初期間終了後の金利引下幅

当初ご選択の金利タイプ	当初ご選択の固定金利特約期間終了後の金利タイプ	引下幅
当初10年	変動	−0.800%
	固定金利特約	−0.800%
当社20年	変動	−0.800%
	固定金利特約	−0.800%

（1）「当初タイプ」／（対象）固定金利選択型
　→固定金利期間は割引率を大きく、期間終了後は割引率を小さくするもの

（2）「全期間タイプ」／（対象）変動型、固定金利選択型
　→返済終了までずっと同じ割引率を適用

（1）（2）のどちらかを選べる

⑤「いつまでに完済するか？」で返済総額は大きく変わる！

▼トータルでいくら返済するか？　を知っておく！

住宅ローンの毎回の返済額は、「金利、返済期間、借入金額」の３つによって決まり、互いに連動していることから、借入金額が同じであっても適用金利と返済期間が異なれば、毎月返済額には大きな差が生じ、同じ金利でも「返済期間をどう設定するか？」によって、「返済総額」も大きく異なります。返済期間を長く設定すれば、毎月の返済額は減少し、金銭面では余裕が生まれますが、トータルで支払う利息が増えてしまいます。逆に、返済期間を短くすれば、返済総額が少なくなることは言うまでもありません。

たとえば、２５００万円を元利均等で返済する場合、固定金利２・15％：返済期間20年では返済総額が３０７８万円、固定金利２・25％：返済期間35年では返済総額が３６１４万円となり、返済総額の差は５３６万円となります。また毎月返済額では、前者が12万８２５４円、後者が８万６０５９円となります。

▼60歳以降の家計収支予想から返済期間を考える！

「60歳時点の住宅ローン残高を知ること」「住宅ローンを60歳までに終わらせること」は、とても大切です。住宅ローンの返済計画では、自分自身の年齢や収入の変化を考慮しながら、資金計画全体を考える必要があります。もし、40歳で住宅を購入して35年返済の住宅ローンを組んだ場合、その間一度も繰り上げ返済等をしなかったとして、完済するのは75歳になります。よく、「とりあえず35年返済で住宅ローンを組んでおいて、返済しながら余裕ができれば、繰上げ返済をしよう」と考えて住宅購入をする人もいますが、子供の教育費や老後のための貯蓄をしながら、繰上げ返済資金を貯めることは容易なことではありません。また、退職金で残債の一括返済をしたとしても、手元資金がなくなり、その後「年金だけの生活」を余儀なくされます。

ただし、返済期間が短くなると、それだけ「予測できない要因」や「将来への不安要素」が減少することにもなるので、変動金利等による将来的な金利上昇リスクは、「返済期間短縮とともに軽減される」とも言えるのです。

「いつまでに完済するか？」で返済総額 は大きく変わる！

「元利均等返済／借入金額：2,500万円」の場合

- 返済期間　…35年
- 金利　………2.25%(35年固定)
- 毎月返済額…86,059円
- 返済総額　…3,614万円

- 返済期間　…20年
- 金利　………2.15%(20年固定)
- 毎月返済額…128,254円
- 返済総額　…3,078万円

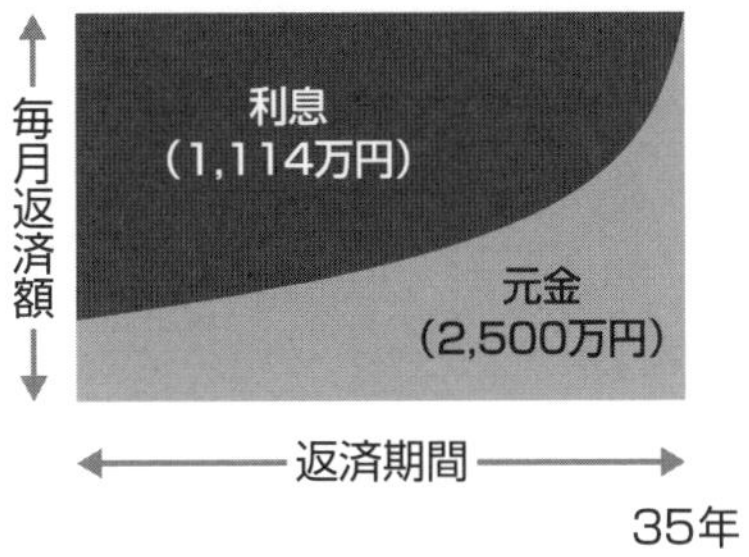

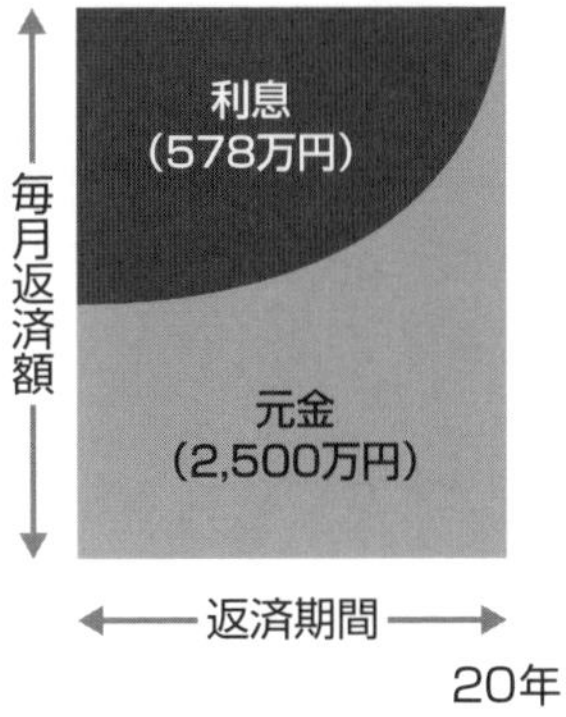

- 返済期間を長く設定すれば、毎月の返済額は抑えられるが、支払う利息総額が増える！
- 返済期間を短く設定すれば、毎月の返済額は高くなるが、支払う利息総額が少なくなる！

⑥「元利均等返済」と「元金均等返済」とは？

▼返済額が一定で生活設計が立てやすい「元利均等返済」！

住宅ローンの返済方法には、「元利均等返済」と「元金均等返済」の2つがあります。どちらの返済方法を選ぶかによって、毎回の返済額や総返済額が違ってきます。一般的には、元利均等返済を選ぶ人が多くなりますが、それぞれの特徴を理解した上で、自分に合った返済方法を選ぶ必要があります。元利均等返済とは、元金と利息の合計額である毎回の返済額が、毎月同額になるように設定されています。そのため、返済計画の見通しが立てやすく、家計の管理もしやすくなります。「返済当初の支払額を抑えたい」、「毎月の返済額を一定にして将来の生活プランを立てたい」、「家賃のような支払い方で安心感を得たい」等という方には向いています。ただし、元利均等返済は、返済当初の返済額に占める「利息分の割合」が多くなるので、元金の返済ペースが遅くなることになります。

▼総返済額が少なくなるのは「元金均等返済」！

元金均等返済とは、元金を返済期間で均等に割ったものに、直前の残高にかかる利息を上乗せした金額が毎回の返済額になります。その特徴は、返済額は初回が最も多くなり、支払いを重ねるごとに、残高の減少により利息が減るため、毎回の返済額（元利合計額）も減少していくことになります。「返済資金に余裕がある」、「今は共稼ぎでダブルインカムがあるが、将来的には妻は退職して収入が減るので今の内に残高を減らしたい」、「子供の教育費がかかる頃には返済額を減らしておきたい」等という方には向いています。但し、当初の返済額が高くなる元金均等返済では、収入基準をクリアするために、より多くの年収が必要となります。

以上から言えることは、返済方法の選択次第では総返済額が変わるということです。つまり、元金均等返済の方が元利均等返済に比べて、金利水準が高かったり返済期間が長いほど、総返済額は大幅に下がることになります。逆に言えば、低金利水準の時代には、それほど差が生じず、メリット部分が色あせてしまうことになります。

「元利均等返済」と「元金均等返済」とは？

元利均等返済のしくみ

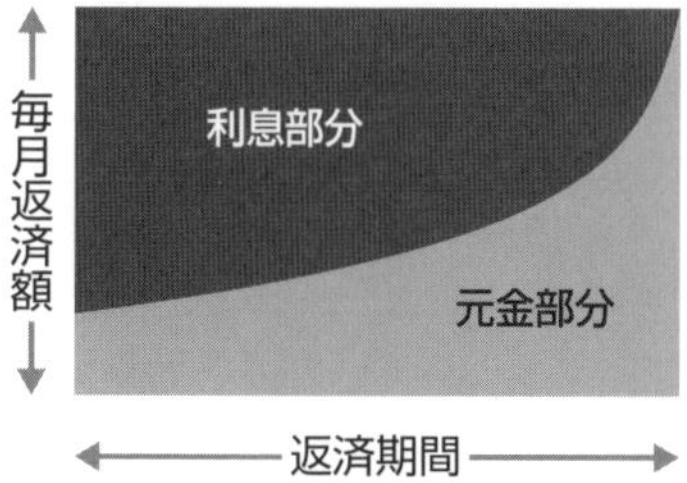

メリット

毎月返済額が一定のため、家計の管理もしやすい!

デメリット

返済額に占める利息部分が大きく、元金の返済ペースが遅い!

こんな方向き

「返済当初の支払額を抑えたい!」

「毎月の返済額を一定にして将来の生活プランを立てたい!」

「家賃のような支払い方で安心感を得たい!」

元金均等返済のしくみ

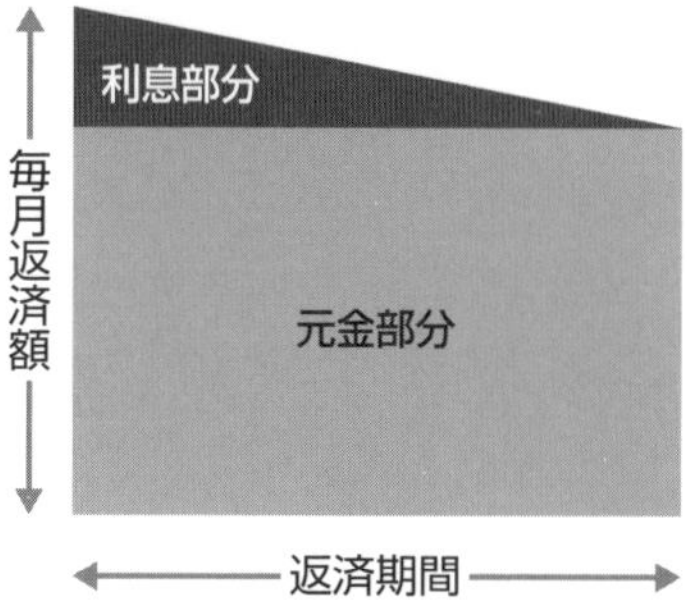

メリット

利息返済総額は少なくなる!

デメリット

当初返済額が高くなり、収入基準をクリアするために、より多くの年収が必要!

こんな方向き

「返済資金に余裕がある!」

「今は共稼ぎだが、将来的に妻は退職して収入が減るため、今の内に残高を減らしたい!」

「子供の教育費がかかる頃には返済額を減らしておきたい!」

金利水準やインフレ懸念等により、見方は変わる！

⑦多くの人が利用する「元利均等返済」は得なのか？

▼返済可能額から返済期間を調整することもあり！

毎回同額に設定された返済額から「利息を優先的に差し引く仕組み」になっている元利均等返済と、全返済期間で均等金額の元金に直前残高の利息を上乗せした返済額である元金均等返済では、どちらが得なのでしょうか？　たとえば、「借入金額：３０００万円、金利：１・２％、返済期間：35年」で借りた場合、元利均等返済では毎回返済額：８万７５１０円に対して、元金均等返済では初回返済額：11万３２６３円（※返済額は徐々に減少する）となり、その差額は２万５７５３円となります。各返済総額は、元利均等返済が約３６７７万円であるのに対し、元金均等返済が約３６３３万円となり、その差額は約44万円となります。さらに、第三の方法として返済期間の短縮というのもあります。たとえば、元金均等返済での約11万円が毎月支払えるなら、元利均等返済で返済期間のみ26年に短縮することができ（③の場合）、「毎回返済額：11万１９８０円、返済総額：３４９５万円」となり、返済総額は②の元金均等返済より約１３８万円、①の元利均等返済（35年）より約１８２万円も低く抑えることができます。

▼「元金割合」を意識することが重要！

住宅ローンの借入条件を考えるとき、毎回の返済額に対する元金の割合は重要です。そして、元金割合は金利動向に左右されます。かつて金利水準が高い時代には、返済額の大半が利息ということもありましたが、金利水準が概ね２％を下回ると、35年返済であっても返済当初から元金部分のほうが利息より多くなり、①の元利均等返済では、金利１・２％で初回返済額から元金が利息を大きく上回ります。また、同じ元利均等返済である①と③は、返済期間が異なるため、毎回の返済額が違ってきますが、いずれも第一回目の利息は当然ながら同額になります。つまり、返済期間が短くなることで増える毎回返済額は、利息が多いのではなく、元金返済額が大きいということになります。

そうなると、ローン残高の減少ペースは早くなることで利息は少なくてすみ、返済総額も抑えられます。

多くの人が利用する「元利均等返済」は得なのか？

返済内訳

①元利均等返済

借入金額：3,000万円、金利：1.2%、返済期間：35年

回	返済額	利息	元金	ローン残高
2	87,510	29,942	57,568	29,884,922
3	87,510	29,884	57,626	29,827,296
4	87,510	29,827	57,683	29,769,613

※初回のみ返済額：99,345円（元金分／57,510円、利息分／41,835円）

②元金均等返済

借入金額：3,000万円、金利：1.2%、返済期間：35年

回	返済額	利息	元金	ローン残高
2	101,356	29,928	71,428	29,857,144
3	101,285	29,857	71,428	29,785,716
4	101,213	29,785	71,428	29,714,288

※初回のみ返済額：113,263円（元金分／71,428円、利息分／41,835円）

③元利均等返済

借入金額：3,000万円、金利：1.2%、返済期間：26年

回	返済額	利息	元金	ローン残高
2	111,980	29,918	82,062	29,835,958
3	111,980	29,835	82,145	29,753,813
4	111,980	29,753	82,227	29,671,586

※初回のみ返済額：113,263円（元金分／71,428円、利息分／41,835円）

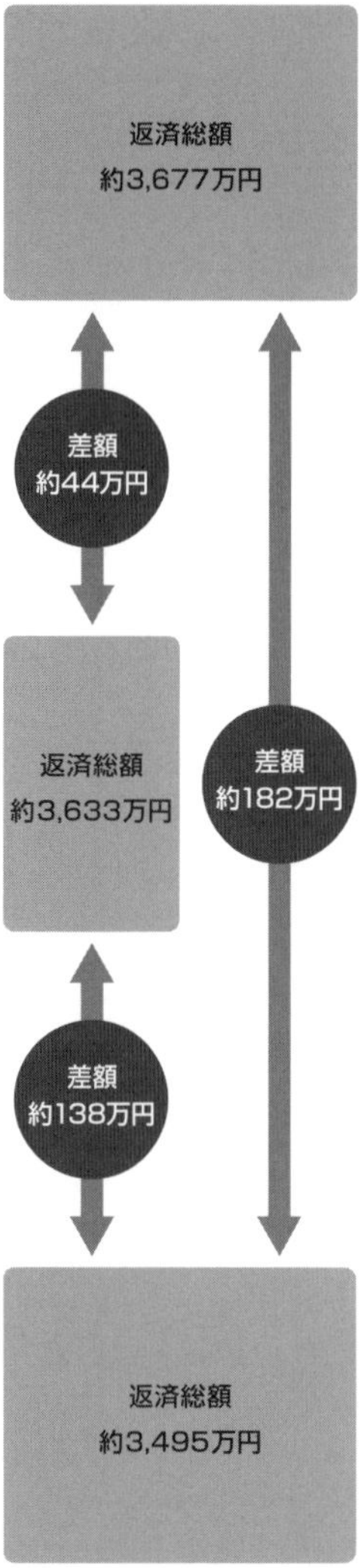

⑧「住宅ローンの借入限度額」は返済能力で決まる！

▼金融機関やローンごとに異なる借入限度額とは？

住宅ローンを借りる際、「私にはいくらまで貸してもらえるのか？」ということは、自分自身や家族の将来設計と重ねて考える上で、とても気になることですが、住宅ローンの借入限度額（借入可能額）には上限が設けられていて、この上限額は、いくつかの指標によって総合判断されることになります。第一は、購入価格（新築する場合は建築費）に対する借入金額の割合（融資率）です。以前は、一般的に「8割以内」とされていましたが、現在は10割以内とする金融機関も多く、住宅購入時に必要となる諸費用（登記費用等）も含めて融資してくれる場合もありますが、自己資金が少なく融資率が8～9割を超える場合は、融資金利や保証料が高くなる金融機関もあります。第二は、貸手側の観点として融資限度額という指標もあり、これは金融機関ごとに設定している「住宅ローンとして貸し出す金額の上限」のことで、地域等によっては5000万円以内としている場合もあり、物件価格がこれを超える場合には、融資率が10割でも全額借りることはできません。

▼実際の借入限度額は返済能力次第！

次に、重要となる指標がローン利用者の返済能力です。住宅ローンの収入基準として「返済負担率（年収に占める年間返済額の割合）が税込み年収の40％以内」といった基準（ローン種別や金融機関により異なる）がある場合は、第一段階としてこれをクリアしなければ、希望する融資額を借りることはできません。そして民間住宅ローンでは、この返済負担率と併せて職業や勤務先、勤続年数、頭金の割合等を総合判断する場合があります。また、変動金利型住宅ローンにおける返済負担率は、現在金利ではなく、3～4％の金利で計算して審査する金融機関が大半です。ここで注意したいのが、金融機関はお金を多く貸せばそれだけ利益が大きくなり、優良な融資先にはたくさんお金を貸したいのが金融機関の本音です。そして、借入が可能な限度額は「金融機関が貸したいお金の上限」であり、ローン利用者の「資金計画上の必要額」とイコールではないのです。

「住宅ローンの借入限度額」は返済能力で決まる！

「住宅ローン借入限度額」の決まり方

1．購入価格等に対する「借入金額の割合(融資率)」

融資率・・・8〜10割以内

※住宅取得諸費用(登記費用等)を含めた融資あり

※融資率が8〜9割超は、融資金利や保証料が割高になる場合もあり

2．住宅ローンとして貸し出す上限金額「融資限度額」

3,000万円 〜 1億円

※金融機関、ローン種類、地域によって融資限度額は異なる

3．返済能力(返済負担率から逆算した収入基準)

返済負担率が「税込み年収の30〜40%以内」

※返済負担率とは、税込み年収に占める「全ての借入に対する年間返済額」の割合。従って、新たに借り入れをする住宅ローンに加え、現在返済中のマイカーローン、カードローンなどの返済額も含めて計算する必要がある

※返済負担率は、税込み年収額によって異なる

(例)民間住宅ローンの基準例

- 年収600万円以上 ……………………返済比率(返済負担率)40%以下
- 年収450万円以上600万円未満 ……返済比率(返済負担率)35%以下
- 年収300万円以上450万円未満 ……返済比率(返済負担率)30%以下
- 年収100万円以上 ……………………返済比率(返済負担率)20%以下

⑨「身の丈に合った物件価格」の算出法とは？

▼「余裕のある返済計画」であることが重要！

住宅ローン返済は長丁場となるので、余裕のある返済計画であることは不可欠です。そして、無理なく返済を継続するためには、自分自身の「身の丈に合った物件価格（返済計画）」を知ることは、とても重要になってきます。なぜなら、身の丈に合っていない物件価格（返済計画）では、ローン返済のためだけに働く味気ない生活に疲弊しながらも、ローン返済の負担が家計を圧迫し、最悪の場合は経済的に破綻してしまいます。

▼「身の丈に合った物件価格」の算出法！

身の丈に合った物件価格（返済計画）を知るためには、身近な支出（除外）項目を整理することから始めます。まず、現在賃貸住宅に住みながら毎月貯蓄を定期的にしている場合、現在家賃（管理費等含む）と定期的な貯金の合計額（共に年間額）から、ローン返済以外の住宅維持費（固定資産税、管理費等）と住宅取得後の貯金（こちらも年間額）を差し引くことで、「余裕のある年間返済額」がわかります。仮に、無理して高い賃貸住宅に住んでいたり、極端に貯蓄割合が高いような場合には是正して考える必要があります。身の丈に合った返済計画に「無理は禁物」なのです。次に、前提条件に金利と返済期間を「仮決め」して、早見表から「１００万円あたりの年間返済額（月額返済額は12倍する）」を算出します。さらに、余裕のある年間返済額を１００万円あたりの年間返済額で除したものに、１００万円を乗じることで、「無理のない借入額」が算出されます。最後に、無理のない借入額に「頭金」を合計することで、「身の丈に合った物件価格」がわかります。たとえば、現在の家賃年額と貯蓄の年額が共に１００万円、住宅維持費と住宅取得後貯金の年額が共に50万円の場合、余裕のある年間返済額は１００万円となります。そして、元利均等返済で金利：１・５％、返済期間：３５年、１００万円あたりの年間返済額：３万６７３２円とすると、無理のない借入額は「約２７００万円（※２７２２万４２１８円）」となり、頭金として６００万円を用意できるなら、身の丈に合った物件価格は「約３３００万円」となります。

「身の丈に合った物件価格」の算出法とは？

現在の年間家賃 100万円 ※管理費含む ＋ 現在の年間貯金額 100万円 ＝ 合計の年間家賃＋年間貯金額 200万円

▼

合計の年間家賃＋年間貯金額 200万円 － 住宅取得後の年間貯金額 50万円 － 年間住宅維持費 50万円 ※住宅ローン返済以外 固定資産税、管理費等 ＝ 余裕のある年間返済額 100万円

▼

前提条件

- 元利均等返済
- 金利／ 1.5%
- 頭金／ 600万円
- 期間／ 35年
- 100万円あたりの年間返済額／ 36,732円(月額3,061円×12ヶ月 ※下記返済早見表参照)

と仮定した場合

余裕のある年間返済額 100万円 ÷ 借入金100万円あたり年間返済額 36,732円 ※上記前提条件による × 100万円 ＝ 余裕のある借入額（目安） 約2,700万円 (≒ 27,224,218円)

▼

余裕のある借入額（目安） 約2,700万円 (≒ 27,224,218円) ＋ 頭金 600万円 ＝ 余裕を持って購入できる物件価格(目安) 約3,300万円

返済早見表

（単位:円）

金利＼返済期間	5年返済	10年返済	15年返済	20年返済	25年返済	30年返済	35年返済
1.00%	17,093	8,760	5,984	4,598	3,768	3,216	2,822
1.50%	17,309	8,979	6,207	4,825	3,999	3,451	3,061
2.00%	17,527	9,201	6,435	5,058	4,238	3,696	3,312
3.00%	17,968	9,656	6,905	5,545	4,742	4,216	3,848

※返済早見表とは、100万円を借入れた場合の毎月返済額を、各返済期間と各借入金利ごとに示した表。

⑩住宅ローンの「借り換え」で返済額を減らす！

▼支払利息を減らす「借り換え」のメリット・デメリット！

住宅ローンの「借り換え」とは、現在返済中の住宅ローンを一括返済するために、新たに住宅ローンを借りることを言い、「金利が高いローン」を「金利の低いローン」に借り換えることが基本的な考え方になります。住宅ローンの支払いを少しでも減らしたいのであれば、支払う利息を削減するよりほかなく、その意味でも、超低金利が続く今がチャンスなのかもしれません。借り換えのメリットとしては、支払金利が少なくなるため、毎月返済額や総支払総額が少なくなりますが（左図「１」参照）、デメリットとしては諸費用がかかること（左図「２」参照）、変動金利型を選択した場合には将来的な金利上昇により、金利の逆転現象が起こる懸念もあります。一般的には、借り換えを検討する目安として、借り換え前後で「①金利差が１％以上、②残返済期間が10年以上、③住宅ローン残高が１０００万円以上」という3条件を満たせば「借り換え効果がある」と言われます。ただし、借り換えの場合には、現在返済中の住宅ローンが滞納していないことが条件となります。

▼諸費用を支払っても効果ありか？　を検証する！

借り換えにかかる諸費用の内訳で金額の多くを占めるのが、保証料、火災保険料、登記費用です。ただし、保証料については、不要の金融機関がある場合や借り換え前の金融機関から保証料の一部が返還されたり、火災保険料についても、長期の火災保険をそのまま引継げるので新たな負担はありませんが、登記費用については、借り換え前の金融機関の抵当権抹消及び借り換え後の金融機関の抵当権設定にかかる登録免許税、司法書士への報酬が発生します。その他、融資事務手数料や印紙代、借り換え前の住宅ローンの繰上返済手数料がかかる場合があります。また、住宅ローンの借り換え時は、住宅購入時と異なり、不動産業者が動いてくれません。住宅ローン代行業者（有料）もありますが、基本的は自分自身で情報を集め、各金融機関と交渉していくことになります（左図「３」参照）。

住宅ローンの「借り換え」で返済額を減らす！

1．住宅ローン「借り換え」のメリット試算

（借り換え前）旧住宅金融公庫借入の住宅ローン

- 借入金額 …… 2,700万円
- 返済期間 …… 35年
- 金 利 ………… 3%

▶

- 毎月返済額………………… 103,909円
- 35 年間返済総額………… 43,668,446円
  （内、支払利息額…………… 16,668,446円）

10年間返済後

- 返済総額 ………………… 12,495,710円
  （内訳） ◆ 元金部分 …… 5,087,918円
  　　　　 ◆ 利息部分 …… 7,407,792円
- 元金残高 ………………… 21,912,082円(借入金額－返済元金部分)

借り換えをする場合

- 毎月返済額 ………………… 87,978円
- 残25年間返済総額……… 26,393,400円
- 残25年間支払利息総額…… 4,393,400円

※残22,000,000円を返済期間25年、金利1.5%で借り換えした場合で試算。

↔

借り換えをしない場合

- 毎月返済額……………… 103,909円
- 残25年間返済総額……… 31,172,736円
- 残25年間支払利息総額 … 9,260,654円

※当初住宅ローン（上記「借り換え前」）の借入条件で返済を継続することになる。

2．住宅ローン借り換えに必要となる「諸費用」（例）

- 印紙代 ………………………………20,000円
  （借り換え金額が「1千万円超5千万円以下の場合」）
- 事務手数料 …………………………30,000円(税別)
- 登録免許税(抵当権抹消、抵当権設定) ……1,000円(1件)、借換金額の0.4%
- 司法書士費用 ………………………60,000～ 100,000円程度
- 保証料 ………………………………金融機関により異なる
  （従前ローン支払済保証料一部の返還がある場合も）

3．「借り換え時」手続きの流れ

金融機関へ相談 ▶ 必要書類を準備 ▶ 住宅ローンの申込・審査 → 審査OK → 従来借入している金融機関へ一括返済を連絡 ▶ 住宅ローン実行と住宅ローン返済を同日に行なう

COLUMN 8

借入可能額を満額で借りてはいけない

▼「借入可能額」とは金融機関が貸したいお金の上限！

住宅購入は大きな買い物です。買い物の金額が大きいので、住宅ローンという多額の借金をして購入することになるのですが、資金計画で失敗しないためには「いくら借りて、年間にいくら返済するか？」という返済負担率を正しく理解する必要があります。そして、返済負担率に関して、広く浸透している一般論として「年収に対する返済負担率が25%以内なら安全」というものがありますが、実質的な家計収支を考慮せずに鵜呑みにしてしまうと、思わぬ窮屈な生活を送らなければならなくなります。

▼返済負担率が年収の25%以内なら安全か？

たとえば、年収500万円の夫と妻（専業主婦）に子供2人の4人家族が、月額10万円の返済（年間返済額120万円）で住宅を購入する場合、年収の25%以内であるので安心だと言えるのでしょうか？

残念ながら、必ずしも安心であるとは言えません。なぜなら、表面的な金額しか見えていないからです。実質的な金額で見ていくと、本当の収支が見えてきます。仮に夫の手取り年収が約420万円として、住宅ローンの年間返済額120万円以外にも、住宅を維持するために費用がかかります。費用内訳としては、固定資産税、マンションなら管理費や修繕積立金から駐車場利用料、一戸建てなら将来の修繕金等の住居維持費（実質的な出費額や積立額）が年間50万円は必要になります。この結果、年間支出の合計額が170万円（120万円＋50万円）となれば、4人家族の実質的な生活費は250万円（420万円－170万円）となり、1ヶ月に約20万円（250万円÷12ヶ月）で生活することになります。そして、ローン返済額と住居維持費の合計額が、手取り年収に占める割合は約40%超（170万円÷420万円）にもなります。さらに、子供が私立に進学したり、家族が病気になったりすると、この家族が「ゆとりある生活」をすることは現実的に難しくなります。重要なことは、一般論はあくまで「目安」程度に考えて、家族に関する将来の予定や日常のあるべき生活を反映した資金計画にする必要があります。

著者略歴

平田 康人（ひらた やすひと）

1968年徳島県生まれ。不動産コンサルティング会社　㈱フェアトレード総合研究所代表取締役。スターツコーポレーション㈱、アーバンライフ㈱にて「分譲マンション開発、不動産仲介、賃貸管理、土地活用・相続対策コンサルティング、テナントリーシング、不動産オークション事業」等取引総額200億円以上の不動産実務に従事した後、㈱船井総合研究所にて「経営戦略立案、マーケティング戦略・マネジメント計画策定、商品開発、人材育成・採用」等で約12業種250社以上の経営コンサルティングに携わる。「不動産業界におけるフェアトレード（公正な商取引）の推進」を経営理念として、その実現のために独自開発した「不動産オークション」と「プロジェクト入札」を駆使することで、不動産取引に競争原理を持ち込み、不動産売却や土地活用の場面において「市場最高値・最大評価」を引き出すことに成功している。また、不動産業界では異色の経営コンサルティング実務経験者として、「企業不動産（CRE）戦略の策定」や「立地診断コンサルティング」にも定評がある。

〈著書・執筆〉
『チラシ・ＤＭ200％活用の極意』（共著、同文舘出版）、「事例から学ぶ成功術」（『月刊印刷界』2004～2006年３年間連載）。

〈保有資格〉
・宅地建物取引士
・行政書士
・２級ファイナンシャル・プランニング技能士
・賃貸不動産経営管理士
・公認不動産コンサルティングマスター

最新版　ビジネス図解
不動産取引のしくみがわかる本

2021年4月5日　初版発行

著　者 ―― 平田　康人
発行者 ―― 中島　治久

発行所 ―― 同文舘出版株式会社

東京都千代田区神田神保町1-41　〒101-0051
電話　営業03（3294）1801　編集03（3294）1802
振替00100-8-42935　http://www.dobunkan.co.jp

 ISBN978-4-495-53102-7
印刷／製本：三美印刷　Printed in Japan 2021